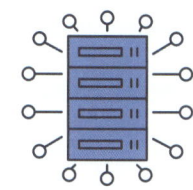  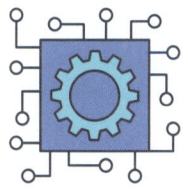
 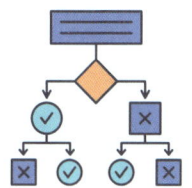 
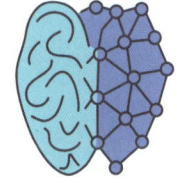   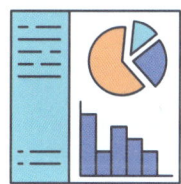

 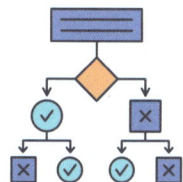 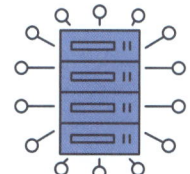 

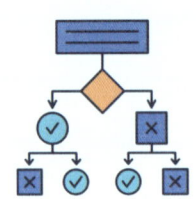
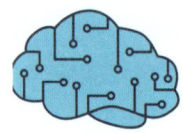
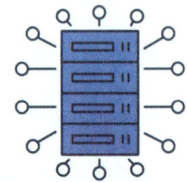

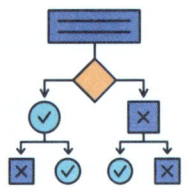
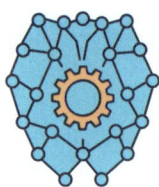
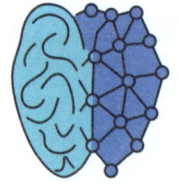
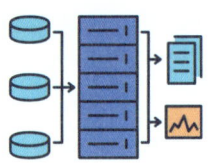

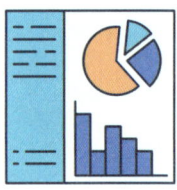

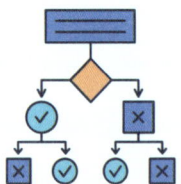
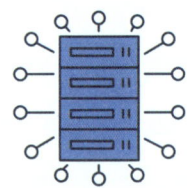

한눈에 보이는

생성형 AI와 자연어 처리 그림책

한선관, 임새이 지음

머리말

"한눈에 이해하기 쉽게
그림으로 풀어낸 생성형 AI와 자연어 처리 책"

    ChatGPT로 시작되어 새롭게 떠오르는 생성형 인공지능은 인간이 사용하는 자연스러운 언어를 기반으로 합니다. 세상의 모든 언어를 종합하여 인간의 언어적 지식을 송두리째 구축한 이 거대한 언어 모델(Large Language Model)은 우리에게 일종의 터미네이터를 세상 밖으로 끌어들인 듯 매일매일 놀라움과 새로움을 선사하고 있습니다.

    언어는 단순한 생존 수단을 넘어, 인간에게 강력한 지능을 탄생시키는 역할을 하였습니다. 인간의 언어는 음성에서 문자로, 구체적 표현에서 추상적 상징으로 진화하며 정보 교환과 지식 공유를 위한 강력한 도구로 발전했습니다.

    언어의 기능과 특성을 기계에 적용하고자 한 최초의 제안은 컴퓨터의 아버지 앨런 튜링(Alan Turing, 1912~1954)에 의한 것이었습니다. 튜링은 기계의 지능을 판별하기 위해 인간과 얼마나 유사하게 대화할 수 있는지 '언어'를 통해 측정하는 튜링 테스트(Turing Test)를 제안했습니다. '지능'의 속성을 '언어'로 연결한 튜링의 혜안은 1900년 초기의 과학 기술에서 매우 놀라울 따름입니다.

    많은 컴퓨터 과학자들이 튜링 테스트를 통과하기 위한 지능적인 컴퓨터의 개발에 도전하였습니다. 프로그래밍된 최초의 언어 처리 시스템은 1954년 1월에 시연된 '조지타운' 실험이라고 불리는 기계 번역 프로그램입니다. IBM 컴퓨터가 러시아어로 된 60개 문장을 영어로 번역하는 것을 성공한 것입니다. 1966년 미국 MIT 컴퓨터공학 교수인 요제프 바이젠바움(Joseph Weizenbaum)은 최초의 채팅 대화 프로그램인 엘리자(Eliza)를 선보이며 정신과 환자들과 정서적 대화를 나누고 위안 받는 효과를 보여 주었습니다. 물론 아직 튜링 테스트를 통과하기에는 역부족이었지만 자연어 처리의 많은 가능성을 제공하였습니다.

인터넷 시대에 들어간 2011년에 IBM의 왓슨이 '제퍼디!(Jeopardy!)' 게임에서 인간 챔피언을 상대로 퀴즈 문제 풀기에서 승리하며 자연어 처리 기술의 잠재력을 보여 주었습니다. 2014년에는 영국의 래딩 대학에서 개발된 '유진 구스트만'이라는 대화 프로그램이 결국 튜링 테스트를 통과하게 되지만, 인간처럼 아직 완벽하게 대화의 내용을 파악하거나 의미 있는 대화를 지속하는 것에는 한계를 보였습니다.

그런데 2022년 11월, OpenAI 사에서 개발한 ChatGPT가 서비스되자 사람들은 놀라움을 감출 수가 없었습니다. '튜링 테스트'를 간단하게 통과하는 언어 실력을 보여줄 뿐만 아니라 인간의 언어적 능력을 뛰어넘는 놀라운 결과를 생성하였기 때문입니다.

자연어 처리(Natural Language Process, NLP)는 기계가 인간의 언어를 이해하고 생성할 수 있게 함으로써 기술과의 상호 작용을 향상시키는 중요한 기술입니다. 이러한 자연어 처리는 우리 주변에서 다양한 분야에 활용되고 있습니다. 시리, 알렉사와 같은 가상 비서, 문장의 자동 수정과 자동 완성, 외국어 번역과 통역, 챗봇 대화 시스템, 음성 명령 처리, 감성 분석, 소설 작성, Q&A, 작사, 기사문 생성, 문서 요약 등 인간이 언어로 처리할 수 있는 다양한 영역에서 새로운 혁명을 일으키고 있습니다.

자연어 처리 기술은 차세대 인공지능의 미래를 이끌고 있으며, 이러한 발전은 컴퓨팅 시스템과 통신망의 발달, 빅데이터 축적, 딥러닝(심층학습)을 기반으로 하는 기계학습 알고리즘의 등장과 함께 빠르게 발전하고 있습니다.

머리말

　물론, 인간의 언어를 완벽하게 이해하고 효과적으로 활용하는 것은 어려운 일입니다. 이와 더불어 복잡한 자연어를 기계로 처리하는 방법 또한 이해하기 어렵고 쉽게 다가가기 어려운 과제 중 하나입니다. 그렇기에 자연 처리에 대해 흥미를 느끼더라도 선뜻 도전하고 해당 분야로 진입하기 쉽지 않은 실정입니다. 이러한 장벽으로 인해 새로운 애플리케이션의 개발과 창의적인 활용 방법 등 더 많은 부분에서 자연어 처리 기술을 적용하지 못하고 있습니다.

　이러한 고민을 담은 이 책은 그림과 쉬운 설명을 통해 자연어 처리의 기본 개념과 원리를 이해할 수 있도록 도와주고 있습니다. 또한 다양한 활용 분야와 아이디어를 제공하여 자연어 처리 기술의 실제적인 활용에 대한 이해를 높일 수 있도록 구성되어 있습니다.

　뿐만 아니라, 이 책은 새로운 자연어 처리 기술과 생성형 인공지능의 최신 트렌드를 소개하여 독자들이 인공지능의 미래를 미리 엿볼 수 있도록 도와줍니다. 이를 통해 독자들은 자연어 처리 기술이 어떻게 발전해 왔고, 미래에는 어떤 방향으로 나아갈 것인지에 대한 통찰력을 얻을 수 있습니다. 자연어 처리에 대한 기술적인 이해 뿐만 아니라 창의적인 활용 방법과 미래 지향적인 정보를 제공하여 이 분야에 관심 있는 독자들에게도 이 책이 실질적인 도움을 주게 될 것입니다.

　이 책은 자연어 처리에 대한 체계적인 이해를 제공하기 위해 다음과 같은 구조로 이루어져 있습니다. 먼저, 자연어 처리의 기초를 가볍게 살펴보면서 언어학의 관점에서 어휘 분석, 구문 분석, 의미 분석, 화용 분석 등에 대해 다룹니다. 이러한 기초적인 이해를 통해 독자들은 자연어 처리의 핵심 개념을 파악할 수 있습니다.

　그 다음으로 딥러닝(심층학습)을 기반으로 하는 자연어 처리 방법에 대한 심층적인 내용이 소개됩니다. 임베딩, 합성곱 신경망, 순환 신경망의 개념과 알고리즘을 제시하여 독자들은 현대적인 자연어 처리 기술에 대한 이해를 갖게 됩니다.

이후 챕터에서는 자연어 처리의 다양한 활용 분야를 사례 중심으로 살펴봅니다. 실제 문제에 대한 해결책으로 자연어 처리의 효과와 중요성을 강조하며, 다양한 예시를 통해 독자들이 적용 가능성을 이해할 수 있도록 합니다.

마지막 챕터에서는 텍스트를 기반으로 하는 생성 인공지능의 다양한 개념과 알고리즘을 소개합니다. 최신 기술 동향과 함께 독자들은 어떻게 기계가 텍스트를 생성하고 이해하는지에 대한 통찰을 얻을 수 있습니다. 또한, 이 책은 인공지능 기술이 항상 동반하는 편향 문제, 직업 소멸, 가짜 뉴스 생성, 안전 및 개인정보 보호와 같은 윤리적 이슈와 사회적 영향에 대한 논의를 자연어 처리의 관점에서 다루고 있습니다. 이는 기술의 발전과 함께 발생하는 사회적 문제에 대한 인식을 높이고 독자들이 이를 평가하고 이해하는 데 도움을 줄 것입니다.

이 책의 궁극적인 목표는 인간이 사용하는 언어의 본질을 탐색하고, 기계적인 언어 처리를 통해 진화해 가는 생성형 인공지능의 가능성을 독자들이 이해하고 탐험할 수 있도록 하는 것입니다. 자연어 처리의 핵심적인 원리와 응용, 그리고 기술의 윤리적 측면에 대한 풍부한 정보를 제공함으로써 독자들이 미래의 인공지능에 대한 흥미로운 여정을 즐길 수 있기를 바랍니다.

2024년 3월 저자 일동

저자 소개

한선관 교수님

- 경인교육대학교 컴퓨터교육과 교수
- 한국인공지능교육학회 학회장
- 인공지능교육연구소 소장
- 『한눈에 보이는 인공지능 수학 그림책』, 『챗GPT와 썸타기』, 『한눈에 보이는 데이터 과학과 AI 그림책』, 『한눈에 보이는 블록체인 그림책』, 『한눈에 보이는 인공지능 그림책』, 『한눈에 보이는 메타버스 그림책』, 『중학교 정보』 교과서, 『스크래치 마법 레시피』, 『스크래치 창의컴퓨팅』, 『스크래치 주니어 워크북』, 『AI 사고를 위한 인공지능 랩』, 『AI 플레이그라운드』, 『놀랍게 쉬운 인공지능의 이해와 실습』(이상 성안당), 『컴퓨팅 사고를 위한 파이썬』, 『컴퓨팅 사고를 위한 스크래치 3.0』, 『소프트웨어 교육』, 『소프트웨어 교육 방법』 (이상 생능출판사) 집필

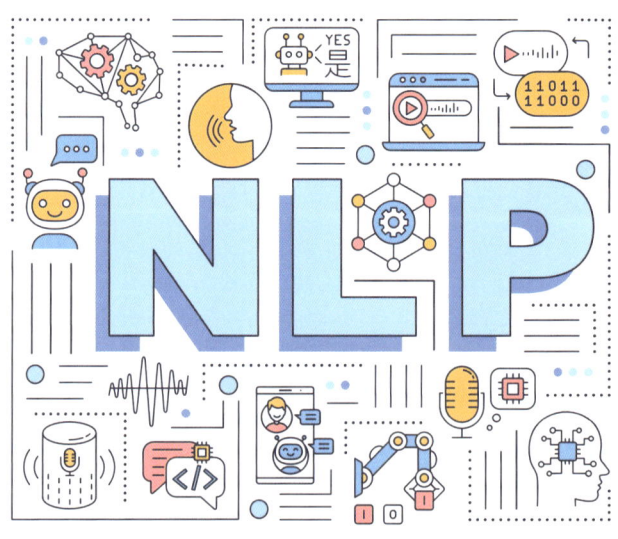

임새이 선생님

- 현직 초등학교 교사
- 경인교육대학교 컴퓨터교육 박사 과정
- 경인교육대학교 인공지능 융합교육 석사
- 『챗GPT와 썸타기』(성안당) 집필
- 인공지능교육연구소에서 STEAM 교육과 SW·AI 교육 콘텐츠 개발 중

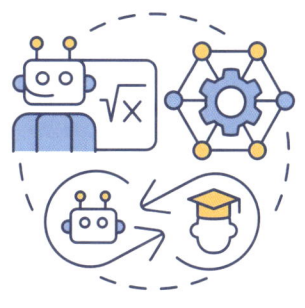

차례

머리말	4
저자 소개	8
차례	10

Chapter 1 　**자연어 처리의 기초** 　　12

- Lesson 1 　자연어 처리 　　14
- Lesson 2 　언어학의 이해 　　31
- Lesson 3 　텍스트 전처리 　　41
- Lesson 4 　어휘 분석 　　49
- Lesson 5 　구문 분석 　　54
- Lesson 6 　의미 분석과 화용 분석 　　64

Chapter 2 　**심층학습(딥러닝) 기반 자연어 처리** 　　74

- Lesson 1 　심층학습(딥러닝) 　　76
- Lesson 2 　임베딩 　　89
- Lesson 3 　합성곱 신경망(CNN) 　　96
- Lesson 4 　순환 신경망(RNN) 　　104

Chapter 3	자연어 처리의 실제와 활용	114
Lesson 1	텍스트 분류	116
Lesson 2	키워드와 정보 추출	123
Lesson 3	텍스트 요약	130
Lesson 4	대화형 에이전트	137
Lesson 5	기계 번역	148

Chapter 4	거대 언어 모델(LLM)과 생성형 AI	154
Lesson 1	거대 언어 모델(LLM)의 시대	156
Lesson 2	오픈AI의 챗GPT	168
Lesson 3	마이크로소프트의 빙(Bing) AI	180
Lesson 4	구글의 제미나이(Gemini)	187
Lesson 5	메타의 라마(LLaMA)	207
Lesson 6	네이버의 하이퍼클로바(HyperCLOVA) X	213
Lesson 7	멀티모달과 언어	218
Lesson 8	LLM의 윤리적 이슈	229
Lesson 9	자연어 처리와 함께하는 미래	248

Chapter 1

자연어 처리의 기초

Lesson 1 자연어 처리
Lesson 2 언어학의 이해
Lesson 3 텍스트 전처리
Lesson 4 어휘 분석
Lesson 5 구문 분석
Lesson 6 의미 분석과 화용 분석

Lesson 1
자연어 처리

POINT 자연어 처리의 개념을 이해하고, 자연어 처리 연구의 큰 패러다임인 규칙 기반, 통계 기반, 심층학습 기반에 대해 알아봅시다. 그리고 자연어 처리가 왜 어려운지 파악해 봅시다.

1 자연어 처리란?

자연어란, 사람들이 일상 속에서 자연스럽게 사용하는 언어를 말합니다. 이 자연어로 다른 사람들과 소통하는 데는 아무런 문제가 없죠. 그러나 사람과 컴퓨터와의 소통은 어떨까요? 컴퓨터와는 사람의 자연어로는 절대 소통할 수가 없습니다. 컴퓨터가 요구하는 특정한 형식과 규칙에 맞추어 언어를 입력해 주어야 하죠.

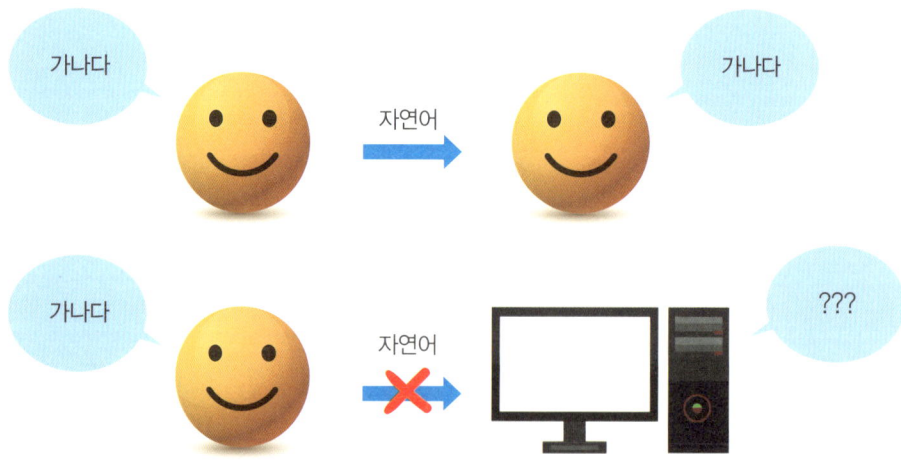

자연어 처리의 필요성이 여기에서 등장합니다. 바로 사람이 매번 번거롭고 어렵게 컴퓨터가 요구하는 특정한 형식과 규칙에 맞추어 입력할 필요가 없도록 하는 것이죠. 대신, 미리 우리의 자연어를 컴퓨터가 이해할 수 있도록, 또한 컴퓨터가 우리의 자연어를 생성할 수 있도록 구축해 놓는 과정이 **자연어 처리**(Natural Language Processing)입니다.

자연어 처리 과정에는 크게 두 가지 처리 과정이 있습니다. 자연어 이해(Natural Language Understanding)와 자연어 생성(Natural Language Generation)입니다.

자연어 이해란, 컴퓨터가 자연어를 입력으로 받아들인 뒤 프로그램의 목적에 맞게 내부적으로 처리하여 그 뜻과 맥락을 알아듣는 과정을 말합니다.

자연어 생성이란, 컴퓨터가 가지고 있는 정보를 바탕으로 자연어 문장을 생성하여 사용자에게 답변으로 회신하는 과정을 말합니다.

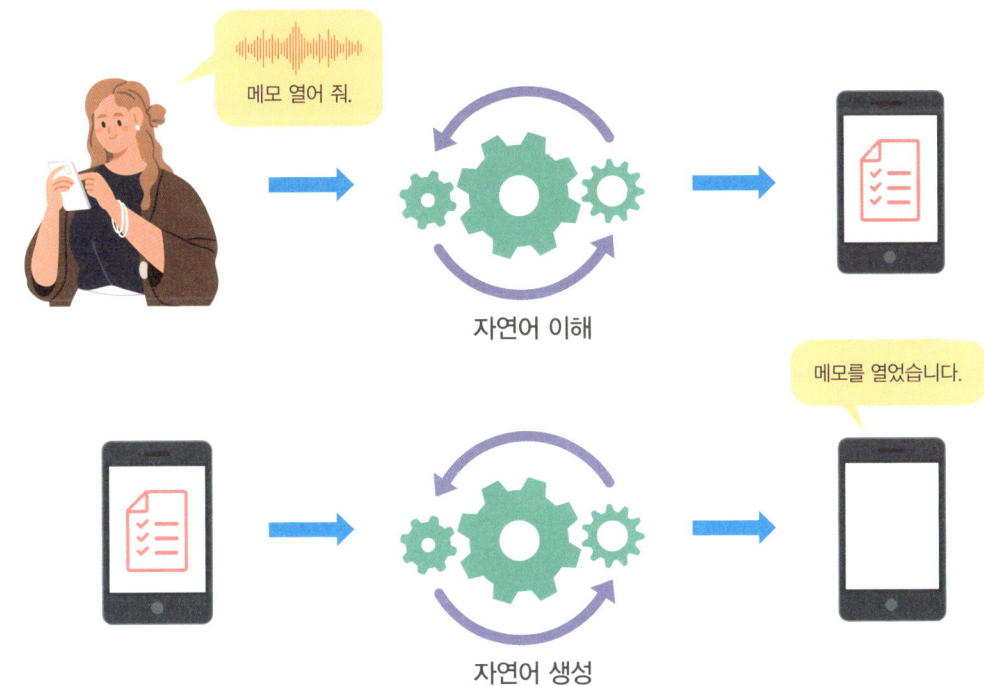

2 튜링 테스트 (Turing Test)

왜 우리는 컴퓨터가 자연어를 이해하고, 컴퓨터가 자연어를 생성하여 대답하는 것을 연구할까요? 그리고 사람과 컴퓨터와의 완전한 소통은 어떻게 하면 이루어질 수 있을까요? 이 질문에 대한 노력과 연구는 최근 들어 새롭게 시작된 것은 아닙니다.

자연어 처리에 대한 관심은 1950년 앨런 튜링(Alan Mathison Turing, 1912-1954)이 〈Computing Machinery and Intelligence〉라는 논문을 발표하며 본격적으로 시작되었습니다. 튜링은 인간이 기계와 대화 중이라는 사실을 깨닫지 못하고 대화를 할 수 있다면 그 기계는 지능을 가진 것으로 간주할 수 있다고 주장합니다. 이를 판별할 수 있는 방법을 제시하는데 그것이 바로 이미테이션 게임이라고 불리는 **튜링 테스트**입니다.

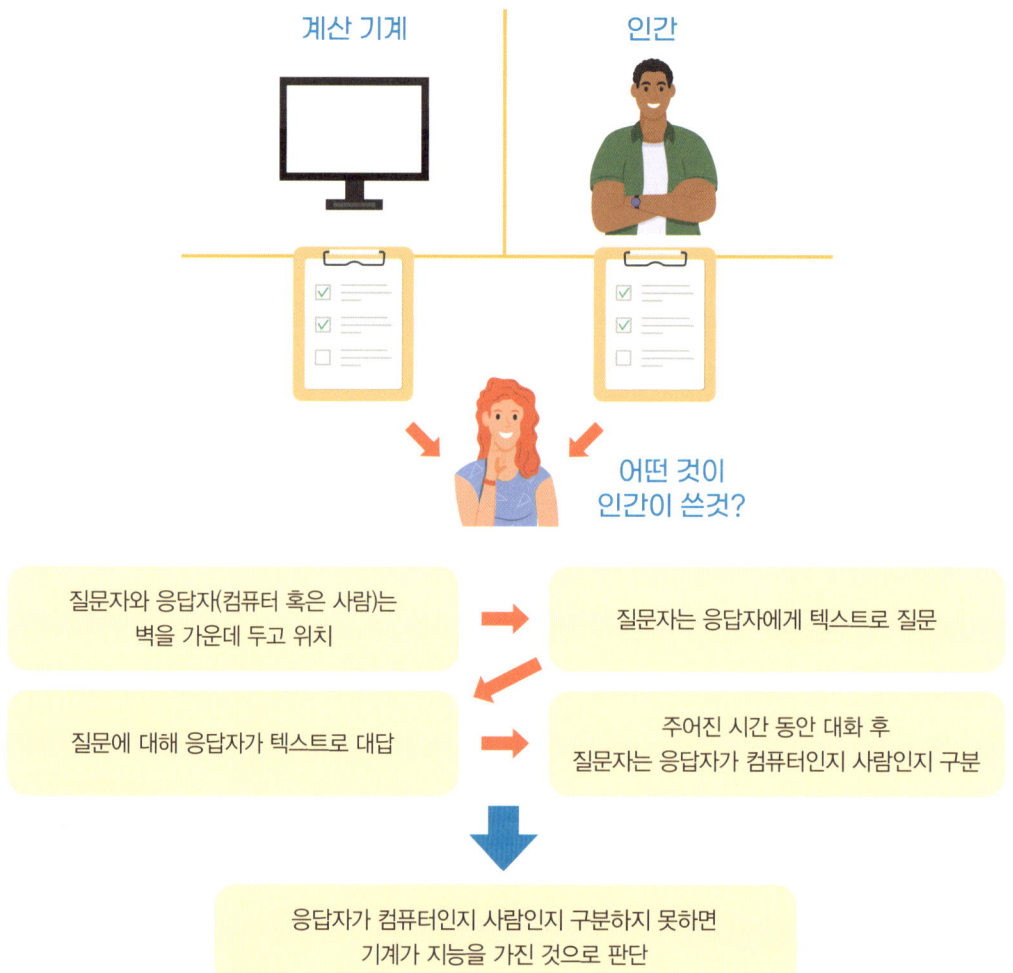

▲ 출처: 루나(https://brunch.co.kr/@hvnpoet/108)

기계가 튜링 테스트를 통과하기 위해서는 다양한 기술과 데이터를 갖춰야 하고 이를 이용하여 인간과 적절하게 소통할 수 있어야만 하죠.

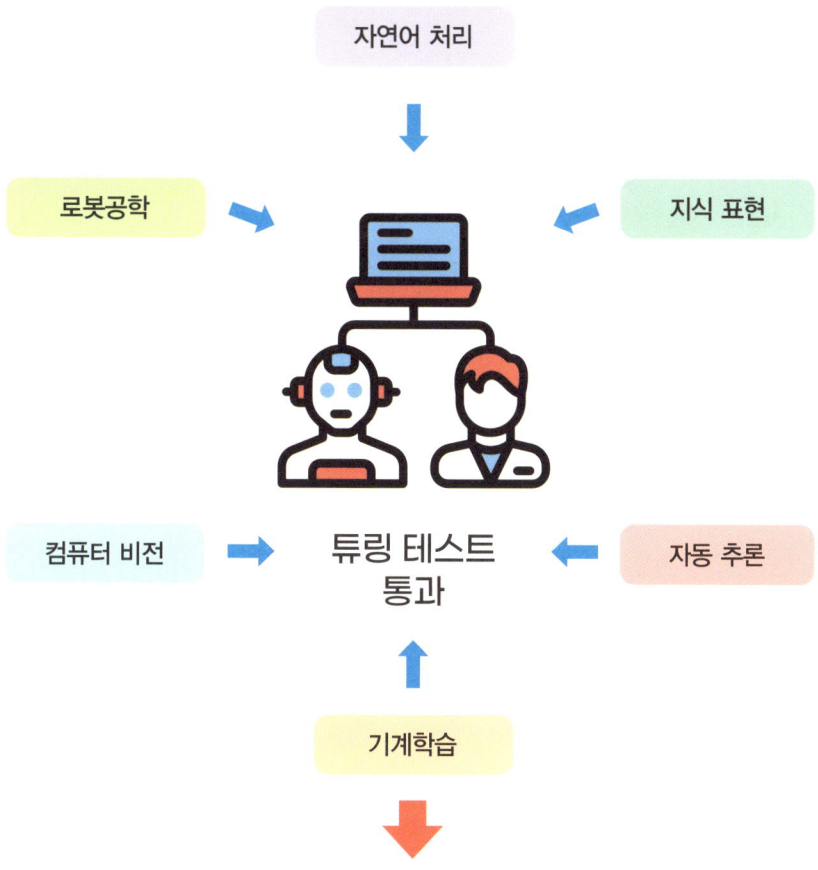

기계는 인간과 비슷한 혹은 그보다 나은 지능 가져야 함

가진 지능 활용하여 사람이 하는 말의 의미, 맥락을 이해해야 함

갖고 있는 여러 지식을 토대로 질문에 적절한 답변을 생성해
대답하고 정보를 제공할 수 있어야 함

기계가 튜링 테스트를 통과하고 이를 넘어서 사람과 완전히 소통할 수 있는 능력을 갖출 수 있을까요? 또한 그 능력을 기반으로 사람의 의도를 완벽히 이해하여 사람의 명령을 수행하고, 사람들에게 필요한 것을 예상해 제공할 수 있는 때가 시작될 수 있을까요?

이와 같이 기계와의 완전한 소통에 대해 다양한 질문거리와 의문을 가질 수 있습니다. 그럼에도 부정할 수 없는 사실은 이미 기계와 사람 사이의 대화는 시작되었고 그 대화는 점점 나아지고, 발전하고 있다는 것입니다. 이제는 앨런 튜링이 튜링 테스트를 통해 보여준 그의 위대한 꿈을 이어받아 인간과 기계, 즉 인간과 인공지능의 소통에 대해 연구하고 꿈을 현실로 만들 때입니다.

> **❗ 여기서 잠깐**
>
>
>
> **앨런 튜링**(Alan Mathison Turing, 1912–1954)
> 영국의 수학자, 논리학자. 계산기가 어디까지 논리적으로 작동할 수 있는가에 대하여 처음으로 지적인 실험을 시도한 학자로 유명하며, 컴퓨터공학 및 정보공학의 이론적 토대를 마련한 인물.
>
> – 출처: 두산백과

3 자연어 처리는 왜 어려울까?

이렇게 컴퓨터가 우리의 자연어를 알아서 이해하고, 우리의 자연어로 자연스럽게 대답할 수 있다면 너무나도 편리하겠죠. 그렇기에 자연어 처리 분야는 많은 사람들의 관심을 받고 다양한 분야에서 활용되고 있습니다. 그러나 아직 자연어 처리는 매우 어렵고 까다로운 분야입니다.

자연어 처리가 어려운 이유를 구체적으로 살펴볼까요?

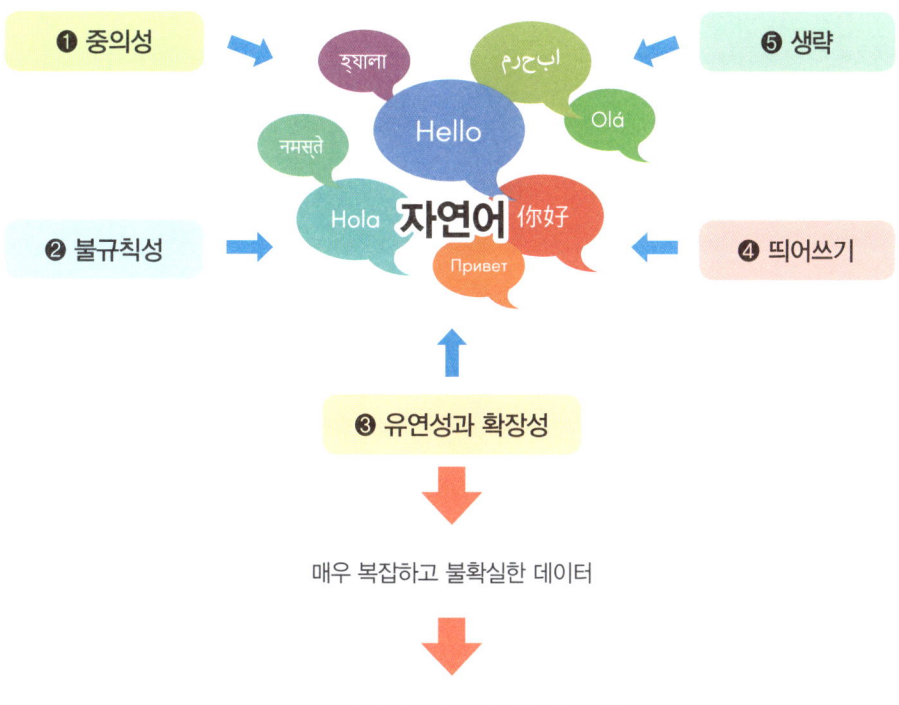

1 중의성

　같은 단어 혹은 문장이라 하더라도 여러 의미를 가지고 있는 경우가 많아, 맥락에 따라 그 의미가 달라져 해석이 변하는 경우가 많습니다.

　단어의 경우 다의어나 동형이의어가 이에 해당합니다.

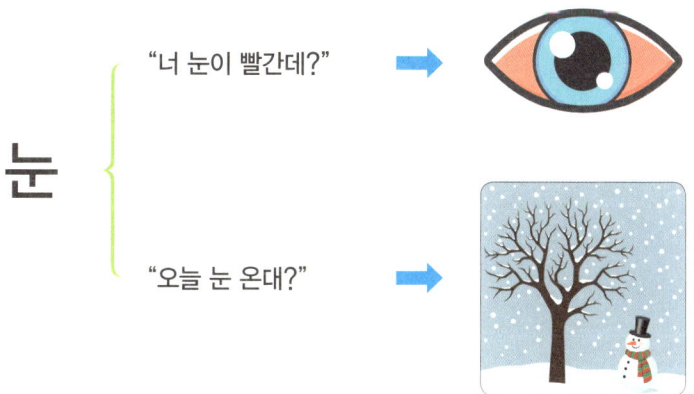

또한, 문장의 구조로 인해 여러 가지 의미를 담을 수 있는 경우도 자연어의 해석을 어렵게 합니다.

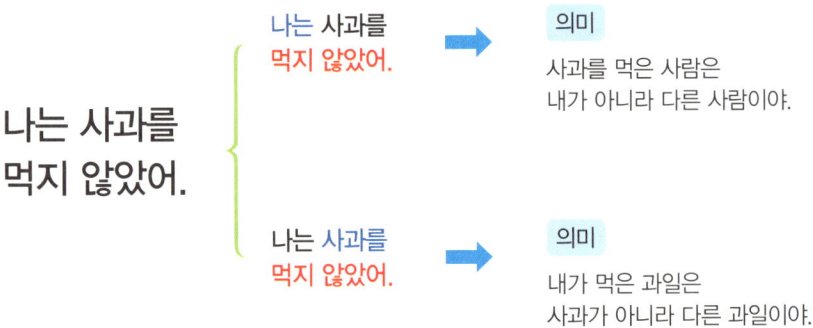

2 불규칙성

자연어에는 기본적으로 이를 구성하는 규칙인 문법이 존재합니다. 그러나 항상 다양한 예외가 존재하여 규칙대로 문장을 구성하더라도 그 의미가 통하지 않을 수 있습니다.

3 유연성과 확장성

자연어의 유연성과 확장성이란 자연어가 매우 무한한 가능성을 가지고 있다는 의미입니다. 우선, 자연어는 단어의 배열, 단어의 쓰임의 제약이 비교적 자유롭습니다. 이러한 특징으로 유사하거나 같은 의미의 문장을 무한한 가능성으로 생성할 수 있습니다.

우선, 문장 길이의 유연성과 확장성이 가능합니다.

기본 문장

그 강아지는 귀엽다.

그 귀가 큰 강아지는 귀엽다.

그 귀가 큰 슈퍼 앞에 있는 강아지는 귀엽다.

그 귀가 크고 길 건너 슈퍼 앞에 있는 강아지는 귀엽다.

그 귀가 크고 길 건너 있는 우리 엄마가 운영하는 슈퍼 앞에 있는 강아지는 귀엽다.

또한, 같은 의미와 맥락이지만 능동과 수동을 사용하여 다양하게 문장을 생성할 수도 있습니다.

경찰이 도둑을 잡았다.

도둑이 경찰에게 잡혔다.

게다가 시간의 변화에 따라 더 이상 사용되지 않는 단어들이 생기고 새롭게 탄생하는 단어들이 나타납니다. 근래에는 수많은 외래어, 외국어의 유입되고 있으며 미디어를 중심으로 유행어, 신조어들이 빠르게 탄생하고 있습니다. 이러한 다양한 단어들의 새로운 생성은 그 생성 배경에 따라 규칙이 다르기에 일반화를 어렵게 만듭니다.

4 띄어쓰기

같은 단어 혹은 형태소로 문장이 구성되었더라고 띄어쓰기가 다르면 다른 의미를 가진 문장이 되어 다른 맥락에서 사용됩니다.

이처럼 띄어쓰기 하나로 의미가 달라지니 정확한 의미 파악을 위해서는 띄어쓰기의 규칙을 파악하는 과정이 필요합니다. 그러나 정해진 띄어쓰기 기본 규칙이 존재하나 예외에 해당하는 것들이 상당히 많습니다.

띄어쓰기 규정 제1장 제2항

문장의 각 단어는 띄어 씀을 원칙으로 한다.

먹을때	➡	먹을 때
갈때	➡	갈 때
이때	✖	이 때
	➡	이때

5 생략

사람은 단어 하나하나보다 대화가 이루어지는 문맥에서 그 의미와 정보를 파악하는 경우가 많습니다. 그렇기에 중요하지 않은 항목들은 자주 문장에서 생략되곤 합니다. 생략된 정보에 대해서 사람은 맥락과 경험을 사용하여 빈칸을 채울 수 있지만, 컴퓨터는 그럴 수가 없죠. 이러한 사람들의 무의식적인 생략은 자연어의 불확실성을 높이고 컴퓨터가 자연어의 의미를 파악하는 것을 더욱 어렵게 만듭니다.

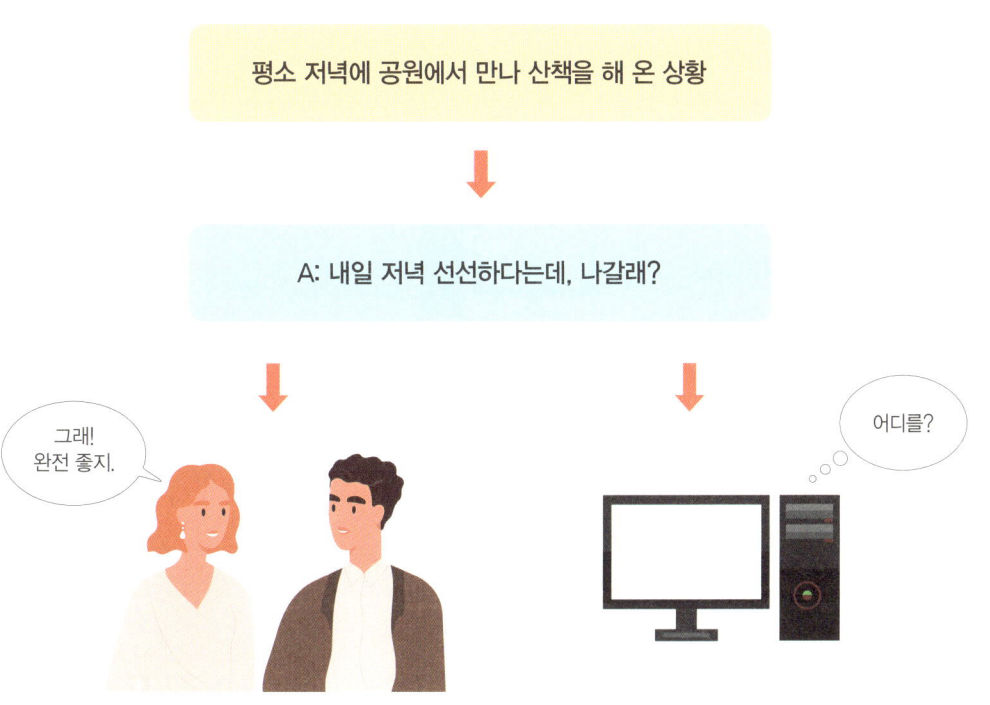

4 자연어 처리 이론

그렇다면 기계는 어떤 방법을 통해 사람의 언어, 자연어를 이해하고 생성할까요? 기본이 되는 자연어 처리 이론을 살펴봅시다.

1 규칙 기반

규칙 기반 자연어 처리란 언어의 문법적인 규칙을 분석하고 이해하여 언어를 처리하는 방식입니다.

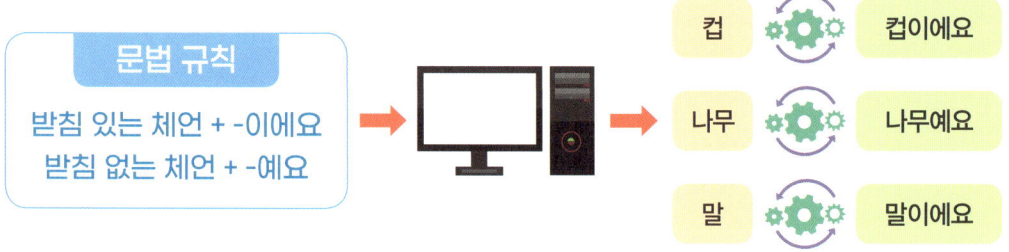

그러나 규칙 기반 자연어 처리는 사람들이 직접 문법 규칙을 사전에 구축해야 한다는 점에서 어려움을 겪게 됩니다. 사람이 직접 규칙을 구축하는 일 자체가 어려울 뿐만 아니라 앞에서 말한 수많은 예외와 불확실성, 복잡성으로 제대로 작동하지 않는 경향이 있었기 때문입니다.

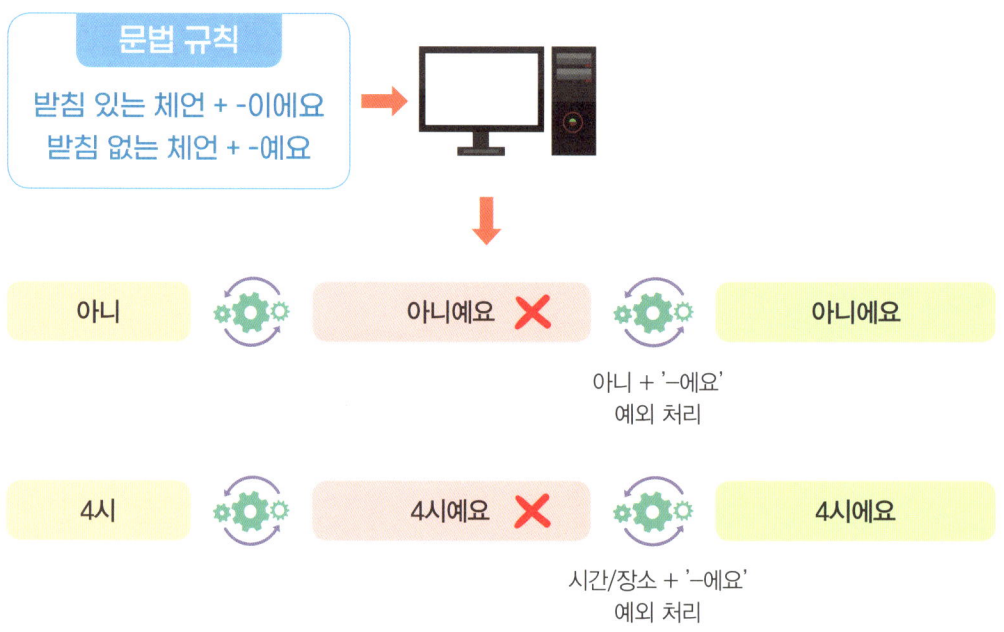

이렇게 단순한 규칙 하나를 적용할 때도 모든 예외 사항들을 빠짐없이 알아내고, 적용해야 합니다. 그렇지 않으면 올바른 맞춤법의 자연어로 작동하지 않을 것이라는 문제가 발생합니다. 그럼에도 언어를 다루는 분야 특성상 문법 규칙을 완전히 무시할 수는 없기에, 규칙 기반 자연어 처리는 다른 처리 방법들과 융합되어 사용되고 있습니다.

2 통계 기반

통계 기반 자연어 처리란, 단어의 의미는 함께 따라오는 주변 단어에 의해 형성되므로 통계적으로 단어 사이에 유의미한 상관관계가 나타날 것이라는 생각에서 출발한 방식입니다. 따라서 이 방식에서는 해당 단어 앞뒤에 어떤 단어가 나올 확률이 가장 높은지 파악하여 가장 확률이 높은 단어들로 문장을 구축합니다. 이렇게 하면 가장 자연스러운 문장이 될 확률이 높아질 것이기 때문이죠.

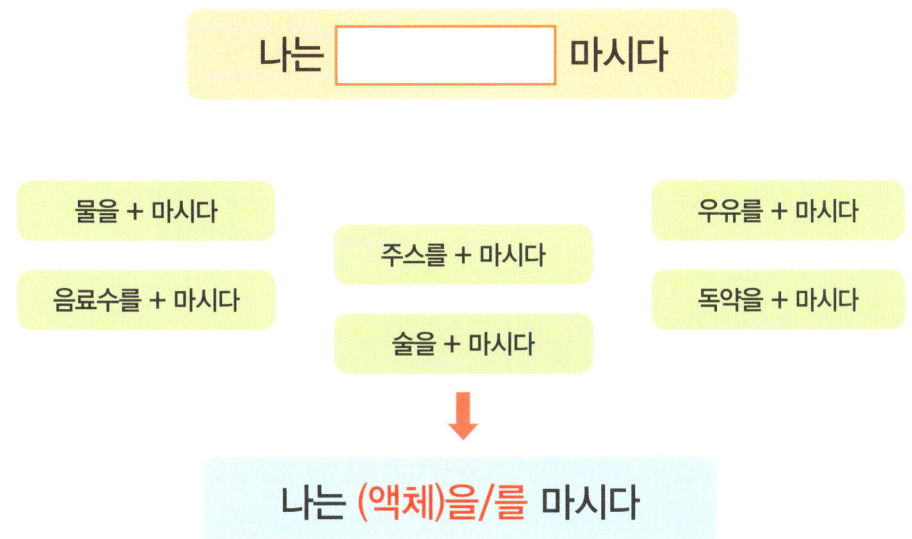

3 심층학습(딥러닝) 기반

심층학습 기반 자연어 처리란 기계학습, 그중에서 다층 신경망 구조를 활용하여 자연어를 심층적으로 분석하고 처리하는 방식을 말합니다. 심층학습을 사용하면 일차적인 분석인 확률·통계로 분석한 것 이상의 처리가 가능해집니다. 이러한 심층학습 기술을 자연어 처리에 활용하는 이유는 바로 자연어 처리에 분석해야 할 데이터가 매우 복잡하기 때문입니다.

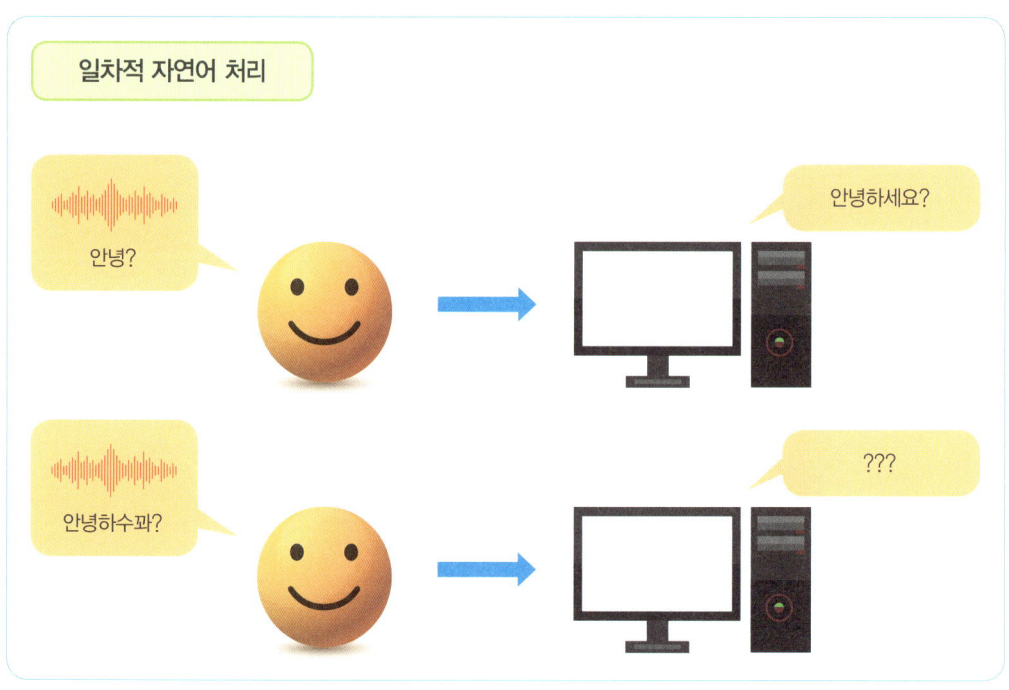

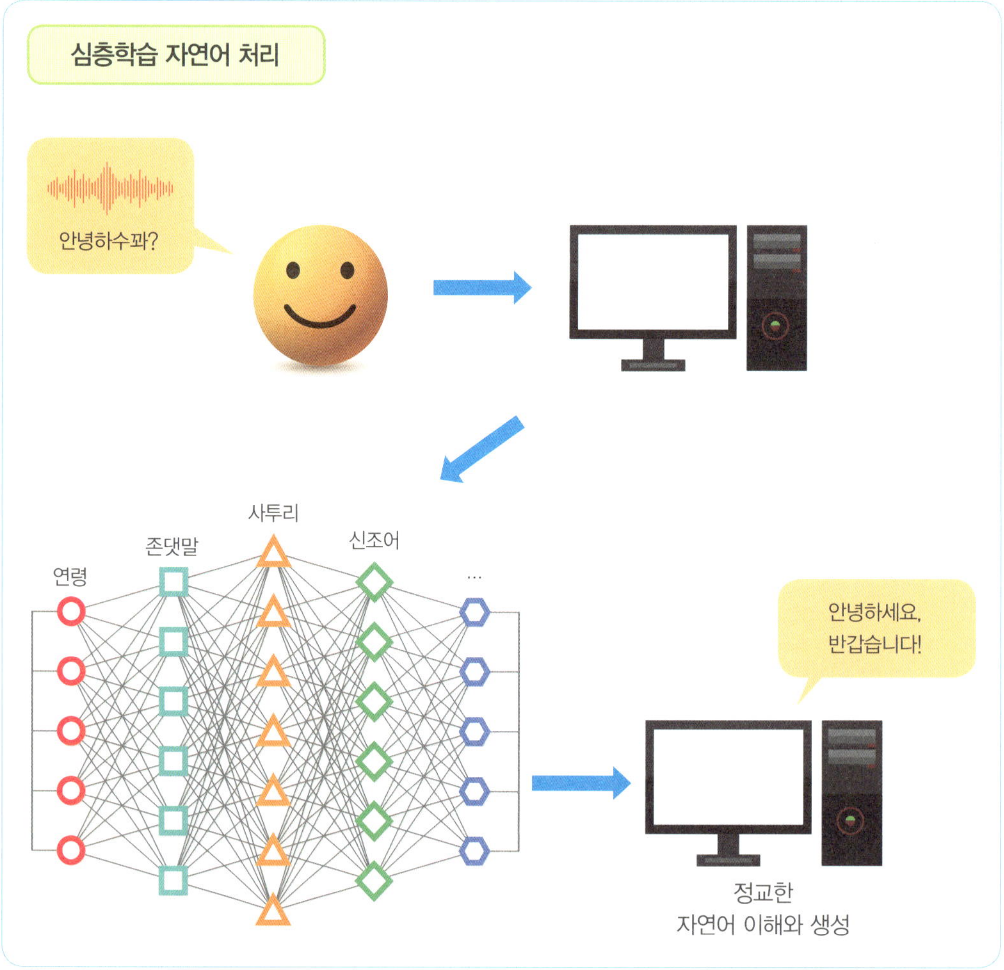

심층학습 기술은 수많은 신경망 층에서 데이터 간에 복합적인 연결을 통해 심층적인 분석을 가능하게 하기에 더욱 정확하고 정교한 자연어 처리를 가능하게 합니다. 이에 따라 최근 자연어 처리에는 심층학습이 필수로 자리 잡았고, 심층학습 도입 이전과 비교하여 그 성능과 정확도가 크게 상승했습니다.

5 자연어 처리와 인공지능

그렇다면 자연어 처리에서 활용되는 이러한 인공지능 그리고 기계학습과 심층학습이란 무엇일까요? 각각이 어떤 개념이고 서로 어떠한 관계에 있는지 알아봅시다.

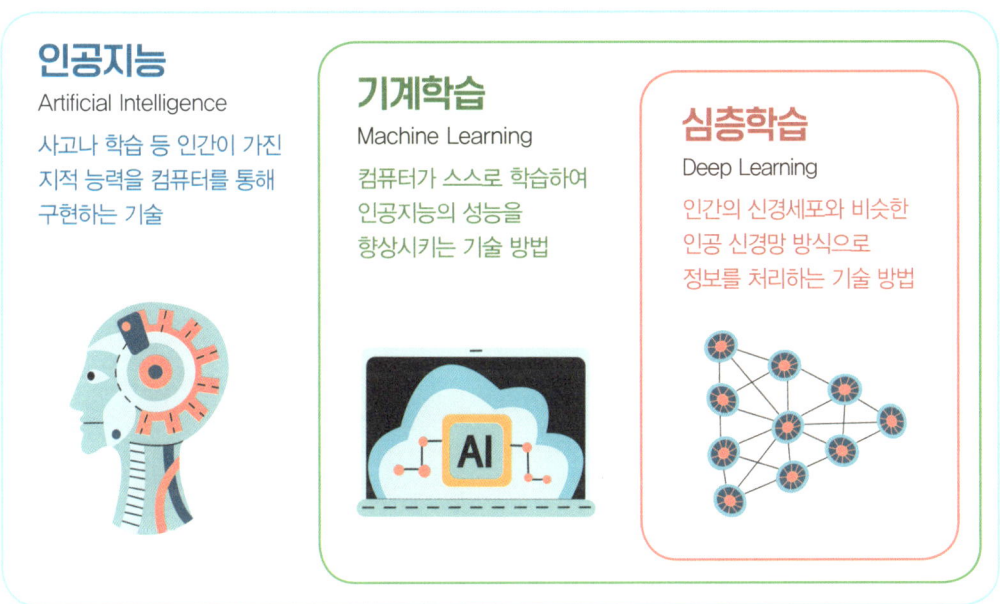

▲ 인공지능, 기계학습, 심층학습의 포함 관계

1 인공지능

인공지능(Artificial Intelligence)이란 기계에 인간 지능의 특징을 부여해 인간의 사고 과정처럼 컴퓨터가 문제를 해결할 수 있도록 하는 기술입니다.

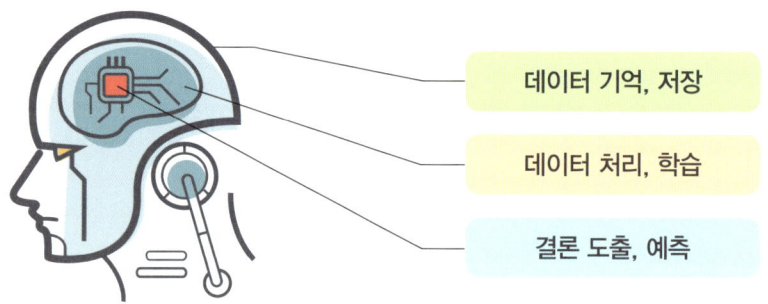

이러한 능력을 바탕으로 자연어 처리에서는 복잡성과 불확실성을 가진 자연어를 끊임없이 학습하고, 새로운 패턴을 찾아내 자연어를 이해하고 자연어를 생성하는 처리 과정을 수행하게 됩니다.

2 기계학습

기계학습(Machine Learning)은 점점 더 많은 데이터를 컴퓨터가 처리하게 되었고, 그 데이터들이 정형화되어 있지 않았기에 더 이상 사람이 직접 일일이 데이터 처리를 계산하여 알고리즘으로 만들 수 없게 되면서 등장하게 되었습니다.

사람이 지식 일일이 입력, 통계 알고리즘 일일이 설정

데이터를 기반으로 스스로 학습, 알고리즘 생성

그렇기에 기계학습은 사람이 직접적인 알고리즘을 개발할 수 없을 때 다양한 데이터를 알고리즘에 계속 입력하여 알고리즘이 직접 데이터 처리 연산을 결정하게 하도록 합니다. 알고리즘은 입력받는 데이터에 따라 끊임없이 연산과 가중치를 갱신시키는 과정을 거치게 됩니다.

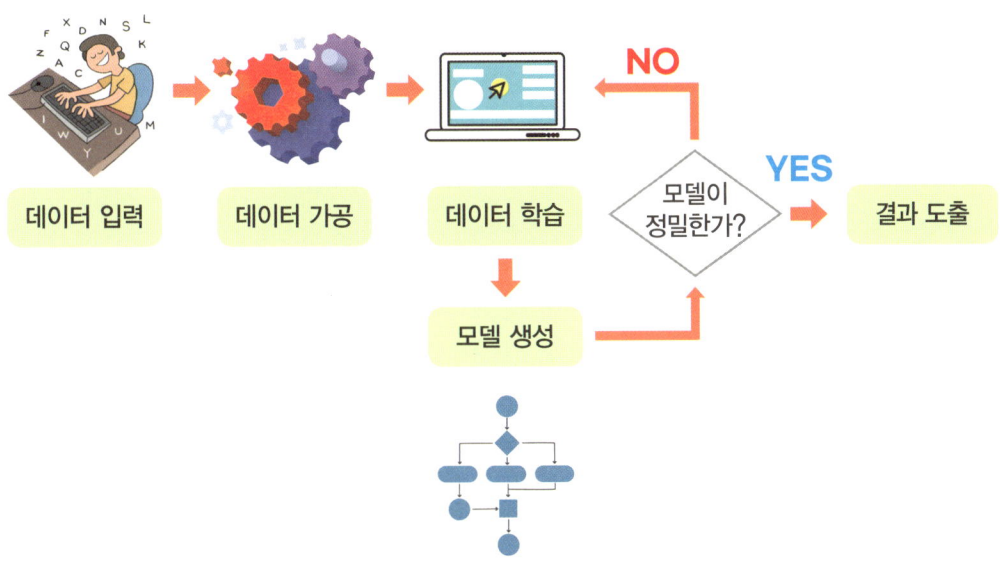

이렇게 알고리즘에 데이터를 투입하며 데이터에 맞는 연산과 가중치를 개발하는 과정을 '**훈련**'이라고 합니다. 또한 이 훈련이 완성되어 해당 데이터에 맞는 연산이 가능하게 된 알고리즘을 '**모델**'이라고 합니다.

3 인공 신경망과 심층학습

인공 신경망 알고리즘(ANN, Artificial Neural Network)은 이러한 기계학습 중에서 사람의 뇌 신경망이 정보를 처리하기 위해 패턴을 인식하는 방법과 닮아 있는 방법입니다.

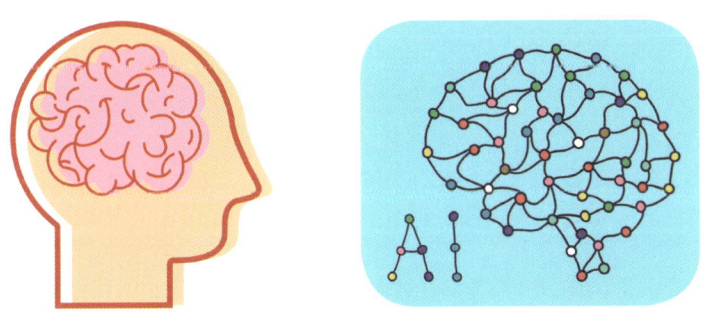

입력된 데이터를 단순히 한 번의 처리를 거쳐 결과를 출력하는 것이 아니라, 하나 이상의 드러나지 않은 여러 가중치 값을 포함한 은닉층(Hidden Layer)을 거쳐 결과를 출력하게 하는 것이죠. 사람의 뇌와 같이 수많은 인공 신경층을 연결하게 되면 훨씬 더 어려운 데이터도 처리가 가능해지게 됩니다.

다층 신경망
(다층 퍼셉트론, Multi-Layer Perceptron)

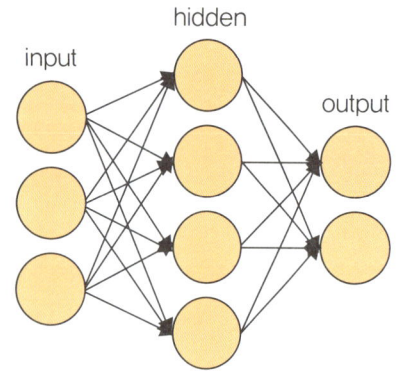
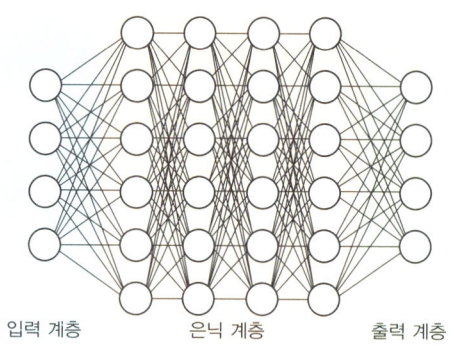

얕은 신경망
(Non-deep Feedforward Neural Network)
: 은닉층이 1층

심층 신경망
(DNN, Deep Neural Network)
: 은닉층이 여러 층

심층 신경망에서 일어나는 학습
심층학습

Lesson 2
언어학의 이해

POINT 자연어 처리의 기반이 되는 기본 언어학(음절, 형태소, 어절, 품사, 구 구조와 의존 구조, 의미론과 화용론)에 대해서 살펴봅시다.

  자연어 처리는 인간의 일상 언어인 자연어를 연구하고 분석하여, 컴퓨터가 이를 이해하고 생성하도록 하는 분야이기에 자연어 자체에 대한 기본적인 이해가 필요할 수밖에 없습니다. 자연어를 구성하는 언어학의 기본적인 원리에 대해서 알아봅시다.

1 음절

  음절(Syllable)이란, 언어를 말하고 들을 때 한 뭉치로 느껴지는 발화의 최소 단위입니다. 음절은 말소리의 단위이기에 보통 소리 나는 대로 적었을 때의 한 글자를 말합니다.

> **음절의 개수**
>
> ① 나는 네가 좋아. ➡ '나' '는' '네' '가' '좋' '아' ➡ 6음절
>
> ② [나는 네가 조아.] ➡ '나' '는' '네' '가' '조' '아' ➡ 6음절

  ②는 ①의 문장을 소리 나는 대로 적은 문장입니다. 따라서 원칙상 음절을 따질 때는 ②와 같이 본래의 문장을 소리 나는 대로 적은 뒤 6음절이라고 세는 것이 맞습니다. 그러나 자연어 처리에서는 ②보다는 ①과 같은 실제 문장을 다루기에 편의상 ①로 6음절이라고 처리합니다.

2 형태소

형태소(Morpheme)란, 의미를 가지고 있는 말의 가장 작은 단위를 말합니다. 형태소는 의미와 자립 여부 이렇게 두 가지 기준에 따라 분류가 가능합니다.

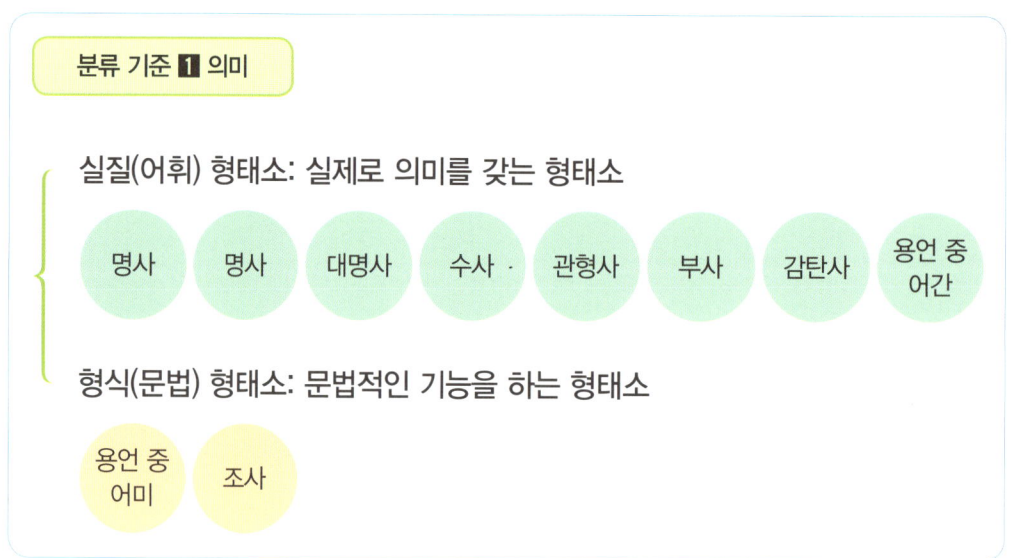

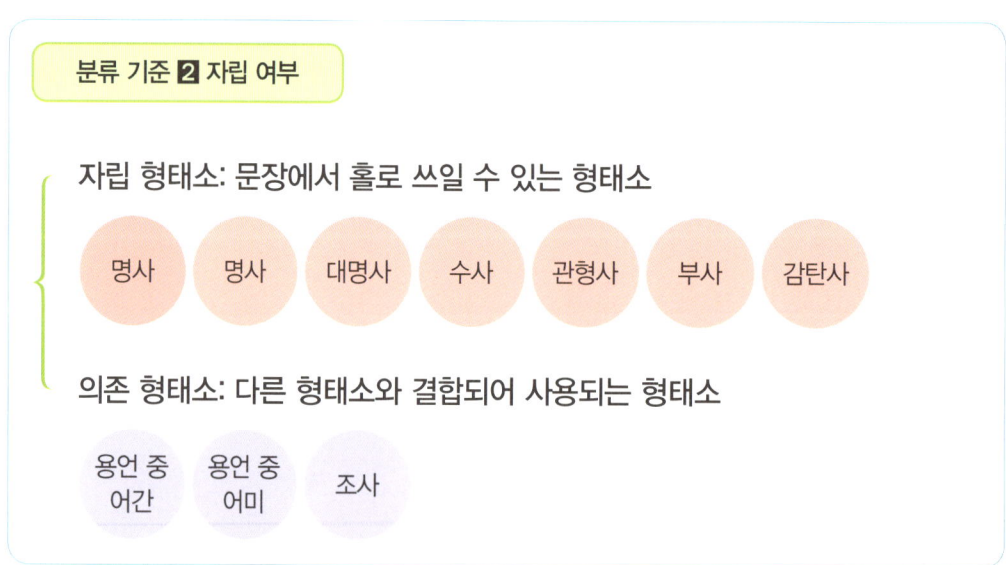

형태소 분류하기

오늘 날씨가 참 좋다.

오늘	날씨	-가	참	좋-	-다
실질	실질	형식	실질	실질	형식
자립	자립	의존	자립	의존	의존

3 어절

어절(Word Segment)이란, 한 개 이상의 형태소가 모여 구성된 단위로 띄어쓰기가 되어 있는 말의 덩어리를 이야기합니다.

어절의 개수

나는 네가 좋아. → '나는' '네가' '좋아' → 3어절

오늘 날씨가 참 좋다. → '오늘' '날씨가' '참' '좋다' → 4어절

4 품사

품사란, 단어를 형태, 기능, 의미로 나눈 갈래를 말합니다. 단어를 이렇게 공통된 성질을 가진 것들끼리 나누어 놓게 되면 각 단어들을 더 쉽게 이해할 수 있게 됩니다. 형태, 기능, 의미 세 가지 분류 기준에 따라 품사를 분류하면 다음과 같습니다.

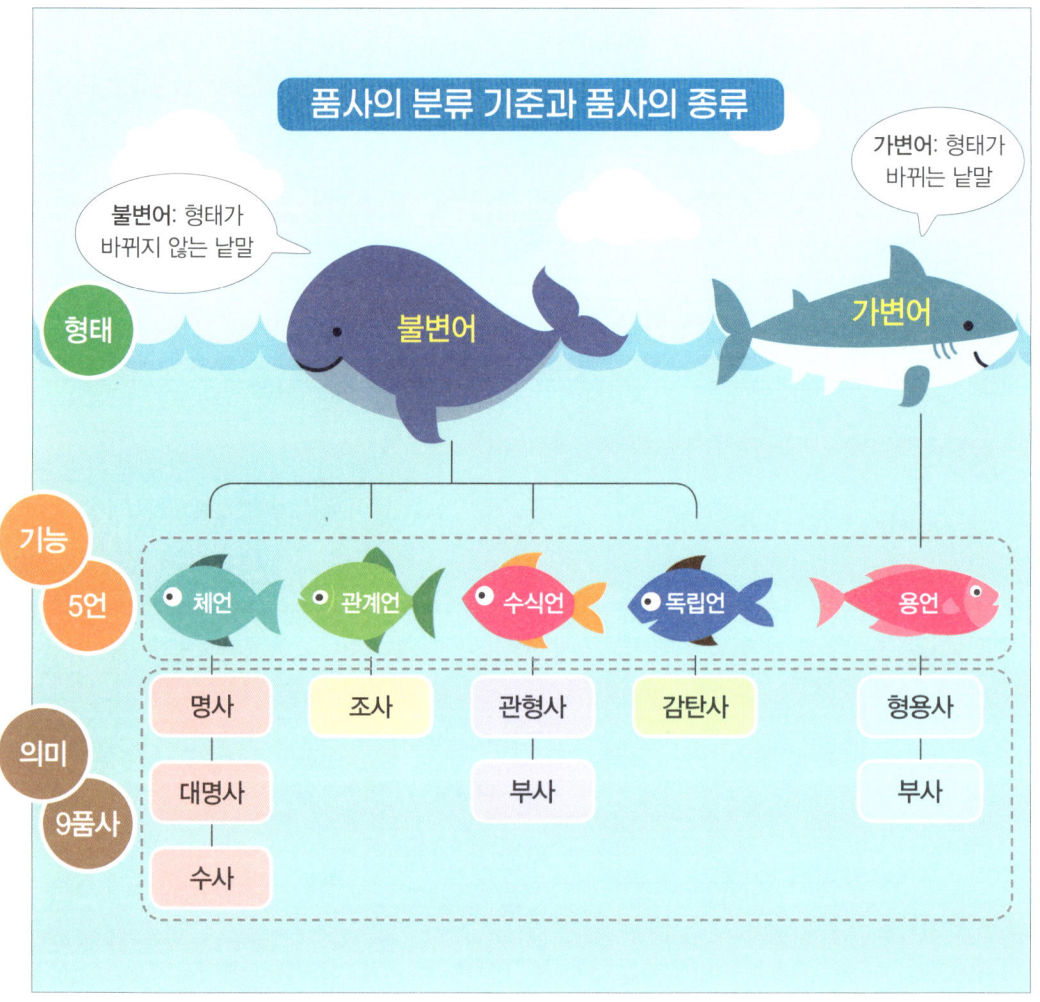

▲ 출처: 지식백과

5언과 9품사의 구체적인 역할에 대해서 조금 더 자세히 살펴볼까요? 5언을 중심으로 9품사 중 어떤 품사가 각각에 해당하는지 알아봅시다.

5언 중 체언

체언 : 문장에서 중심이 되는 역할 / 주로 뒤에 조사가 붙음

- **명사** : 사람, 사물의 이름을 나타내는 단어
  - [예시] 민수가 사과를 먹는다.
- **대명사** : 이름을 대신하여 나타내는 단어
  - [예시] 민수가 사과를 먹는다.
    그가 이것을 먹는다.
- **수사** : 수량이나 순서를 나타내는 단어
  - [예시] 사과가 하나가 있어.
    나는 첫째야.

5언 중 관계언

관계언 : 문장 내에서 여러 성분을 연결해 주는 역할

- **조사**
  - **격 조사** : 앞말이 어떤 자격을 가지는지 나타냄
    - 주격 조사: 체언이 주어임을 표시 ([예시] -이/가, -은/는)
    - 서술격 조사: 체언과 결합하여 서술어로 만들어 줌 ([예시] -이다)
    - 목적격 조사: 체언이 서술어임을 표시 ([예시] - 을/를)
    - 보격 조사: 체언이 보어임을 표시 ([예시] -이/가)
    - 부사격 조사: 체언이 부사가 되도록 함 ([예시] -에게, -에서)
    - 호격 조사: 호칭이 되도록 함 ([예시] -야, -아, -시여)
  - **접속 조사** : 두 단어를 이어 줌
    - [예시] -랑, -와/과
  - **보조사** : 앞말에 특별한 뜻을 더해 줌
    - [예시] - 도, -만, -까지

5언 중 수식언

수식언 : 다른 말을 꾸며 주는 역할

- **관형사** : 체언을 꾸며 주는 역할을 하는 단어

    성상 관형사: 성질이나 상태를 꾸며 줌 (예시) 새, 옛, 윗)
    지시 관형사: 어떤 대상을 가리켜 지시함 (예시) 그, 다른, 무슨)
    수 관형사: 사물의 양이나 수를 나타냄 (예시) 모든, 여러, 한, 두)

- **부사** : 용언(동사, 형용사)을 꾸며 주거나 문장 전체를 꾸미는 역할을 하는 단어

    성상 부사: 성질이나 상태를 꾸며 줌 (예시) 매우, 잘)
    지시 부사: 시간, 장소 등 특정 대상 가리킴 (예시) 내일, 저리)
    부정 부사: 용언의 뜻을 부정함 (예시) 안, 못)
    양태 부사: 말하는 이의 태도 표현함 (예시) 반드시, 아마, 꼭)
    접속 부사: 단어-단어, 문장-문장을 이어 줌 (예시) 또는, 즉, 그러나)

5언 중 독립언

독립언 : 다른 성분들과 연결되지 않고 독립적으로 쓰이는 품사

- **감탄사** : 다른 성분들과 연결되지 않고 독립적으로 쓰이는 품사

    (예시) 앗, 지우개를 두고 왔네.
    그래, 여기 있어.
    어머, 지우개가 참 귀엽다.

> **5언 중 용언**

용언 : 어미를 활용하여 서술어의 기능을 하는 역할
동작이나 성질, 상태를 나타냄

용언 = 어간 + 어미

활용: 어간에 여러 어미가 붙어 형태가 바뀌는 특성
이를 통해서 시제, 높임 표현 등을 나타냄

- **어간**: 용언이 활용할 때 변하지 않는 부분 (예시) 예쁘다, 먹다)
- **어미**: 용언이 활용할 때 변하는 부분 (예시) 예쁘다, 예쁘네, 예쁘고)

- 어말 어미
  - **종결 어미**: 문장 서술 끝맺음 (예시) -다,-니,-자)
  - **연결 어미**: 다음 말에 연결시켜 줌 (예시) -고,-서)
  - **전성 어미**: 다른 품사로 바꾸어 줌 (예시) - 한, -함, -기)
- 선어말 어미
  - 시제 선어말 어미 (예시) -었-)
  - 높임 선어말 어미 (예시) -시-)

- **동사** : 사람이나 사물의 움직임, 작용을 나타내는 단어
  (예시) 민수가 노래한다. / 꽃이 핀다.
- **형용사** : 사람이나 사물의 상태나 성질을 나타내는 단어
  (예시) 날씨가 시원하다. / 꽃이 예쁘다.

5 문장 구조

다양한 구성 요소들로 이루어진 문장의 구조를 분석하는 관점에 대해 알아봅시다. 문장 구조를 바라보는 방법에 따라 자연어 처리에서 문장을 분해하여 내용을 이해하고, 다시 문장을 생성하는 과정이 달라집니다. **구 구조**(Phrase Structure)와 **의존 구조**(Depen-dency Structure), 이 두 가지 구조를 바라보는 관점을 특징 위주로 살펴볼까요?

구 구조

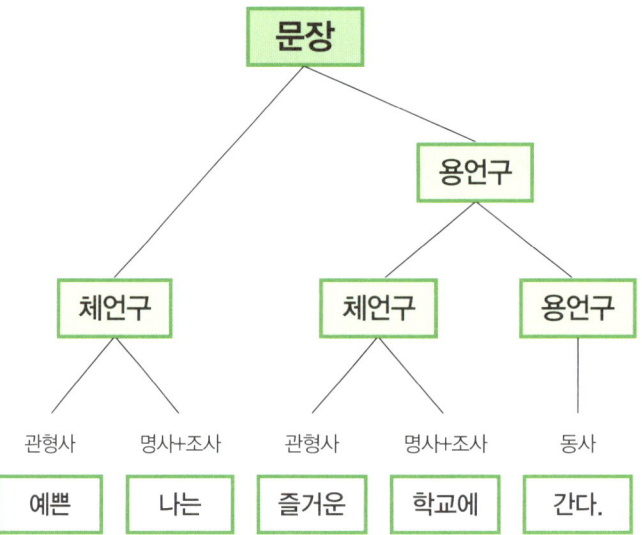

- **구(Phrase)**: 문장을 구성하는 요소들이 한 덩어리를 이룬 것
- **특징**
  - 문장을 구성하는 구성 요소의 선행 관계, 지배 관계를 분석
  - 영어와 같이 단어의 배열이 비교적 정해져 있는 언어 분석 시 사용
  - 위와 같이 수형도로 나타낼 수 있음

의존 구조

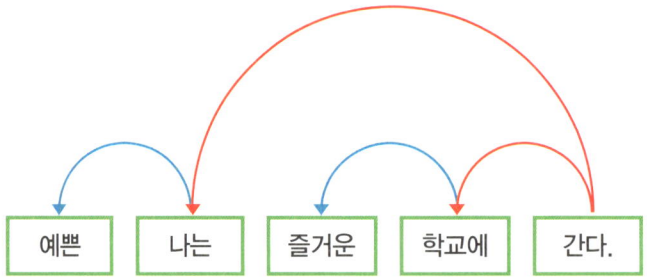

- **의존 구조**: 문장에 포함되는 구성 요소들이 서로 의존 관계를 이룸
- **특징**
  - 문장은 지배소(Head)와 의존소(Modifier)로 구성
  - 한국어와 같이 문장 구조가 비교적 유연한 언어 분석 시 사용
  - 의존 트리로 나타내며 화살표로 의존 관계 표현

6 의미론과 화용론

우리가 사용하는 언어는 크게 세 가지 요소가 결합하여 우리가 이해하는 언어가 됩니다. 바로 형태, 내용, 사용이 이에 해당하죠. 언어의 형태에 초점을 맞춘 연구들은 우리가 앞에서 다룬 음절, 형태소, 문장들을 연구하고 다룹니다. 이를 음운론, 형태론, 통사론이라고 칭하게 됩니다.

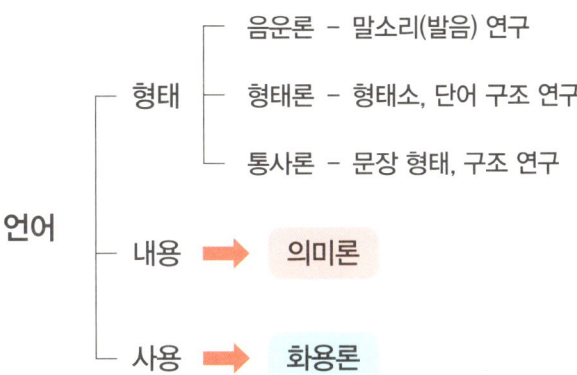

여기에 더불어 언어의 의미를 연구하는 학문을 '**의미론**', 더 나아가 소통을 위해 언어를 사용하는 것을 연구하는 '**화용론**'이 있습니다. 의미론과 화용론에서 구체적으로 언어의 어떤 것에 초점을 맞추고 연구하는지 살펴봅시다.

의미론

- **의미론이란?** 단어와 문장의 의미나 내용에 관한 것 연구
- 특징
  - 동음이의어, 반의어, 다의어, 연어(Collocation) 등에 관심
  - 문법적으로 옳더라도 의미가 어색하다면 언어가 아니라고 판단

> ### 화용론
>
> - **화용론이란?** 언어가 소통을 위해 상황에 따라 사용되는 방법 연구
> - **특징**
>   – 언어 자체와 더불어 언어의 주변 비언어적 요소(말하는 이, 듣는 이, 시간, 장소) 등의 맥락(Context) 고려
>   – 존댓말, 말차례 등에 관심
>
> (학생 B와 C만 시끄럽게 이야기하는 상황)
> 선생님: 누가 떠드니?
> 학생 A: B랑 C가 떠들어요.
>
> (많은 학생들이 시끄럽게 이야기하는 상황)
> 선생님: 누가 떠드니?
> 학생들: (조용히 한다.)

언어의 형태, 의미, 사용에 대한 연구들은 자연어 처리 과정에서 인간의 언어인 자연어를 더 잘 이해하기 위해 종합적으로 고려하여 사용되고 있습니다.

Lesson 3
텍스트 전처리

POINT 자연어 처리를 위한 텍스트 전처리의 필요성을 이해하고 텍스트 전처리가 어떤 과정과 방법으로 이루어지는지 파악해 봅시다.

1 텍스트 전처리의 필요성

텍스트 전처리란, 용도에 맞게 텍스트를 사전에 정형화(깔끔하게 정리)하는 작업을 말합니다. 그렇다면 왜 텍스트 전처리가 필요할까요? 그것은 바로 텍스트는 기본적으로 비정형 데이터이기 때문입니다.

비정형 데이터란?

일정한 규격이나 형태를 지닌 숫자 데이터와 달리 그림, 영상, 문서와 같이 형태와 구조가 복잡하고 구조화되지 않은 데이터

↓ 자연어 처리에 사용 시

변칙   모호함

↓

| 자연어 처리 과정 수행 문제 발생 | 분석 결과 타당도 저하 |

↓

⭐ 자연어 처리에 있어 텍스트 전처리는 매우 중요 ⭐

텍스트 전처리는 아래와 같은 단계로 이루어집니다. 한 단계씩 어떤 작업이 이루어지는지 살펴봅시다.

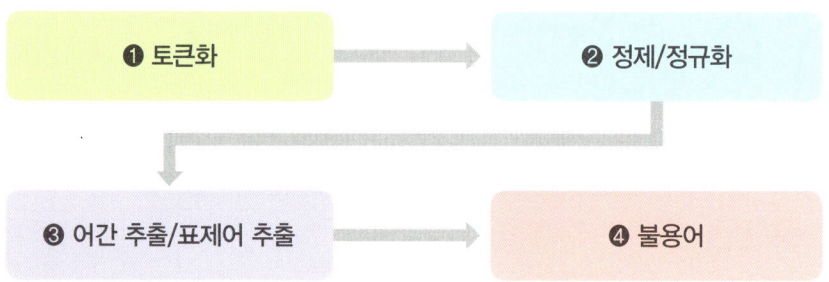

2 전처리 과정 1: 토큰화(Tokenization)

토큰화에 대해서 이해하기 위해서 토큰이 무엇인지 알아봅시다. 토큰(Token)이란 텍스트 내에서 의미를 가지는 단위를 말합니다.

그리고 주어진 코퍼스(Chorpus, 말뭉치) 데이터를 토큰 단위로 분리하는 작업을 **토큰화**(Tokenization)라고 합니다. 만약 토큰의 기준을 단어로 할 경우 단어 토큰화, 문장으로 할 경우 문장 토큰화라고 칭하면 됩니다.

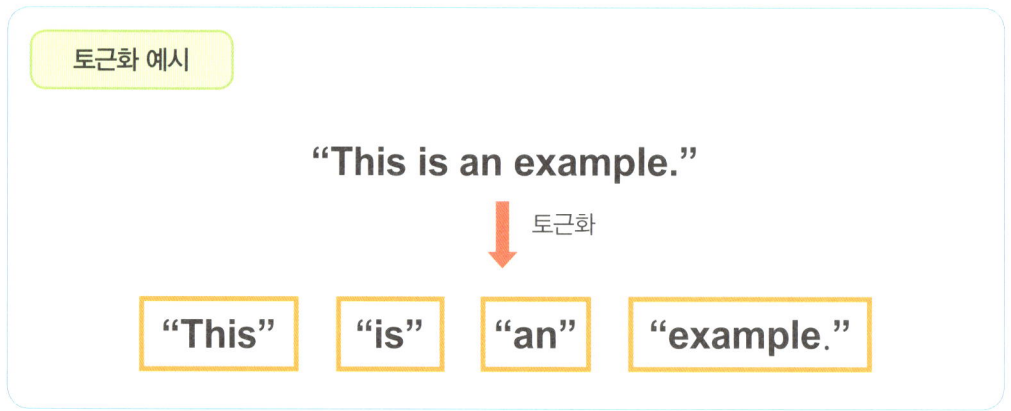

우리 한국어는 어떻게 토큰화를 하면 좋을까요? 영어의 경우 띄어쓰기를 기준으로 토큰화를 수행할 수 있지만 한국어는 상황이 다릅니다.

첫 번째 이유로, 한국어는 교착어이기 때문입니다.

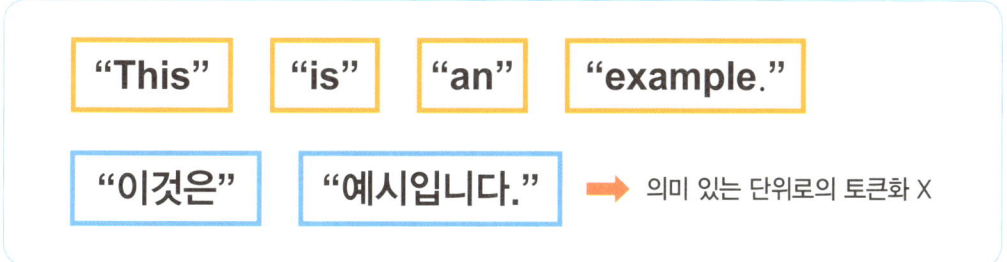

한국어의 경우 어절의 형태소를 단위로 토큰화를 수행하고 이는 상대적으로 난이도가 높습니다.

교착어(Agglutinative Language)
어근에 접사가 결합되어 문장 내에서 각 단어의 기능을 나타내는 언어의 유형

– 출처: 두산백과

두 번째 이유로, 한국어는 띄어쓰기가 영어보다 잘 지켜지지 않는 경우가 많습니다. 영어의 경우 띄어쓰기를 하지 않으면 알아보기 어려운 문장과 단어들이 생기지만 한국어는 띄어 쓰지 않아도 비교적 의미를 이해하기 쉬운 언어이기 때문입니다.

> **Itisdifficulttoundstand,ifidonotuseablank.**
> **띄어쓰기를사용하지않아도한국어는이해하기쉽죠.**

따라서 각 언어의 고유한 특성에 맞는 토큰으로 토큰화 알고리즘을 구축해 토큰화 작업을 진행해야 합니다.

3 전처리 과정 2: 정제(Cleaning)와 정규화(Nomalization)

토큰화 전후에 용도에 맞게 텍스트 데이터를 정제하고 정규화하는 작업이 진행됩니다.

정제와 정규화

- 정제: 갖고 있는 코퍼스로부터 노이즈 데이터를 제거하는 것
- 정규화: 표현 방법이 다른 단어들을 통합하여 같은 단어로 만드는 것

❶ 단어 통합

같은 의미지만 여러 표기를 가진 단어 통합

 자장면 = 짜장면

❷ 대소문자 일치

주로 대문자를 소문자로 일치시킴
그러나 항상 대문자를 소문자로 바꾸는 것은 아님

US ≠ us　　　　　　　　　　Bush ≠ bush

사람 혹은 국가, 상표 이름과 기존 단어 구분
필요 시 대문자 유지

❸ 불필요한 단어 제거　　특수문자, 관사(a, the), it 등 제거

❹ 정규 표현식 사용 제거　　반복되는 HTML 태그 제거 등

4 전처리 과정 3: 어간 추출과 표제어 추출

다음으로 코퍼스에 있는 단어의 개수를 줄이는 작업에 대해 알아봅시다. 어간 추출(Stemming)과 표제어 추출(Lemmatization) 작업을 통해 서로 다른 단어이지만, 의미상 하나의 단어로 일반화시킬 수 있는 경우의 단어들을 하나로 일반화시켜 코퍼스 내의 단어의 개수를 줄이게 됩니다.

어간, 표제어 추출

- 어간 추출: 단어의 의미를 담고 있는 핵심 부분을 찾아가는 과정

    Automate
    Automatic   ➡ Automat
    Automation

- 표제어 추출: 단어들의 기본 사전형 단어를 찾아가는 과정

    am, is, are   ➡ be
    caring, cared   ➡ care
    fancier, faniest   ➡ fancy

한국어의 경우 형태소 분석 과정에서
어간 추출과 표제어 추출이 함께 이루어짐

5 전처리 과정 4: 불용어

불용어(Stopword)란, 문장 내에서 자주 등장하지만 문장을 분석하는 데 큰 도움이 되지 않는 단어들을 말합니다. 영어의 전치사, 관사 등이나 한국어의 조사 등이 대표적으로 이에 해당합니다. 분석하고자 하는 목적, 의미 파악에 불필요한 단어를 불용어라고 생각하면 됩니다.

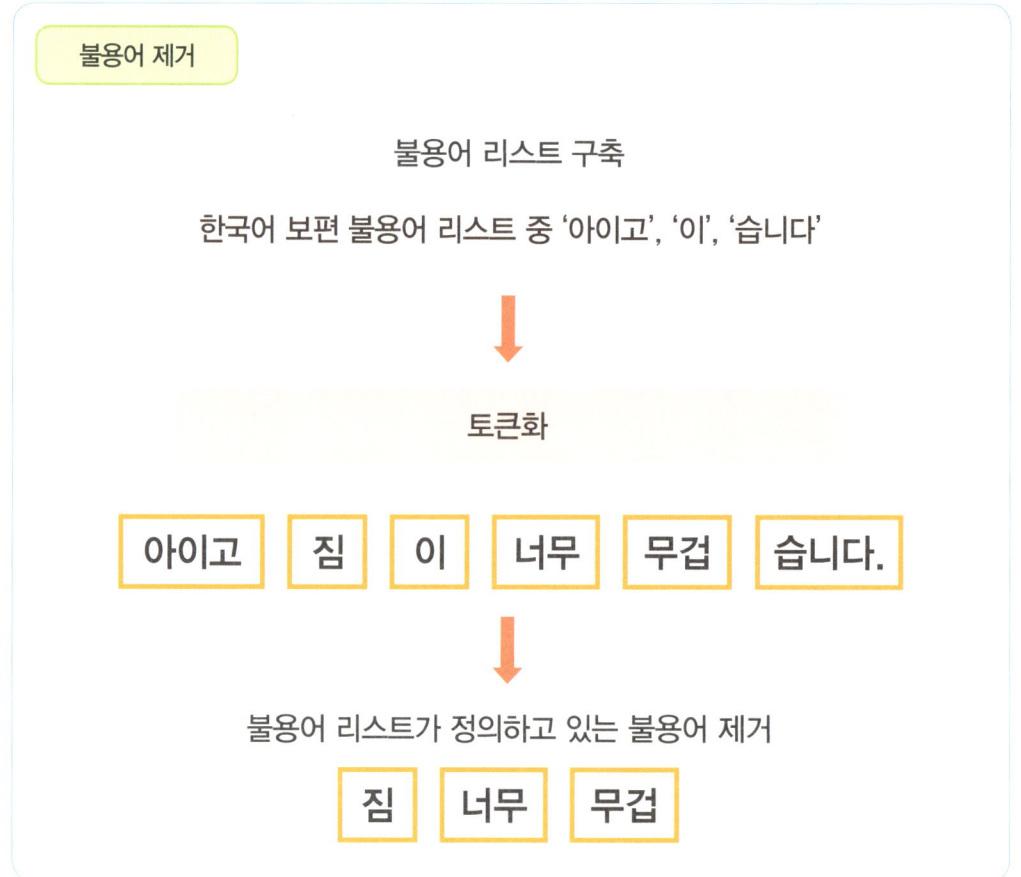

6 띄어쓰기 교정

띄어쓰기는 단어의 의미를 분할해 주고 의미를 정확하게 전달하는 데 기여하기에, 원하는 텍스트 데이터를 수집한 뒤 띄어쓰기 교정 작업을 해 준다면 더욱 정확한 텍스트 처리의 기반이 될 수 있습니다.

한국어에서의 띄어쓰기의 역할

의미 분절   가독성   의미 혼용 방지

아버지 가방에 들어가신다.   아버지가 방에 들어가신다.

➡ 띄어쓰기 교정은 텍스트 중의성 해소의 매우 중요한 작업

띄어쓰기 교정 기법

❶ 규칙 기반

어휘 지식, 규칙, 오류 유형에 대한 휴리스틱 규칙을 이용한 형태소 분석기로 띄어쓰기를 분석하고 교정하는 방법

+ 높은 정확도
특정 상황에서 사용되는 규칙에 대해 100%의 정확도를 보임

− 모든 규칙 생성 불가능
모든 경우의 규칙을 만드는 것은 불가능하며 구축, 관리에 비용이 큼

❷ 통계·확률 기반

말뭉치 내에서 여러 수정 방향 등을 확률이 높은 차례대로 나열 후 가장 확률이 높은 후보로 띄어쓰기를 교정하는 방법

+ 구현이 더 용이함
구축, 관리가 더 용이함
등록되지 않은 용어에 대한 분석이 가능함

− 대량의 양질의 학습 데이터 필요
학습 말뭉치에 영향 크게 받음
정확도 ⬇, 오류율 ⬆

❸ 심층학습 기반

대량의 코퍼스를 학습하여 만들어진 딥러닝 모델로 띄어쓰기를 교정하는 방법

7. 철자 및 맞춤법 교정

철자와 맞춤법은 텍스트의 정확한 의미 전달 및 정보 교환, 의미 혼용 및 정보 전달 실패 방지를 위해 매우 중요한 절차입니다. 따라서 다음과 같은 방법을 통해 철자와 맞춤법을 검사하고 교정함으로써 의미 전달 실패를 방지할 수 있습니다.

철자 및 맞춤법 교정기 역할

오류 감지 ➕ 오류 수정

철자 및 맞춤법 오류의 종류

삽입 (Insertion)	생략 (Deletion)	대체 (Substitution)	순열 (Transposition)
Apple (O)	Apple (O)	Apple (O)	Apple (O)
Apple! (×)	Aple (×)	Appll (×)	Aplpe (×)
추가 문자 입력	문자 생략	원래 문자 대신 다른 문자 삽입	철자 순서 뒤바뀜

Lesson 4
어휘 분석

POINT 자연어 처리 과정 중 어휘 분석이 무엇인지 이해하고, 이를 위한 형태소 분석 절차와 규칙, 통계, 딥러닝 기반 품사 태깅 방법을 알아봅시다.

1 어휘 분석이란?

이제 본격적으로 자연어 분석에 들어가 봅시다. 자연어 분석은 크게 다음과 같은 단계를 통해 이루어집니다. 이 중 이번에는 첫 단계인 어휘 분석에 대해 살펴봅시다.

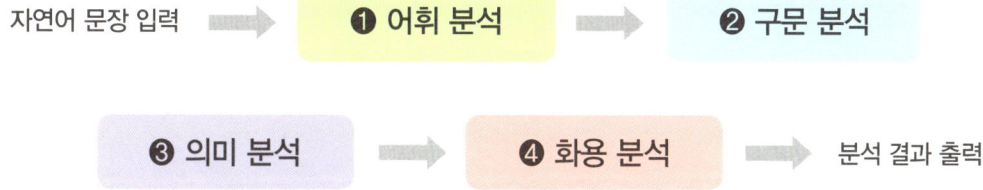

어휘 분석이란, 입력된 자연어 문장을 분석해 형태소라는 최소의 의미 단위로 분리하고, 그 의미와 품사를 파악하는 단어 수준의 연구를 말합니다. 따라서 어휘 분석 과정에서는 ⑴ 형태소 분석, ⑵ 품사 태깅 작업이 이루어집니다.

형태소 분석(Morphological Analysis)

형태소란, 의미를 가지고 있는 말의 가장 작은 단위로 최소한의 의미 단위라고 할 수 있습니다. 따라서 **형태소 분석**(Morphological Analysis)은 입력된 자연어를 분석해 형태소라는 최소 의미 단위로 분리하고, 그 형태소를 자연어의 제약 조건과 문법 규칙에 맞춰 분석하는 것을 말합니다.

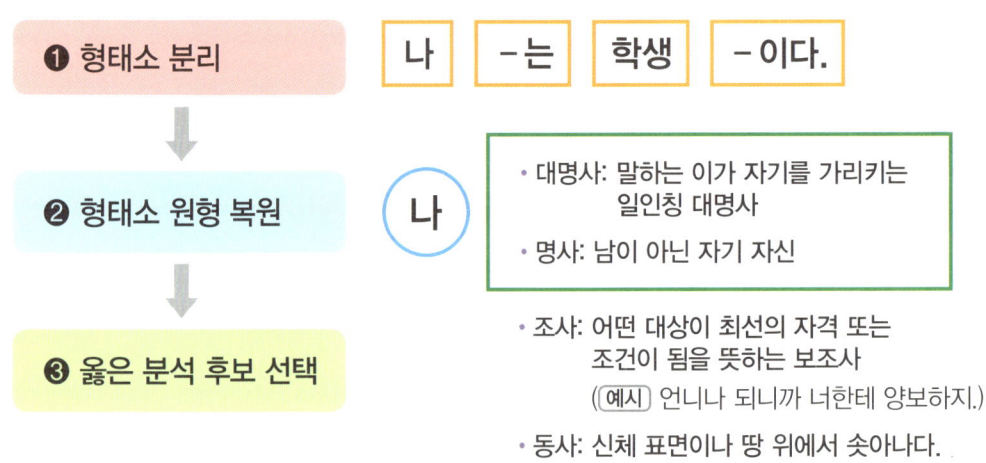

형태소 분석의 어려움

❶ 중의성: 하나의 어절에 대해 형태소 분석 시 분석 결과가 다양하게 나온다.

비는

비(명사, rain) + 는(조사)

빌(동사 어간) + 는(어미)

❷ 띄어쓰기, 철자, 맞춤법 오류 문제: 웹상에서 생산되는 문장의 다양한 오류가 정확한 형태소 분석을 어렵게 한다.

❸ 복합 명사 분리/결합, 미등록어 문제: 복합 명사 분석 과정에서 분리가 되지 않거나 잘못 분리될 가능성이 있으며, 미등록어가 문장에 등장할 시 형태소 분리가 잘못될 가능성이 크다.

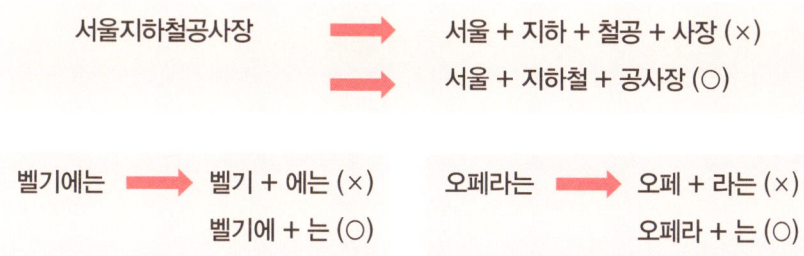

3 품사 태깅(포스 태깅, Part-of-Speech tagging)

품사란, 단어를 형태, 기능, 의미로 나눈 갈래를 의미합니다. **태깅**(tagging)이란, 해당 단어에 부가적인 언어 정보를 부착하는 것을 말하죠. 이 부가적인 정보를 통해 중의성 문제를 해결할 수 있습니다.

품사 태깅(포스 태깅, Part-of-Speech tagging)이란?
문서 또는 문장을 이루고 있는 각 단어에 문맥을 고려하여 정확한 하나의 품사를 부여하는 것

품사 태깅 접근법

❶ 규칙 기반

사전에 구축한 문법 규칙을 적용하여 태깅을 수행하는 방법

긍정 정보 규칙	부정 정보 규칙	수정 정보 규칙
문장에서 선호되는 어휘 태그에 대한 언어 지식	특정 문장에서 배제되는 어휘 태그에 대한 언어 지식	다른 태깅 방법 사용 시의 오류를 수정하는 언어 지식

+ 높은 정확도 통계 기반 접근법 보완 가능

− (수동) 많은 시간과 노력이 소요됨
(수동) 지식 병목 현상
(자동) 코퍼스에 의존적

❷ 통계 기반

태그가 부착된 대량의 코퍼스에서 추출된 통계 정보를 이용하여 태깅을 수행하는 방법

➡ 해당 단어에 가장 빈번하게 사용된 품사로 그 단어의 품사 결정

+ 의미 있는 통계 정보 자동 추출 가능

− 의미 있는 통계 정보 자동 추출 가능

❸ 심층학습 기반

대량의 코퍼스를 학습하여 만들어진 심층학습 모델로 태깅을 수행하는 방법으로 최근 가장 자주 사용됨

+
- 데이터로부터 특징을 자동 학습
- 폭넓은 문맥 정보 적용 가능

−
- 언어와 특성이 다른 이미지,
- 음성 등과 같은 모델과의 상호 작용 가능

한국어 품사 태깅의 어려움

교착어인 한국어는 조사, 어미, 접사 등으로 분석이 까다로움

깨뜨리시었겠더군요.

깨	뜨리	시	었	겠	더	군	요
어간	접사	높임 선어말	(시간) 어미	(시간) 어미	(시간) 어미	종결 어미	보조사

⬇

하나의 어절을 8개의 형태소로 분석, 8개의 품사 태깅이 필요함

4 어휘 분석의 활용 분야

어휘 분석은 자연어 분석의 첫 단계인 만큼 자연어 처리 과정의 기본 중에 기본이라 할 수 있습니다. 이 단계가 미흡하게 수행될 경우 다음 단계에도 영향을 미쳐 전체적인 처리 결과에 대한 신뢰도가 무너질 수 있습니다.

기계 번역   질의 응답   철자 교정   사전 구축   검색어 추출   의미 혼용 방지

⬇

자연어 처리 제반 분야에 필수적인 시스템 중 하나로 활용 중

Lesson 5
구문 분석

POINT 자연어 처리 과정 중 구문 분석이 무엇인지 이해하고, 구 구조 문법과 의존 문법이라는 두 가지 구문 문법에 대해 알아봅시다. 또한 이를 기반으로 구문을 분석하는 구문 분석 방법에 대해서 규칙, 통계, 심층학습 기반 접근법으로 살펴봅시다. 어휘 분석이 무엇인지 이해하고, 이를 위한 형태소 분석 절차와 규칙, 통계, 심층학습 기반 품사 태깅 방법을 알아봅시다.

1 구문 분석이란?

구문 분석이란, 자연어 문장의 문법적 구조를 분석(= 파싱, Parsing)하는 수준의 연구를 말합니다. 구문 분석을 통해서는 ❶ 입력된 문장을 구조적으로 분석하고, ❷ 그 문장의 구조가 문법적으로 옳은지 판단하는 작업을 수행합니다.

구문 분석

```
         문장
        /    \
       /     용언구
      /      /    \
    체언구  체언구  용언구
      |     |      |
   명사+조사 명사+조사 동사
      |     |      |
    [나는] [밥을] [먹는다.]
```

The boy kicked the wall. (○)
The wall kicked the boy. (○)
Kicked the boy the wall. (×)
The wall the boy kicked. (×)

❶ 입력된 문장 구조적 분석   ❷ 구조가 문법적으로 옳은 지 판단

앞의 예시에서 무언가 이상한 점을 찾아볼까요? 맞습니다. 옳다고 동그라미가 쳐져 있는 'The wall kick the boy.'라는 문장은 문법적 구조에는 문제가 없지만, 의미상으로는 말이 되지 않죠. 그러나 구문 분석 단계에서는 문장의 구조와 그 구조의 문법적 결함을 판단하는데 그치기 때문에 위와 같은 문장이 옳지 않은 문장으로 인식되지 않습니다. 이런 의미상 오류는 다음 단계인 '의미 분석 단계'에서 해결하게 됩니다.

2 구문 문법

구문 문법이란, 문법적 구성 요소들로 문장을 생성하는 것과 문장을 구성 요소들로 분석하는 것에 관한 문법 이론입니다. 그리고 이 문장을 구성 요소를 어떤 관점으로 분석하느냐에 따라 **구 구조 문법**(Phrase Structure Grammar)과 **의존 문법**(Dependency Grammar)으로 나뉩니다. 그리고 이 문법들을 기반으로 구문 분석이 이루어지죠.

- 구 구조 문법: 구성소 관계에 기반하여 문장 구조를 분석
- 의존 문법: 의존 관계에 기반하여 문장 구조를 분석

▲ 구 구조 문법

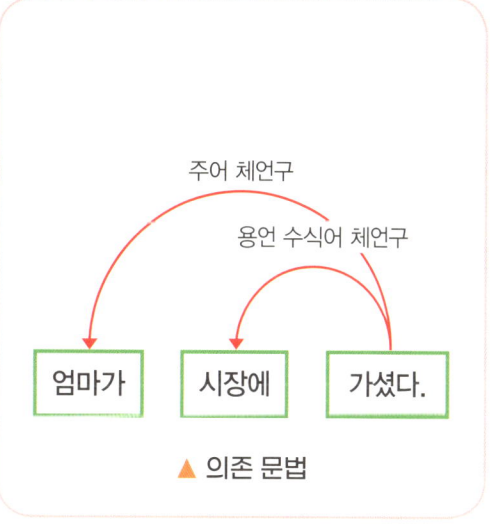

▲ 의존 문법

3 구 구조 구문 분석

구 구조 구문 분석이란 구 구조 문법을 기반으로 하는 구문 분석입니다. 이 분석 방법은 문장 구성 요소의 구조가 비교적 고정적인 언어에 적합합니다. 한국어보다는 영어에 적합한 분석 방법이죠.

❶ 규칙 기반 구 구조 분석

구 구조 문법을 컴퓨터가 이해할 수 있는 형태의 규칙으로 미리 정의

자연어 문장에 해당 **문법 규칙**과 **어휘 사전** 활용하여 분석 수행

구 구조 문법
자연어 문장을 하위 **구성소**로 나누어 문장 구조 나타냄
이때 구성 요소에 해당하는 자연어 단어를 **어휘 사전**에 정의
- 구성소: 같은 기능을 하는 문장 속의 구성 요소

- 구 구조 문법 적용 문장 분석 과정 예시

  [예시] 우리들은 학교에 갔었다.

문법 규칙	어휘 사전
S(문장) → NP(체언구) VP(용언구)	NN → 우리 | 학교
NP → NN XSN JK | NN JK	XSN → 들
VP → NP VP | VV EP EF	JK → 은 | 에
	VV → 갔
	EP → 었
	EF → 다

1단계 어휘 사전 적용

우리 들 은 학교 에 갔 었 다
NN XSN JK NN JK VV EP EF

2단계 문법 규칙 적용 ❶

우리 들 은 학교 에 갔 었 다
NN XSN JK NN JK VV EP EF

3단계 문법 규칙 적용 ❷

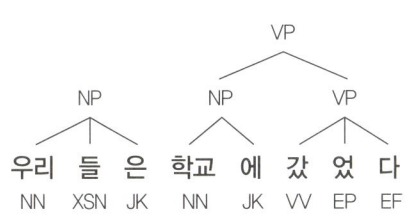

우리 들 은 학교 에 갔 었 다
NN XSN JK NN JK VV EP EF

4단계 문법 규칙 적용 ❸

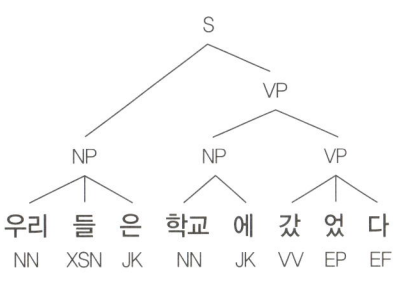

우리 들 은 학교 에 갔 었 다
NN XSN JK NN JK VV EP EF

---

❷ 통계 기반 구 구조 분석

통계적으로 구 구조 문법의 확률을 계산하여 이를 바탕으로 구분 문석

문법 규칙은 **확률적 구 구조 문법**으로 표현됨
(Probabilistic Phrase Structure Grammar)

확률적 구 구조 문법
각 문법 규칙에 대한 조건부 확률 정의
A → BC[ρ]
이때, ρ는 구성소 A가 하위 구성소 B와 C로 분석될 확률

- 통계 기반 구 구조 분석 과정

1단계 구 구조 분석 코퍼스에서 **각 규칙의 조건부 확률** 계산

> 학교에 → 학교 [.40] | 에[.25]

2단계 전체 문장의 구문 분석 결과 구하기
= 적용된 문법 규칙들의 **모든 조건부 확률 곱하기**

3단계 여러 구문 분석 트리 중에서
분석 결과의 전체 확률이 가장 높은 것을 구문 분석 결과로 제시

❸ 심층학습 기반 구 구조 분석

인간이 구축한 **구 구조 구문 분석 데이터셋**으로부터
딥러닝 모델을 학습시켜 구문 분석 수행

전이 기반 구문 분석(Transition-based Parsing)
자연어 문장을 한 단어씩 읽으며 현재 단계에서 수행할 연산을
선택하는 방법으로 문장 전체의 구 구조 분석 수행
* 전이 기반 구문 분석 중 가장 대표적인 방법이 이동–감축 구문 분석

- 이동 – 감축 구문 분석 예시

이동-감축 파싱의 연산
- 이동 연산: 자연어 문장에 있는 단어를 스택에 이동시키는 연산
- 감축 연산: 스택의 최상위에서 하나 또는 두 개의 구성소를 상위 구성소로
  감축한 뒤, 이 상위 구성소를 스택에 이동시키는 연산(단항 감축, 이항 감축)

입력 문장: $a_1, a_2, a_3, \cdots, a_n$

구문 분석기 → 출력

스택: $s_m, \cdots, s$

구 구조 구문 분석 데이터셋

그녀는 **사과를 먹는다.**

↓ 이동 연산

| 사과를 |
| NP1 |
| |

단항 감축 →

NP1 NP2
| |
그녀는 사과를

'사과를' 이동 연산,
NP1 → '사과를' 단항 감축 연산

그녀는 **사과를 먹는다.**

| VP1 |
| NP2 |
| NP1 |

이항 감축 →

VP2
／＼
NP1 NP2 VP1
| | |
그녀는 사과를 먹는다.

VP → NP VP 이항 감축 연산

4 의존 구문 분석

의존 구문 분석이란 의존 문법을 기반으로 한 구문 분석 방법으로 문장에서 단어 간의 의존 관계를 분석함으로써 문장 전체의 문법 구조를 분석합니다. 이 분석 방법은 문장 구성 요소가 비교적 유연한 한국어와 같은 언어를 분석하는 데 적합한 방법입니다.

❶ 규칙 기반 의존 구문 분석

의존 문법 형태로 문법 규칙을 저장 후 이를 적용하여 의존 구문 분석

자연어 문장을 지배소와 의존소로 구분하여 분석 수행

의존 문법
자연어 문장의 구성소를
지배소(Head)와 의존소(Modifier)로
나누어 구분하여 구조를 나타냄
- 문맥 의존 규칙을 정의한 문법을
CG(Constraint Grammar)라고 함

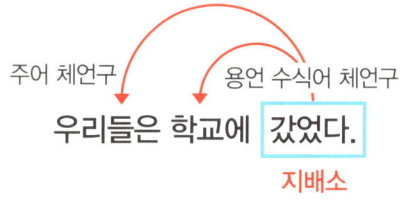

❷ 통계 기반 의존 구문 분석

문맥 의존 규칙(CG)의 조건부 확률을 통계적으로 계산 후
의존 구문 분석에 적용

❸ 심층학습 기반 의존 구문 분석

인간이 구축한 의존 구문 분석 데이터셋으로부터
딥러닝 모델을 학습시켜 구문 분석 수행

전이 기반 구문 분석
(Transition-based Parsing)

자연어 문장을 한 단어씩 의존
분석 트리에 포함하여 분석

그래프 기반 구문 분석
(Graph-based Parsing)

해당 문장에서 가능한 모든
의존 관계 점수 계산 후 가장
점수가 높은 의존 분석 트리 선택

- 이동 – 감축 구문 분석 예시

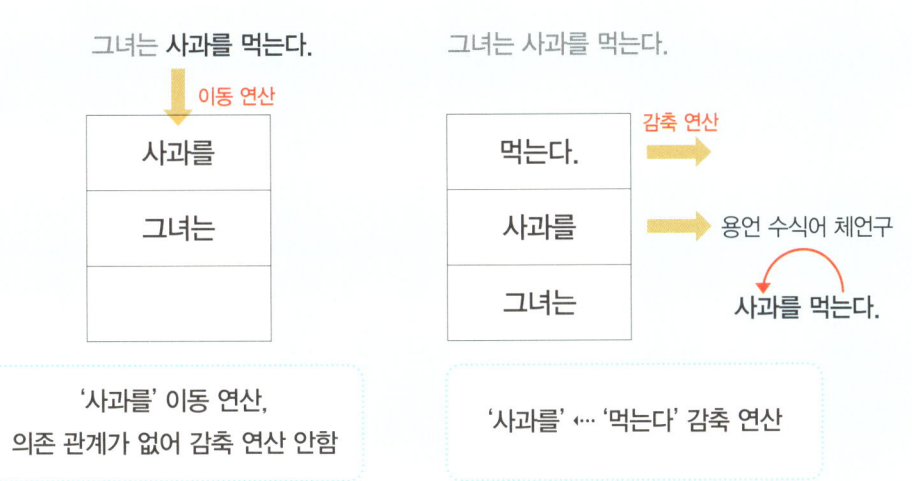

5 구문 분석 접근 방법의 장·단점

각 구문 분석별로 세 가지 규칙, 통계, 심층학습 기반 접근법을 살펴보았습니다. 그렇다면 각 접근법은 어떤 장점과 단점을 가지고 있을까요?

구문 분석 접근 방법의 장단점

❶ 규칙 기반 구문 분석

+
- 미리 정의된 문법 규칙 적용 문장에 대한 정확한 분석

−
- 문법 규칙 정의 위한 시간과 비용 문제 정의되지 않은 문법 규칙에 대해 구문 분석 수행 불가능
- 중의성 처리 불가능

❷ 통계 기반 구문 분석

+
- 구문 중의성 갖는 문장 처리 가능
- 구문 분석으로 각 문장의 확률 계산 뒤 타당한 결과 선택

−
- 구문 분석 과정에서 구문 문법 규칙 외의 언어적 정보 충분히 활용하지 못함

❸ 심층학습 기반 구문 분석

+
- 딥러닝 모델 학습하여 구문 분석하기에 자연어 문장에 포함된 여러 언어적 정보 활용 가능
- 문장 전체 구조 어휘 하위 범주화 등

−
- 학습 결과가 대량의 실수 파라미터로 나타남
- 분석 결과는 알 수 있으나 그 결과를 해석할 수는 없음(블랙박스 문제)

6 구문 분석의 어려움

구문 분석은 **구조적 중의성**(Structural Ambiguities)으로 인해 어려움을 겪습니다. 구조적 중의성이란 하나의 문장이 여러 구조로 해석될 수 있는 것을 말합니다.

구조적 중의성

멋진 수현이의 동생이 지나간다.

하나의 문장에서 가능한 구조가 여러 개

중의성 발생

의미 이해에 오류 생성 가능
문맥에 대한 추가 정보 필요함

의미 분석 실행

Lesson 6
의미 분석과 화용 분석

POINT 자연어 처리 과정 중 의미 분석과 화용 분석이 무엇이며 이 과정이 왜 필요한지 이해하고, 의미 분석을 위한 의미역에 대해서 알아봅시다.

1 의미 분석이란?

의미 분석이란, 문법적 분석 결과 해석되거나 생성된 문장의 의미를 분석하고 밝혀내는 과정입니다.

▲ 의미 분석의 기능

2 화용 분석이란?

화용 분석은 언어가 실제로 사용되는 것과 관련한 지식을 바탕으로 문장을 해석하여 화자의 의도를 파악하는 과정입니다.

화용 분석

민수는 길에서 유명한 배우를 보았다.
(a) 그는 (b) 그가 매우 잘생겼다고 생각했다.

(a) 그는 누구이고, (b) 그는 누구인가?

❶ 대명사가 지칭하는 대상이 무엇인지 파악하기

의사는 환자의 심리적 안정을 위해서 환자를 위로하기도 하고, 속이기도 한다.

의사는 누구를 속이기도 하는가?

❷ 문장의 생략된 내용 파악하기

(수겸이와 민지가 함께 사는 집을 민수가 청소하기 시작한 상황)
민지야 지금 바빠?

수겸이의 말의 의도와 민수가 민지에게 바라는 행위는?

❸ 문장의 의도 분석하기

3 의미적으로 옳은 문장 판단하기

문장이 올바른 문장 성분으로 구성되었는데 왜 의미 분석 과정을 통해 문장이 의미적으로 옳은지 판단해야 할까요?

다음 예시처럼 분명 문법적으로는 아무런 문제가 없음에도 실제 의미를 파악하면 말이 되지 않고, 현실적으로 일어나기 힘든 상황을 묘사하는 문장이 될 수 있습니다. 따라서 의미 분석 과정을 통해 구문 분석의 결과를 보완하게 됩니다.

문법상으로는 옳으나 의미적으로 옳지 않은 문장 사례

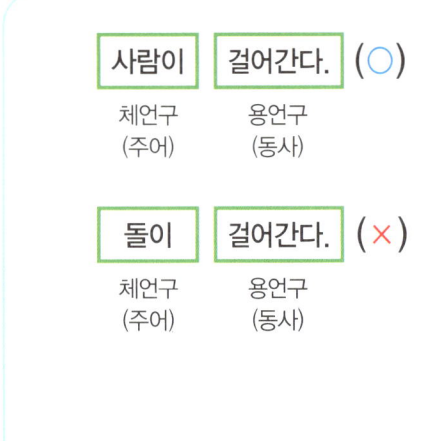

4 의미의 중의성

문법적으로 옳고, 분명 의미도 잘 표현하는 문장이지만 또 하나의 문제를 가지고 있는 문장이 있을 수 있습니다. 바로 앞장에서 소개한 의미의 **중의성**(Ambiguity)을 가진 문장들입니다.

앞에서 소개했듯 중의성이란 하나의 문장이지만 둘 이상의 의미로 해석될 수 있는 문장을 말합니다. 이 문장의 의미를 제대로 파악하기 위해서는 적절한 문맥 정보와 더 자세한 표현이 필요하죠.

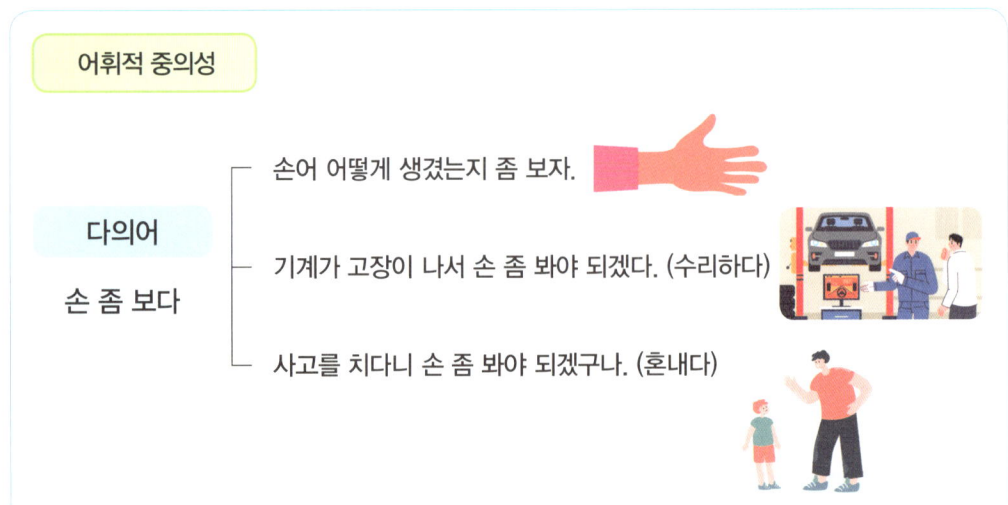

동음 이의어
말이 많다.
- 말을 많이 한다.
- 동물 말이 많이 있다.
- 곡식 한 말이 양이 많다.

어쩌고 저쩌고

말이 너무 많네.

말 = 약 8kg

구조적 중의성

수식어에 의한 중의성
귀여운 고양이와 강아지가 걸어간다.
{ 귀여운 고양이와 강아지가 걸어간다.
  귀여운 고양이와 귀여운 강아지가 걸어간다.

대칭 동사에 의한 중의성
나경이와 동수가 결혼을 했다.
{ 나경이와 동수 둘이 결혼을 했다.
  나경이와 동수가 각각 다른 상대와 결혼을 했다.

접속어에 의한 중의성
귀여운 고양이와 강아지가 걸어간다.
{ 나는 지우와 규빈이 두 사람을 길에서 만났다.
  나는 지우와 규빈이를 길에서 각각 만났다.
  나와 지우는 규빈이를 길에서 만났다.

5 단어 중의성 해소 기법

  중의성 중에서 어휘적 중의성을 해결하기 위한 방법이 **단어 중의성 해소 기법**(Word Sense Disambiguation, WSD)입니다. 이것의 기본적인 개념은 중의성이 있는 단어의 주변 단어를 살펴 그 진짜 의미를 파악한다는 것입니다.

단어 중의성 해소 기법

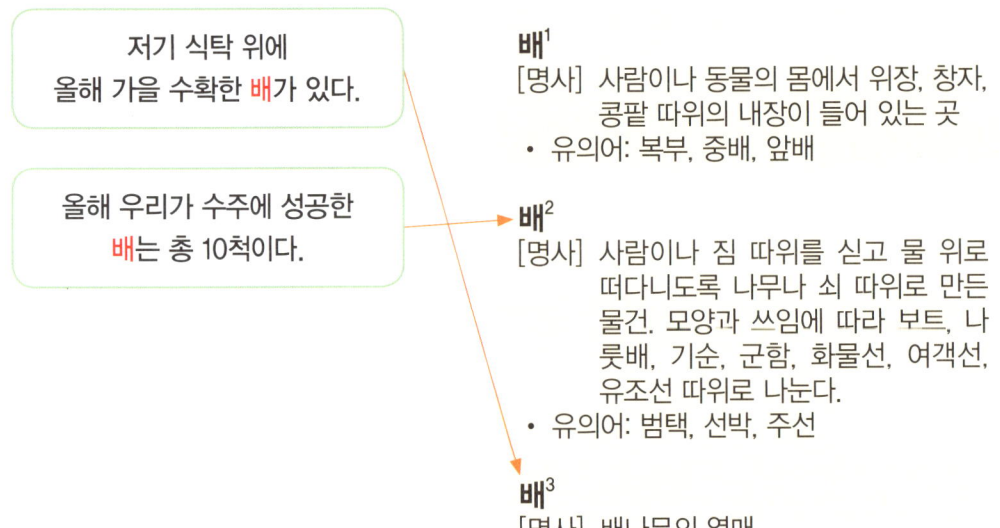

지식 기반 방법

문장에 등장한 단어들을
사전에 정의된 어휘 지식을 활용하여 그 뜻을 예측하는 방법

사전에 단어의 의미를 담아둔 자료인 리소스(Resources) 필요

리소스를 활용하여 사전 정의 기반 방법 과 그래프 기반 방법 으로
단어의 의미 추론

지식 기반: 사전 정의 기반 방법

사전에 정의된 뜻풀이(Gloss)를 기반으로 단어의 의미를 추론

중의성 단어의 사전 뜻풀이에 쓰인 단어들과
주변 단어들의 뜻풀이에 쓰인 단어들을 비교하여
중복 단어 수가 가장 많은 뜻풀이로 중의성 단어의 뜻을 결정

(단점) 뜻풀이에 쓰인 단어와 문장에만 과하게 의존적

<레스크(Lesk) 알고리즘 예시>
내가 좋아하는 과일은 배, 딸기, 사과, 복숭아다.

✓ **사과[5]**
[명사] 사과 나무와 열매

사과[6]
[명사] 자기의 잘못을 인정하고 용서를 빎

사과[4]
[명사] 유학의 네 가지 학과. 덕행, 언어, 정사, 문학

배[3]
[명사] 배 나무와 열매

딸기
[명사] 장미과 딸리속, 거문딸기속, 뱀딸기속 및 나무딸기속의 일부를 포함하는 식물과 그의 열매

복숭아
[명사] 복사 나무의 열매

지식 기반: 그래프 기반 방법

단어의 의미 관계 정보를 분석하여 의미를 추론

중의성 단어와 주변 문맥 단어들의 관계 정보를 그래프로 추출하고
그중 가장 연결성이 높은 중의성 단어의 의미 선택

(단점) 문법적 정보가 포함되지 않아 정확한 의미 파악이 어려움

그래프 기반 방법 예시

내가 좋아하는 과일은 배, 딸기, 사과, 복숭아다.

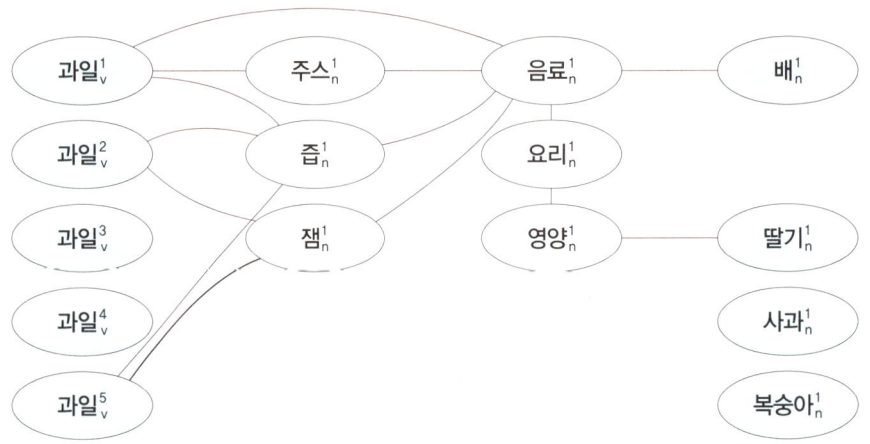

▲ 깊이 우선 탐색(Depth-First Search, DFS)을 이용한 과일과 각 과일 종류 간에 연결된 중의성 단어 그래프 표현

지식 학습 기반 방법

단어의 의미가 레이블(Labling)된 데이터를 기계학습 모델에 학습시켜 단어의 의미를 예측하는 방법

벡터 공간에서의 유클리드 거리, 코사인 유사도 등으로 거리 계산

(장점) 지식 기반 방법보다 높은 성능
(단점) 대량의 학습 데이터 구축이 필요함

지도학습 시간 중의성 해소 예시

단어들 사이에 결정 경계를 찾아 중의성 해소가 필요한 단어가 어느 집단에 속하는지 구분

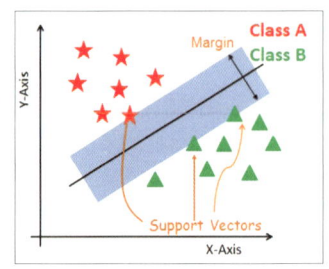

◀ 서포트 벡터 머신(SVM) 그래프 예시

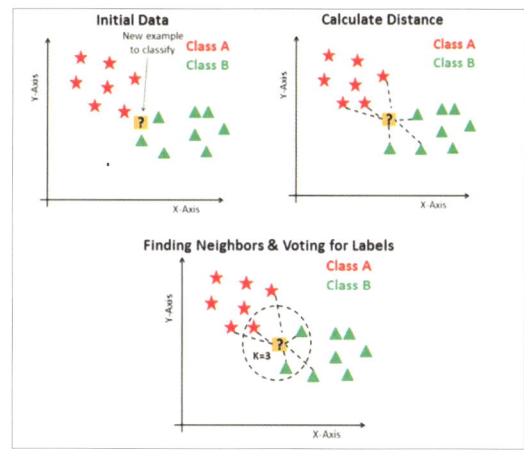

▲ k최근접이웃(kNN) 그래프 예시

6 의미역

각 단어의 의미를 더 명확하게 밝히기 위해 의미역으로 정의할 수 있습니다. **의미역**(Semantic Role)이란, 명사(구)가 서술어(구)와 관련해서 어떤 의미관계를 가지는지 그 역할을 말합니다.

의미역이란?

각 명사(구)가 서술어(구)에 대해서 가지는 의미상의 자격, 역할, 지위

(A) 나는 **기차**를 좋아해서 피규어를 모은다. ➡ "대상" 의미
(B) 나는 **기차**를 타고 부산에 갔다. ➡ "도구" 의미

의미역
- 필수적 의미역: 서술어의 의미 구성에 필수적인 의미역
- 수의적 의미역: 문장에서 서술어의 의미를 보충하는 역할의 의미역
  (예: 장소/위치(location), 이유(reason), 목적(purpose), 경로(path), 시간(time), 방법(manner) 등)

필수적 의미역

의미역	설명
행동주(agent)	품사가 행위를 표현할 때 행위를 하는 주체(사람, 동물 + 고의성)
예시 나연이(agent)가 학교를 간다.	
도구(instrument)	동사가 범위를 표현할 때 그 동사의 수단, 재료
예시 범수(agent)가 노트북(instrument)으로 수업을 듣는다.	
피동주(patient)	동사가 행위를 표현할 때 그 행위에 영향을 받거나 상태 변화
예시 이 영화를 보고 재우(patient)를 넘어뜨렸다.	
경험자(experiencer)	인지, 지각, 감정 용언의 경험 주체(의도성이 없음)
예시 이 영화를 보고 현서(experiencer)는 슬펐다.	
수혜자(benefactive)	동사의 행위에 따른 이익을 받는 개체
예시 수경이가 현승이(benefactive)에게 생일 선물을 주었다.	
출발점(source)	동사가 이동이나 변화의 의미를 가질 때 그 시작점, 동기, 이유
예시 나는 카페(source)에서 아메리카노를 시켰다. 이 사업은 그녀의 한 가지 아이디어(source)에서 시작했다.	
도착점(goal)	동사가 이동이나 변화의 의미를 가질 때 그 목적지, 목표
예시 하원이는 책을 사물함(goal)에 넣었다. 그는 결국 꿈에 그리던 회사(goal)에 들어갔다.	
대상(theme)	행위나 과정에 영향을 받으나 그 과정을 지배하지는 못하는 논항
예시 동생이 음악(theme)을 듣는다.	

문법 구조에 반영되는 각 단어의 의미의 측면 파악

⬇

상황에 대한 고정된 해석 전제,
중의성 문장의 의미 정확하게 이해 가능

지식 학습 기반 방법

기계학습 기반의 의미역 분석을 위해
분류기에 형태소, 구문 정보, 일반 명사에 대한 동형이의어 정보,
고유 명사에 대한 개체명 인식 정보 등의 **자질을 입력으로 하여 분석**

⬇

(단점) 전처리 작업인 구문 분석, 중의성 해소 분석, 개체명 분석을 위한
대량의 학습 데이터가 학습된 분류기를 구축하는 어려움

형태소, 구문 정보 자질로 의미역 분석 예시

먹다.	행동주(agent), 대상(theme)을 가짐
⬇	
섭취하다.	행동주(agent), 대상(theme)을 가질 것으로 유추

Chapter 2

심층학습(딥러닝) 기반 자연어 처리

Lesson 1 심층학습(딥러닝)
Lesson 2 임베딩
Lesson 3 합성곱 신경망(CNN)
Lesson 4 순환 신경망(RNN)

Lesson 1
심층학습(딥러닝)

POINT 심층학습 기반 자연어 처리를 이해하기 위해 먼저 인공 신경망, 퍼셉트론, 그리고 심층학습이 무엇인지 개념부터 알아봅시다. 심층학습 모델의 특징을 살펴보고 심층학습 모델이 어떻게 학습하는지 파악해 봅시다.

1 인공 신경망

인공 신경망(ANN, Artificial Neural Network)이란, 사람의 뇌 신경 세포를 본떠 만든 인공 신경이 그물처럼 연결된 구조를 말합니다. 인공 신경망 안에서는 입력된 데이터를 각 인공 신경이 처리하여 출력값을 생성하고, 또 다음 인공 신경이 그 출력값을 입력으로 받아 출력값을 생성하는 과정을 반복하여 데이터를 분석하게 됩니다.

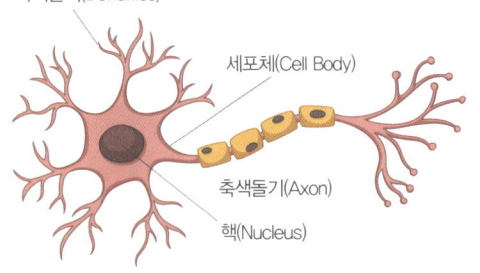

▲ 생물체의 신경(Neuron)

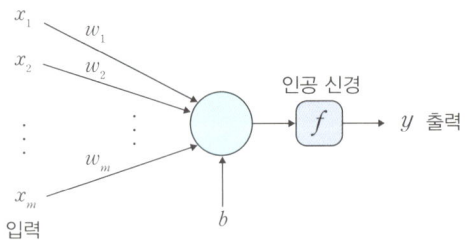

▲ 인공 신경(Artificial Neuron)

인공 신경망

▲ 단층 신경망

▲ 다층 신경망

단층 신경망		입력층 – 출력층
다층 신경망	얕은 신경망	입력층 – 은닉층 – 출력층
	심층 신경망	입력층 – 은닉층들 – 출력층

층이 겹쳐질수록 인공 신경망이 복잡해짐
(단층 > 다층 > 심층 신경망으로 발전)

더 어렵고 복잡한 문제를 계산하여 해결 가능함

2 퍼셉트론

퍼셉트론(Perceptron)은 인공 신경망의 한 종류입니다. 퍼셉트론은 여러 입력값에 대해 각각 가중치를 곱하고, 그 값이 임곗값을 넘으면 출력값을 내는 구조입니다.

단층 퍼셉트론

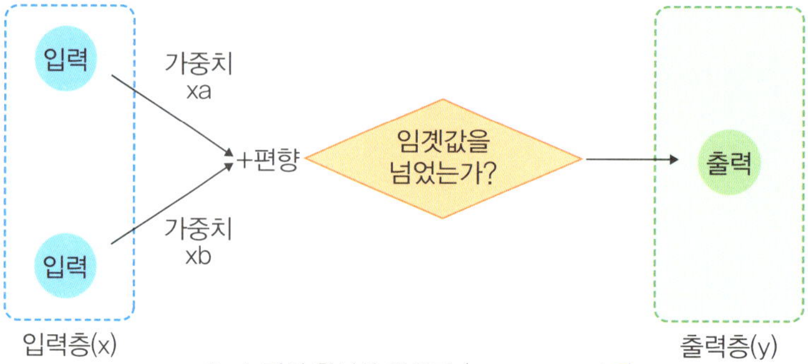

$$y = \begin{cases} 0 : \text{뉴런이 활성화 안한다 } (w_1x_1 + w_2x_2 \le \theta) \\ 1 : \text{뉴런이 활성화 한다 } (w_1x_1 + w_2x_2 \le \theta) \end{cases}$$

임곗값

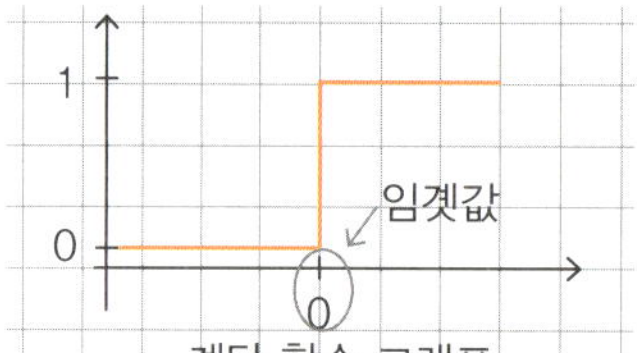

계단 함수 그래프

- 입력값에 대해 **중요도에 따라 가중치 부여**
- (입력값 × 가중치 + 편향)의 값이 임곗값을 넘을 경우 결괏값 1 출력, 넘어서지 못할 경우 0 출력

이와 같은 퍼셉트론을 입력층과 출력층으로 구성된 **단층 퍼셉트론**(Single-Layer Perceptron)이라고 합니다. 그리고 단층 퍼셉트론의 입력과 출력을 그래프로 시각화하면 다음과 같은 그래프의 형태가 나타납니다.

단층 퍼셉트론(논리 회로 그래프, 결정 경계, 선형 분류)

결정 경계란?
퍼셉트론의 입력과 출력 결괏값을 좌표 공간에 나타냈을 때, 데이터를 분류할 수 있는 경계선

결정 경계선이 직선이면 **선형 분류**, 직선이 아니면 **비선형 분류**

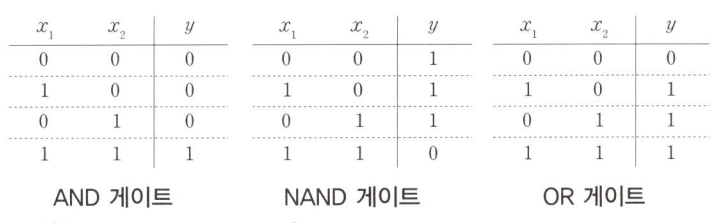

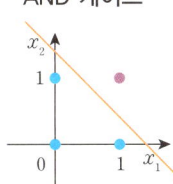 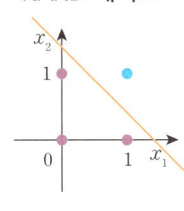 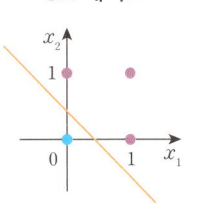

 $= 0$, $= 1$

단층 퍼셉트론은 선형 분류 문제에 대해서 구현 가능
(직선 하나로 두 영역을 구분하는 문제)

⬇

데이터 중 AND, NAND, OR 게이트 해결 가능

⬇

단층 퍼셉트론으로 데이터 중에서 XOR 게이트 해결 불가능

그러나 단층 퍼셉트론이 해결하지 못하는 문제가 있습니다. 바로 XOR 문제입니다.

XOR 게이트

XOR 게이트란?
입력값 두 개가 서로 다른 값을 가지고 있을 때만 출력값이 1
입력값 두 개가 서로 같은 값을 가지면 출력값이 0인 게이트

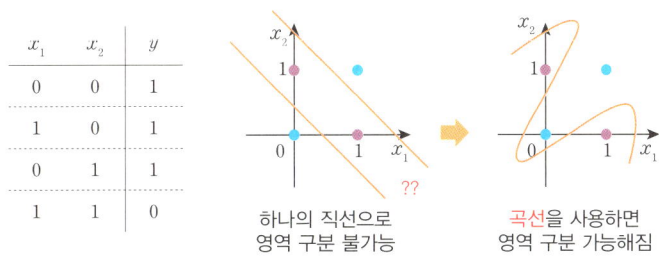

하나의 직선으로 영역 구분 불가능

곡선을 사용하면 영역 구분 가능해짐

Lesson 1 심층학습(딥러닝) **79**

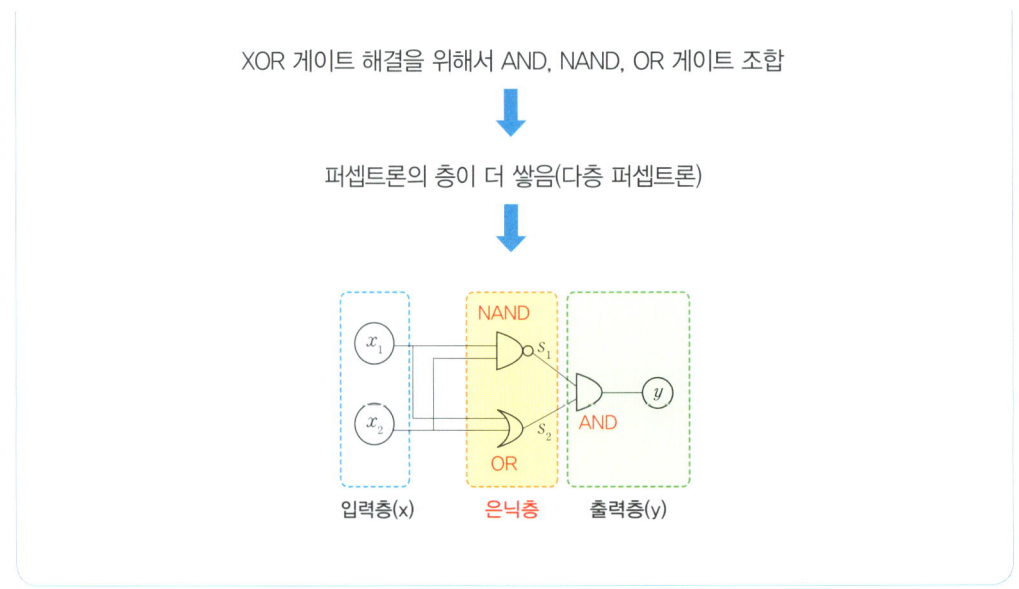

따라서, XOR 문제를 해결하기 위해 퍼셉트론을 더 여러 층 쌓은 **다층 퍼셉트론**(Multi-Layer Pereptron)이 등장합니다. 다층 퍼셉트론은 단층 퍼셉트론과 달리 입력층과 출력층, 그리고 그 사이에 은닉층(hidden layer)이 있습니다.

다층 퍼셉트론

다층 퍼셉트론이란?
입력층과 출력층 사이에 은닉층을 추가하여 선형 분류만으로 풀 수 없었던 문제를 비선형적으로 푸는 퍼셉트론

3 심층학습의 개념

심층학습이란, 기계 학습의 하위 분야로 앞에서 설명한 인공 신경을 매우 여러 층 연결하여 쌓은 **심층 신경망**(DNN, Deep Neural Network)을 활용한 학습하는 방법입니다.

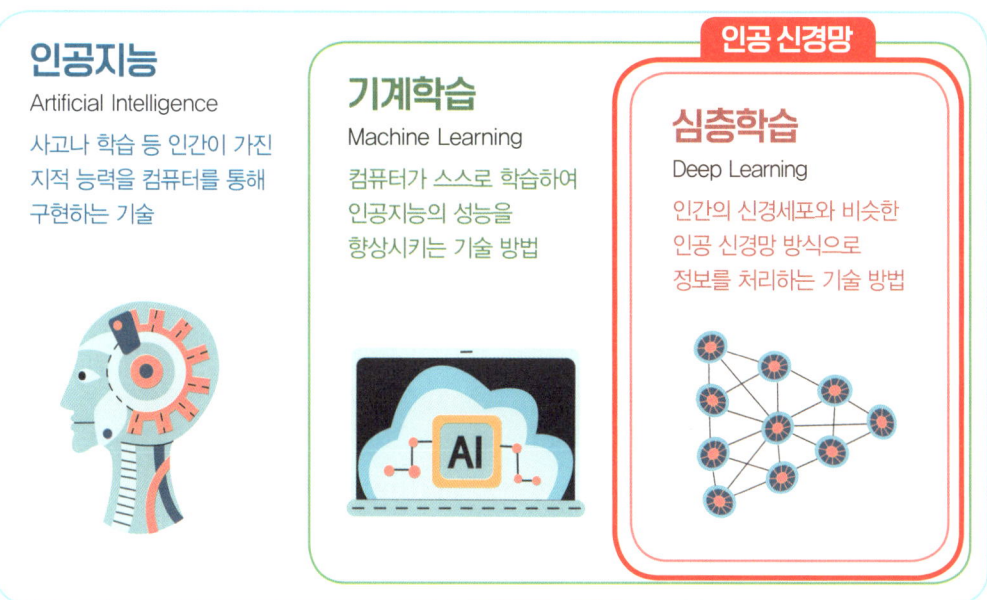

▲ 인공지능, 기계학습, 심층학습의 포함 관계

심층학습 모델은 기존의 기계학습과 다르게 학습하려는 데이터를 입력으로 넣으면 각 층(layer)이 점진적으로 변형하여 어떤 출력을 생성할지 스스로 학습하고 판단합니다.

> **기계학습 vs 심층학습**
>
> **기계학습**
> 컴퓨터 스스로 데이터와 알고리즘에 의해 학습하는 기술
>
> **+**
> - 모델 구축에 필요한 데이터의 양이 비교적 적음
> - 인간보다 빠른 연산 속도
>
> **−**
> - 데이터 입력, 가공, 목표 출력으로의 데이터 변형 등의 과정에 사람의 개입이 많음
> - 전문가의 오류를 동일하게 반복
> - 전문가의 실력을 넘어서기 어려움

기계학습(Machine Learning)

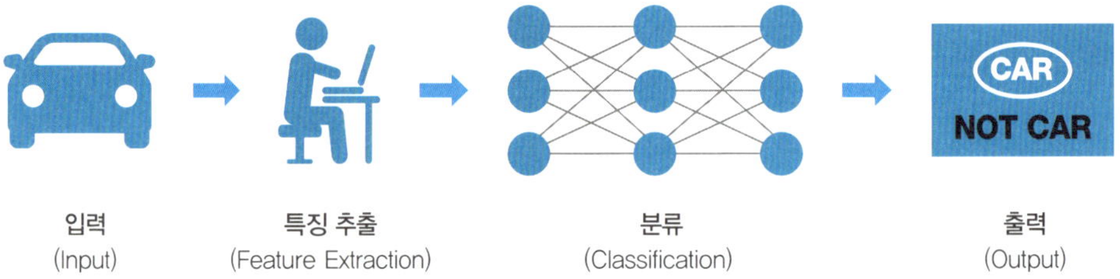
CAR
NOT CAR
입력
(Input)
특징 추출
(Feature Extraction)
분류
(Classification)
출력
(Output)

심층학습

컴퓨터가 스스로 데이터와 알고리즘에 의해 학습하는 기술

+

- 이상적인 출력을 정의하면 자동적으로 입력을 출력으로 변형하기 위한 특징을 추출하고 학습함
- 데이터의 질이 좋고, 양이 충분하면 인간 실력을 넘어설 수 있음

−

- 어떤 과정으로 결과가 출력되었는지 파악할 수 없음(블랙박스 문제)

심층학습(Deep Learning)

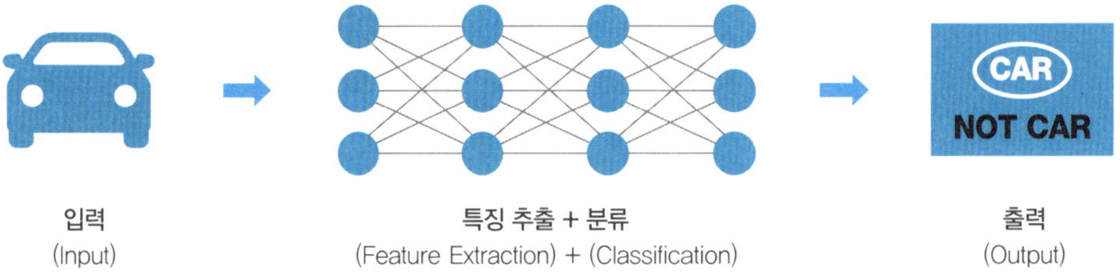
CAR
NOT CAR
입력
(Input)
특징 추출 + 분류
(Feature Extraction) + (Classification)
출력
(Output)

4 자동적 계층적 표상 학습

이렇게 심층학습 모델이 스스로 학습하고 판단할 수 있는 이유는 **자동적으로 계층적 표상을 학습**한다는 특징을 가지고 있기 때문입니다.

표상이란?

- 다음 그림을 고양이와 강아지로 구분해 보자.

ⓐ　　　ⓑ　　　ⓒ　　　ⓓ　　　ⓔ

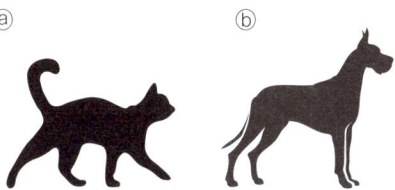

- 어떤 것을 근거로 고양이와 강아지를 구분했는가?

> **표상**
> 모델의 목적을 잘 수행할 수 있도록 도움을 주는 입력들의 특징.
> 즉, 개체를 구분 짓는 특징

개들에게는 공통적으로 나타나는 특징이지만
고양이에게는 나타나지 않는 특징이 바로 '표상'

심층학습 모델은 입력 데이터의 특징을 사람이 일일이 구분하여 찾아주지 않아도, 사람이 설정한 특징을 조합해 스스로 목적을 수행하기 위한 입력의 특징을 찾아낼 수 있습니다.

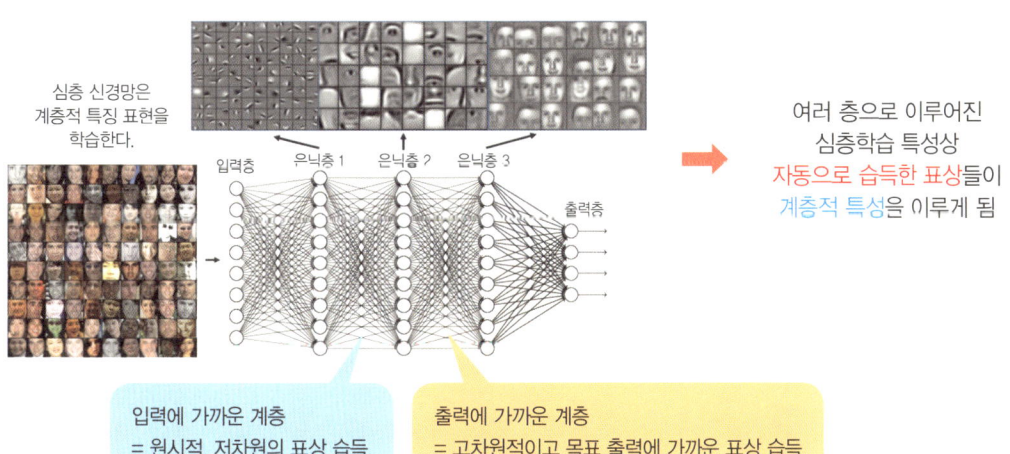

5 데이터와 모델 구조

심층학습 모델을 학습시키기 위해 필요한 데이터의 양은 기존의 기계학습 모델에 비해 기하급수적으로 늘었습니다. 또한, 그 데이터의 양과 질이 심층학습 모델의 성능을 결정하기에 데이터는 매우 중요합니다.

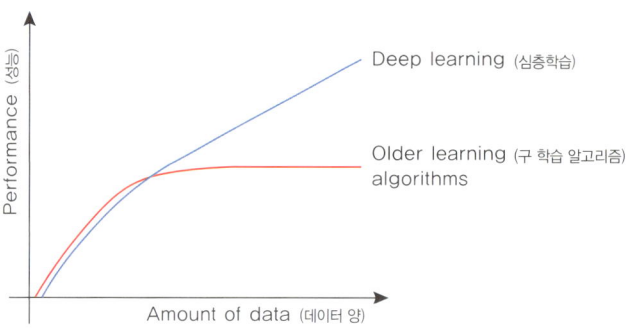

데이터의 종류와 특성에 따라 **지도학습**(Supervised Learning) 혹은 **비지도학습**(Unsupervised Learning)으로 학습하여 데이터를 구축할 수 있습니다.

분류(Classification)
주어진 데이터를 정해진 카타고리에 따라 분류하는것

Q: 이것은 개야?
A: 예 / 아니오

+
- 사람이 목푯값에 개입하기에 정확도가 높음

예측, 회귀(Regression)
데이터의 특징을 토대로 앞으로의 값을 예상하는 것

Q: 치킨 3마리를 먹으면 늘어나는 몸무게는?
A: ○○kg (예상)

−
- 인간의 노동력이 투입되어야 함
- 많은 데이터가 필요해 구축이 어려움
- 정답 집합 확보가 어려울 수 있음

비지도학습

비지도학습이란?
입력에 대한 정답을 알려주지 않고 스스로 학습하도록 하는것

노랗고 얼룩이 있고 목이 긴 동물

꼬리가 길고 귀가 뾰족한 동물

데이터의 특성 스스로 파악

데이터를 분류한 특징을 무엇이라고 정의할 수는 없으나
분류하기에 적합한 특징(feature)을 스스로 찾아내 데이터를 분류함

+
- 데이터를 대량으로 쉽게 구축하는 것이 가능함

−
- 실제 사용 가능한 수준의 성능을 구현하기 어려움
- 비지도학습을 지도학습을 위한 전처리 방법으로 사용하기도 함

따라서 모델을 생성하기 위해서는 양질의 그리고 대량의 데이터를 확보해야 합니다. 그 후 데이터를 확보하였다면 어떤 심층학습 모델 구조를 통해 데이터를 처리할 것인지 결정합니다. 입력과 출력의 특성에 따라 모델 구조를 선택하는 것이 좋습니다. 자세한 심층학습의 모델 구조는 이어지는 내용에서 알아봅시다.

6 심층학습 모델의 학습

심층학습 모델의 학습은 입력에 대해 모델이 예측을 하고, 예측과 정답 사이의 차이를 파악하여 이를 줄여나가기 위하여 **가중치를 조정하는 과정**으로 이루어집니다. 이때 이 가중치를 **파라미터**(parameter, 매개변수)라고 합니다.

> **파라미터(parameter)**
> 입력된 데이터에 의해 자동적으로 모델에 의해 학습, 결정되는 가중치들
>
> 딥러닝 모델은 이상적인 출력을 만들어 내기 위해 파라미터의 값을 정밀히 조정하여 파라미터의 최적값을 찾아 감 (이 과정이 딥러닝 모델의 학습 과정)

심층학습 모델의 학습 과정에서 모델이 입력 데이터로부터 예측을 하는 과정을 **정방향 계산**(Forward Pass), 예측과 정답 사이의 차이를 줄이기 위해 파라미터를 조정하는 과정을 **역방향 계산**(Backward Pass)이라고 합니다.

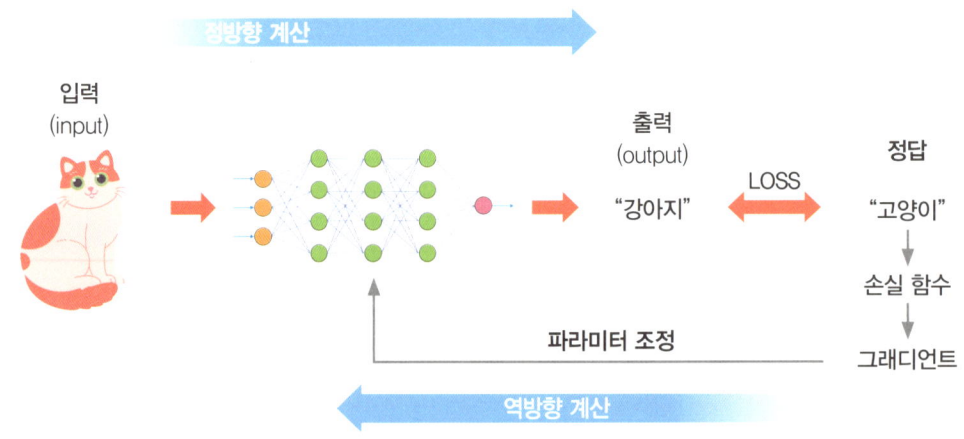

역방향 계산 과정에서 사용되는 것이 **손실 함수**(loss function)이며, 손실 함수는 모델의 예측과 정답 사이의 차이를 수치화시켜 줍니다. 이 손실 함수의 값을 각각의 파라미터들에 대해 편미분하면 **그래디언트**(Gradient)를 계산할 수 있고, 이 그래디언트에 따라서 파라미터들을 수정하면 모델의 출력이 정답에 가까워집니다.

손실 함수

손실 함수란?
모델의 출력과 정답 사이의 차이를 수치화해 주는 함수
오차가 클수록 손실 함수의 값 ↑
오차가 작을수록 손실 함수의 값 ↓

예시   평균 제곱 오차
(Mean Squared Error, MSE)

$$Loss_{MSE} = \frac{1}{2}\sum_{k}(\hat{y}_k - y_k)^2$$

빨간 막대의 길이를 제곱한 뒤
모두 더한 값을
절반으로 나누어
평균 제곱 오차 값을 구함

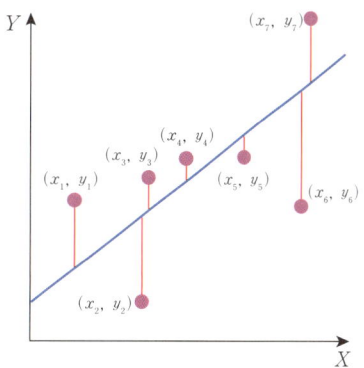

그래디언트

학습은 손실 함수이 값을 줄이는 반향으로 진행

손실 함수의 그래프에서 최솟값 찾기

그래프에서 가장 경사가 낮은 지점을 찾아감

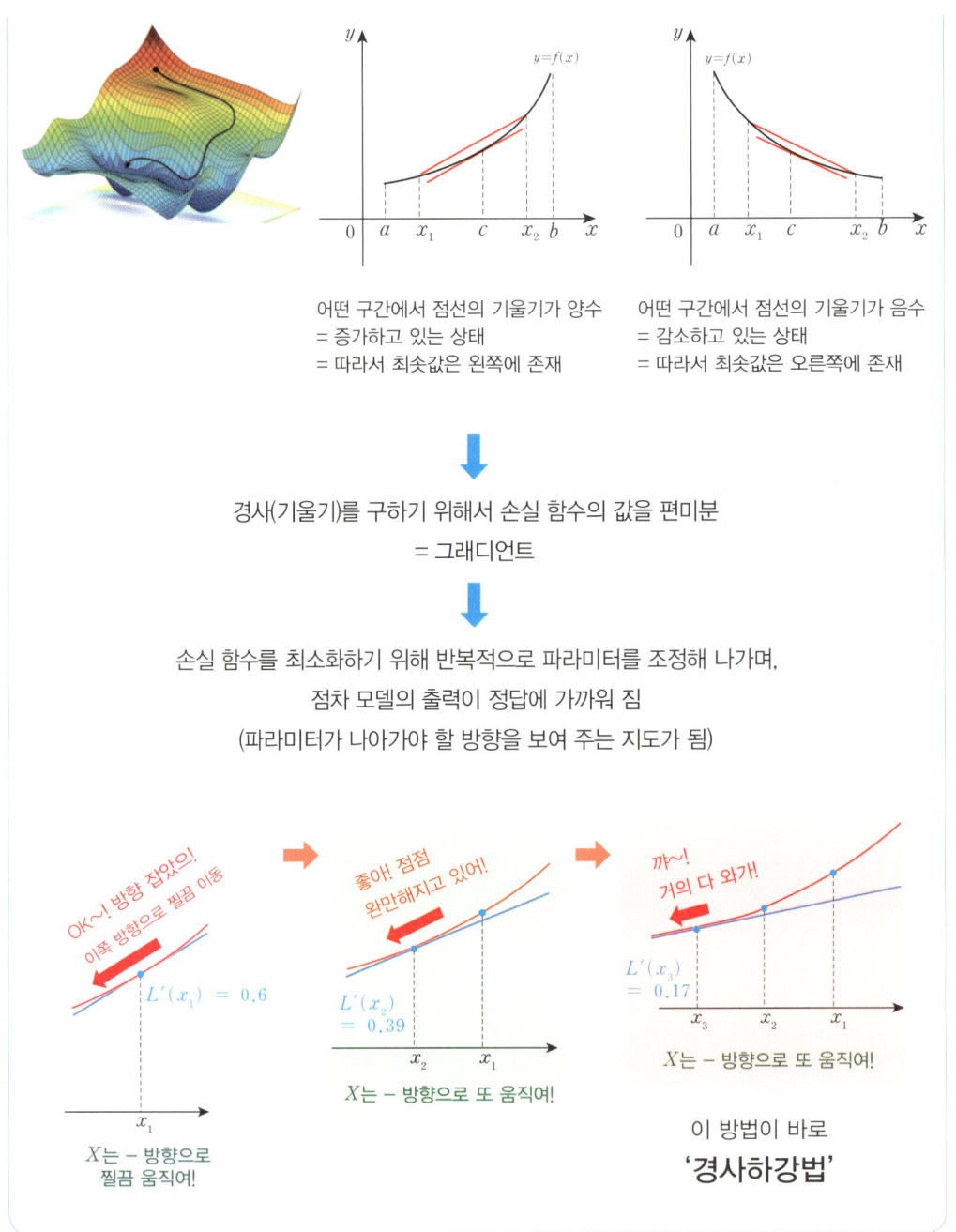

손실 함수에 대한 그래디언트 계산 과정이 출력에서 입력 방향으로 역방향으로 진행되기에 **'역전파**(Back Propagation)'라고 부릅니다.

Lesson 2
임베딩

POINT 자연어를 컴퓨터가 이해할 수 있도록 데이터화 해야 하는 필요성을 이해하고, 임베딩의 개념, 단어 단위의 임베딩 Word2Vec, 문장 단위의 임베딩에 대해서 살펴봅시다.

1 문자를 벡터로 표현하는 방법, 임베딩

기계가 사람의 말을 이해하기 위해서는 '문자' 기호로 이루어진 자연어를 기계가 이해할 수 있는 수학적 '데이터'로 만들어야 합니다. 그리고 이렇게 문자를 숫자들의 배열인 벡터로 바꾸는 과정과 그 결과를 **임베딩**(Embedding)이라고 합니다. 이 과정이 필요한 이유는 바로 특징을 **추출**(Feature Extraction)하여 자연어 데이터를 더 원활하게 분류하고 구분하기 위함입니다.

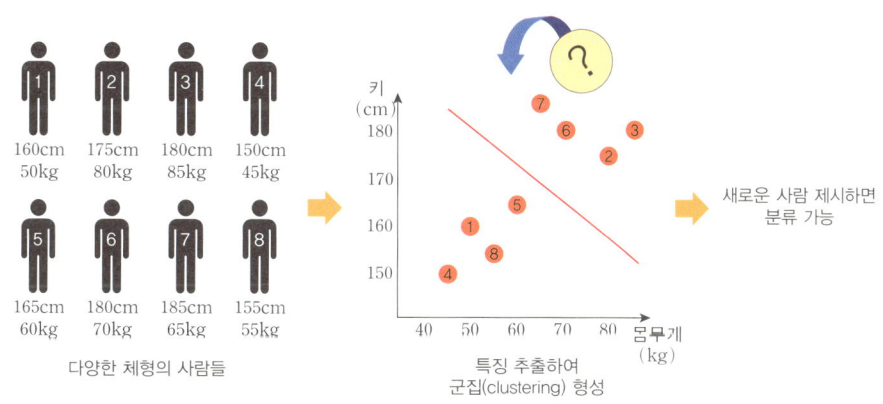

다양한 체형의 사람들 → 특징 추출하여 군집(clustering) 형성 → 새로운 사람 제시하면 분류 가능

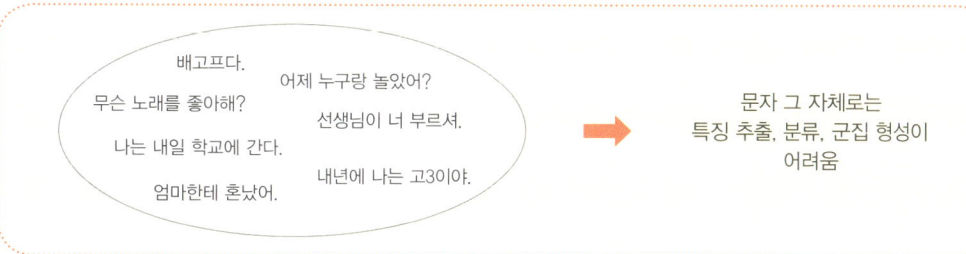

배고프다.
무슨 노래를 좋아해?
나는 내일 학교에 간다.
엄마한테 혼났어.
어제 누구랑 놀았어?
선생님이 너 부르셔.
내년에 나는 고3이야.

→ 문자 그 자체로는 특징 추출, 분류, 군집 형성이 어려움

이런 자연어의 특징을 추출하여 데이터화하기 위한 여러 기법 중 가장 기본적인 방법이 '**원-핫 인코딩**(One-Hot Encoding)'입니다. 원-핫 인코딩은 단어 집합의 크기를 벡터의 차원으로 하고 표현하고자 하는 하나의 단어는 1로, 나머지 단어들은 0으로 처리하는 방법입니다.

원 - 핫 인코딩

나는 언제나 네가 행복하기를 바라.

'나는', '언제나', '네가', '행복하기를', '바라.'

단어 순서	단어	원-핫 벡터
1	나는	[1, 0, 0, 0, 0]
2	언제나	[0, 1, 0, 0, 0]
3	네가	[0, 0, 1, 0, 0]
4	행복하기를	[0, 0, 0, 1, 0]
5	바라.	[0, 0, 0, 0, 1]

5차원으로 이루어진 원-핫 벡터

단어 수가 늘어나면 그 개수만큼 차원 벡터가 늘어남
(과도한 메모리 문제)

'나는'이 '언제나'와 유사한지,
'네가'와 더 유사한지 표현할 수 없음
(표현력 부족 문제)

그러나 이렇게 원-핫 인코딩의 한계로 인해 단어의 의미를 반영할 수 있는 새로운 방법이 필요해지게 됩니다.

2 단어 임베딩이란?

이제 학자들은 단어의 의미를 최대한 담아 벡터로 바꾸는 **단어 임베딩**(Word Embedding) 모델을 제안합니다. 단어 임베딩에서는 분포 가설을 이용하여 비슷한 분포를 가진 단어의 주변 단어들은 비슷한 의미를 가진다고 가정하고 벡터로 변환합니다.

단어 임베딩

원-핫 벡터

- 단어 수 = 차원 수 (고차원)
- 대부분 0으로 채워진 희소 데이터
- 일일이 입력됨

사과   복숭아   연필

단어	원-핫 벡터
사과	[1, 0, 0]
복숭아	[0, 1, 0]
연필	[0, 0, 1]

단어간 유사성 파악 안됨

단어 임베딩

- 단어 수 > 차원 수 (저차원)
- 밀집 데이터
- 데이터로부터 학습됨

사과   복숭아   연필

단어	단어 임베딩 벡터
사과	[0.8, 0.3, 0.1]
복숭아	[0.7, 0.5, 0.1]
연필	[0.1, 0.2, 0.8]

문맥상 비슷한 단어들 비슷한 벡터로 할당 가능

> **분포 가설**
>
> **분포 가설이란?**
> **비슷한 문맥**에서 등장하는 단어들은 **비슷한 의미**를 가진다는 가정
>
> 나는 **커피**를 마신다.
> 우리는 **우유**를 마셨다.
> → '마신다'와 함께 오는 '커피'와 '우유'가 비슷한 '음료'라는 뜻을 가진다는 것 파악 가능
>
> 나는 커피를 **마신다**.
> 우리는 커피를 **들이켰다**.
> → '커피'와 함께 오는 '마신다'와 '들이켰다'가 비슷한 '목으로 넘기다'라는 뜻을 가진다는 것 파악 가능

3 Word2Vec

단어 임베딩 모델 중 최근 가장 잘 사용되고 있는 모델은 **Word2Vec**입니다. Word2Vec은 구글에서 개발한 자연어 처리 인공 신경망 알고리즘으로, 단어 임베딩 모델이니만큼 분포 가설을 기반으로 작동합니다.

> **Word2Vec**
>
> **Word2Vec 특징**
>
> ❶ 단순한 학습 방법으로 데이터 양 ↑, 계산량 ↓
> : **데이터 양의 중요성** 강조
>
> ❷ 언어 문맥의 양방향 의존성 고려
> : 단어의 의미는 그 단어의 **이전 내용**과 **이후 내용** 모두에 영향을 받음
>
> Word2Vec = CBOW 모델 + skip–gram 모델

CBOW 모델

주변 단어에 대한 정보를 기반으로, 중심 단어 예측

나는 아침에 일어나서 [??] 를 마신다.

말뭉치 데이터에서 주변 단어와 중심 단어 작성

중심 단어	주변 단어
나	는
는	는, 아침
아침	는, 에

주변 단어를 입력으로 넣고
중심 단어를 레이블에 넣어 모델 학습시켜,
중심 단어 예측 모델 형성

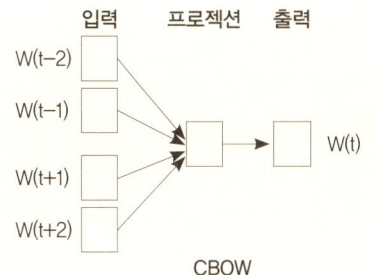

CBOW

skip-gram 모델

중심 단어 정보를 기반으로, 주변 단어 정보 예측

나는 아침에 [??] 커피 [??] 를 마신다.

말뭉치 데이터에서 주변 단어와 중심 단어 작성

중심 단어	주변 단어
나	는
는	는, 아침
아침	는, 에

주변 단어를 입력으로 넣고
주변 단어를 레이블에 넣어 모델 학습시켜,
주변 단어 예측 모델 형성

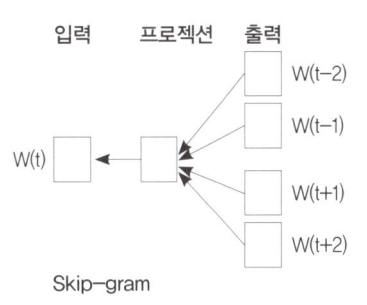

Skip-gram

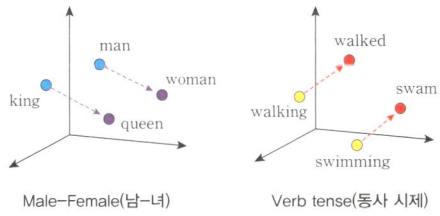

Male-Female(남-녀)   Verb tense(동사 시제)   Country-Capital(국가-수도)

+
- 학습을 통해 단어의 문맥적 의미를 수치적으로 보존
  → 단어의 의미적, 문법적 관계 잘 나타냄

−
- 사용자가 지정한 주변 단어 개수에 대해서만 학습 → 문맥 전체에 대한 정보 담기 어려움
- 다의어, 중의어 표현 모두 동일한 벡터
  → 문맥에 따른 구분 없음

4 단어 단위 임베딩의 한계

동의어, 다의어 등과 같이 같은 단어이지만 문맥에 따라 다른 벡터가 필요한 경우를 위해 같은 단어 입력이더라도 문맥에 따라 다른 벡터로 임베딩하는 방법이 고안되었습니다. 바로 **문장 단위 임베딩**입니다.

ELMo

ELMo(Embeddings from Language Models)
- 문맥을 반영한 워드 임베딩
- 정방향/역방향 예측 모델로 각각 학습 후 둘의 벡터를 합치는 방법(양방향 언어 모델, biLM: bidirectional Language Model)

'커피'가 해당 문맥에서 ELMo 임베딩되는 과정

▲ 출처: NLP in Korean(한국어에서의 자연어 처리) 블로그(https://nlpinkorean.github.io/illustrated-bert/)

BERT

> BERT(Bidirectional Encoder Representation from Transformers)
> - 단일 모델로 문맥의 양방향 모두 학습하는 방법
> - 작업 전에 사전 훈련(pre-training)을 통해 작업의 성능을 높임

❶ **MLM(Masked Language Model)**: 문장 속 단어 중 일부를 [Mask] 토큰으로 바꾼 뒤, 가려진 단어를 예측하도록 하여 학습하는 방법

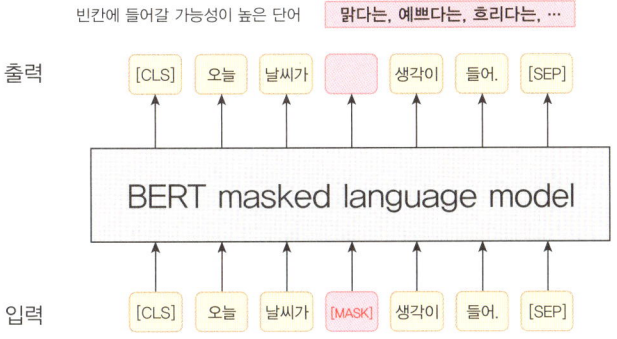

❷ **NSP(Next Sentence Prediction)**: 두 문장이 주어졌을 때, 두 문장의 순서를 예측하여 학습하는 방법

→ 문장 사이 연관(관계) 파악 능력 학습

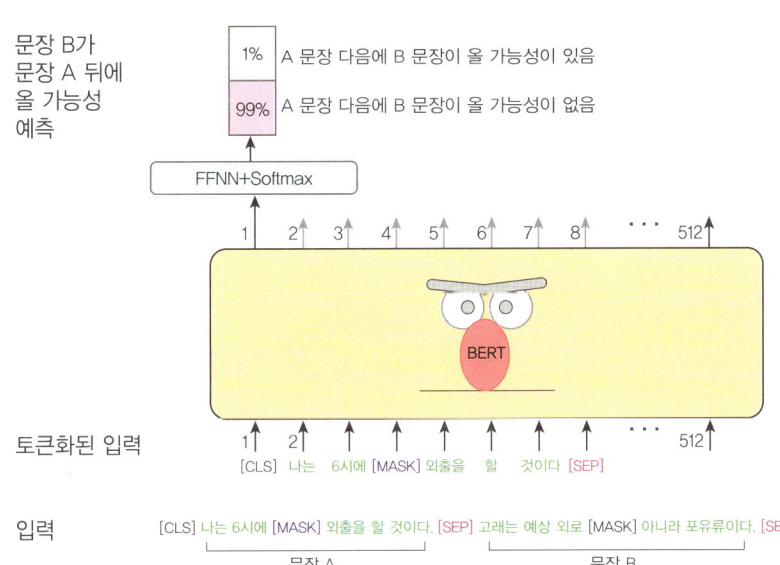

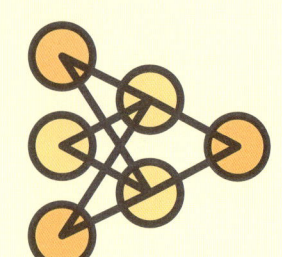

Lesson 3
합성곱 신경망(CNN)

POINT 합성곱 신경망 CNN이 등장하게 된 배경을 살펴보고, CNN의 구조를 이해하여 봅시다. CNN을 자연어 처리 분야에서 어떻게 활용하여 문장을 분류할 수 있을지 그 구조를 파악해 봅시다.

1 CNN이란?

CNN(Convolutional Neural Networks)이란 합성곱 신경망이라고 하며, 이름 그대로 기본 인공 신경망 앞에 여러 층의 컨볼루션 층으로 전처리 작업을 하는 모델입니다. 그렇다면 왜 CNN이 등장하게 되었을까요?

다음 동물은 무엇일까요?

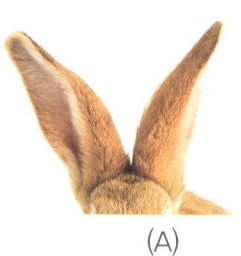 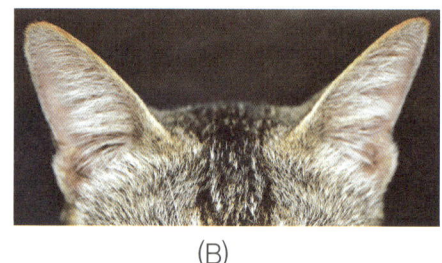

(A)　　　　　　　　　(B)

위의 질문에 대한 답은 바로 우리 인간은 두 이미지를 구분할 때 이미지의 전체가 필요하기 보다는 가장 특징적인 일부를 보아도 구분하고, 분류할 수 있다는 것입니다. 이렇게 이미지를 처리하는 것이 훨씬 효율적이죠.

이 아이디어는 1950년대 데이비드 H. 허블(David H. Hubel)과 토스텐 비젤(Torsten Wiesel)이 진행한 고양이 실험에서 시작되었습니다. 그들은 고양이에게 슬라이드로 이미지를 보여 주었습니다. 그 결과 시야 일부에 자극을 주었을 때 뇌의 전체가 아니라 뇌 속의 특정 부분이 활성화되는 것을 발견하였습니다. 그리고 그 일부분이 바로 시각 피질과 연결된 뉴런이었습니다.

　이 실험을 통해 시각 피질과 뇌의 뉴런이 연결되었다는 점, 시각 피질과 뉴런의 연결이 많아질수록 더욱 다양한 사물을 구별할 수 있다는 점이 확인되었습니다. 동물의 뇌를 바탕으로 뇌는 실제 이미지를 분해한 뒤 각자 뉴런이 맡은 특정 특징을 추출하고, 이를 조합하여 이미지를 인식한다는 것이죠. 이 연구가 바탕이 되어 기존 완전 연결 층 구조와는 다른 합성곱 신경망 (CNN) 구조의 아이디어가 탄생합니다.

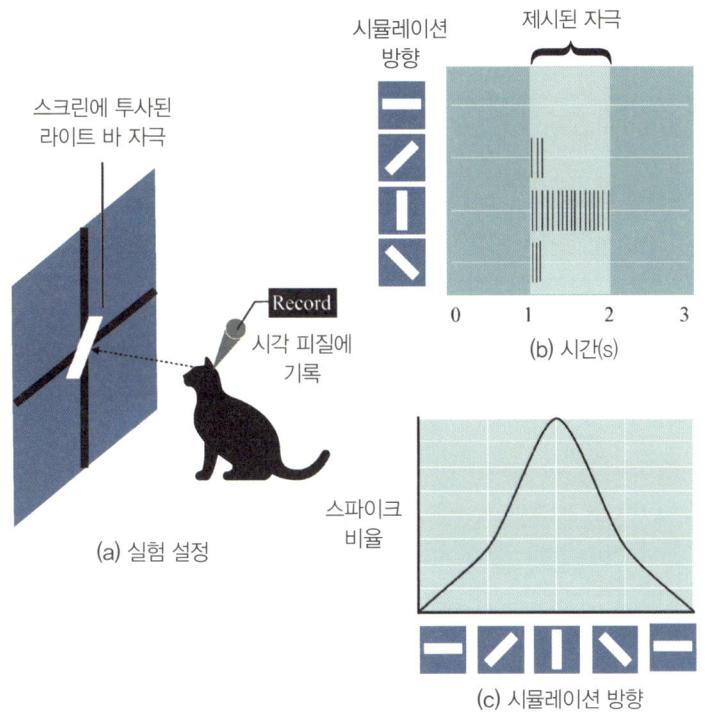

▲ 데이비드 H. 허블과 토스텐 비젤이 진행한 합성곱 신경망(CNN)의 모티브가 된 고양이 실험

2 CNN의 구조

　CNN의 가장 중요한 구성 요소는 **컨볼루션 층**(Convolution layer)입니다. 컨볼루션 층은 컨볼루션 연산을 통해 입력된 데이터의 특징과 패턴을 추출하는 층입니다.

컨볼루션 층

컨볼루션 연산

컨볼루션 층에서는 컨볼루션(합성곱) 연산 수행
입력 데이터를 **필터(Filter)**를 사용하여 분석하여 특징 추출
추출한 특징을 **자질 정보(Feature map)**로 생성

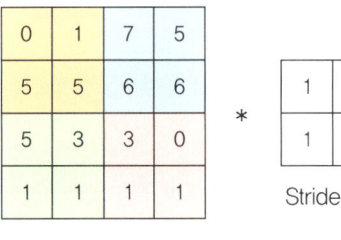

입력 이미지 　　　 필터 　　　 자질 정보

필터(Filter)

- n×n의 행렬로 정의
- 입력 데이터의 **특징 추출을 위한 파라미터(가중치)**
- 지정된 간격(스트라이드)으로 이동하며, 입력 데이터와 합성곱 연산을 통해 결괏값을 생성
- **예시** 15 = (0 × 1) + (1 × 0) + (5 × 1) + (5 × 2)

스트라이드(Stride)

- 연산을 진행할 때 **얼마만큼의 간격**으로 연산을 수행할지의 값
- stride = 2라면 2칸씩 이동하며 연산 수행

패딩(Padding)

- 입력 데이터에 필터, 스트라이드 적용하여 특징 추출 시 특징 정보가 소실될 수 있는 가능성
- **특징 정보 소실 방지**를 위해 입력 데이터 주변을 특정 값으로 채워 넣는 것(**예**: 0)
- 원본 데이터의 정보 압축 방지

자질 정보(Feature map)

- 필터가 입력 데이터 전체를 스트라이드하며 컨볼루션 연산을 수행하여 나온 결과
- 필터의 크기와 동일한 크기
- 단순하지만 두드러지는 값으로 변형한 결과

그리고 CNN에는 **풀링 층**(Pooling layer)이 있습니다. 풀링 층은 이미지를 압축하여 데이터의 공간적 크기를 축소하는 층입니다.

풀링 층

풀링 연산
- 입력 데이터의 차원을 감소시켜 단순화, 축소화 작업을 하는 연산
- 컨볼루션 연산은 입력 데이터에 필터로 특정 값을 연산하여 특징 추출
- 풀링 연산은 대푯값을 선택하는 방식으로 특징 추출
- 주로 최대 풀링(Max Pooling), 평균 풀링(Average Pooling), 최소 풀링(Min Pooling) 방식

최대 풀링(Max Pooling)

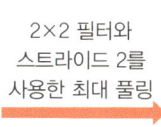 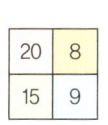 2×2 필터와 스트라이드 2를 사용한 최대 풀링

평균 풀링(Average Pooling)

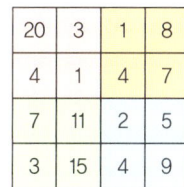 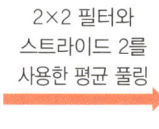 2×2 필터와 스트라이드 2를 사용한 평균 풀링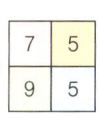

최소 풀링(Min Pooling)

2×2 필터와 스트라이드 2를 사용한 최소 풀링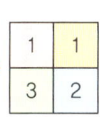

이렇게 여러 층의 컨볼루션 층과 풀링 층을 거친 데이터인 **자질 정보**(feature map)를 마지막으로 **완전 연결층**(fully connected Networks)에서 입력으로 받고, 그 특징을 분류하여 예측을 출력합니다.

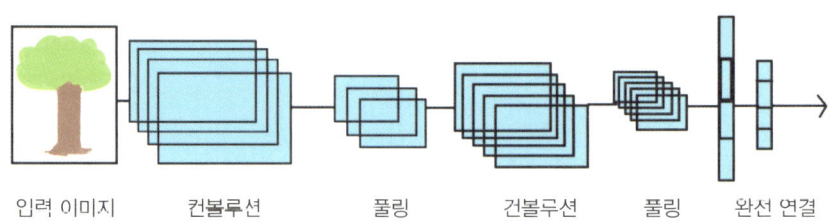

3 CNN을 이용한 문장 분류

이미지 데이터 처리에 유리한 CNN을 자연어 처리에서 어떻게 활용할 수 있을까요? CNN은 앞에서 보았듯이 자질 정보를 순차적으로 추출하기에 단어나 표현이 순차적으로 등장하는 자연어를 처리하는 데에도 유용할 것으로 보입니다.

➡ 이미지 데이터와 다르게 수직 방향으로만 연산 진행

이미지 데이터를 CNN으로 처리할 때 데이터의 가장 왼쪽 위부터 가장 오른쪽 아래까지 상하좌우를 순차적으로 처리합니다. 이 연산을 **2D 합성곱**(2D Convolutions)이라고 합니다. 그러나 자연어 처리에는 수직 방향으로만 연산이 진행되기에 이 경우 연산을 **1D 합성곱**(1D Convolutions)이라고 부릅니다.

단어 임베딩

> **단어 임베딩이란?**
> 문장의 **전체 단어 개수**와 같은 크기를 가진 **2차원 행렬**로 문장의 형태를 변환하는 것

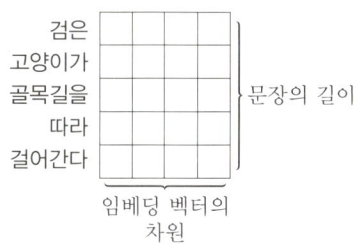

단어 임베딩 대한 컨볼루션 연산

STEP 1
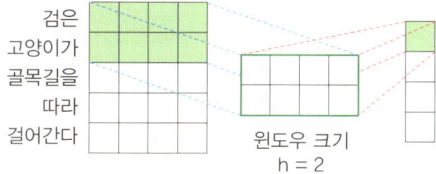

STEP 2
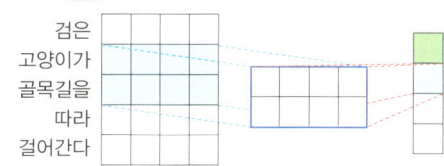

STEP 3
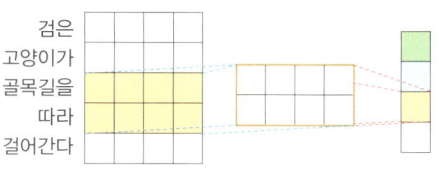

STEP 4
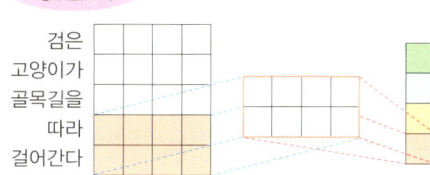

수직 방향으로만 연산 진행 → 특징 추출 → 자질 정보(Feature map)로 생성

단어 임베딩을 윈도우 크기(특징 추출을 위한 파라미터)로 제한하여 봄

컨볼루션 필터와의 연산으로 결괏값 생성

단어 임베딩에 대한 패딩

목적: 문장의 처음과 마지막에 위치하는 단어들도 동일한 컨볼루션 연산 횟수를 가질 수 있도록 하기 위해서

⬇

'윈도우 크기 − 1'만큼 문장 앞뒤에 패딩을 붙여 줌

만약 패딩이 없다면 윈도우 크기 h = 2일 때 '검은', '걸어간다'는 연산 1번,

'고양이가', '골목길을', '따라'는 연산 2번 수행

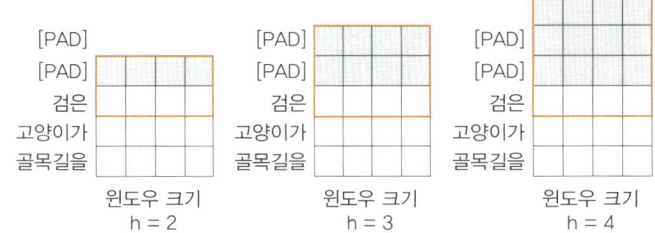

단어 임베딩에 대한 풀링 연산 / 완전 연결 층

컨볼루션 연산 뒤에 풀링 연산 실시

⬇

주로 최대 풀링(Max Pooling) 사용

⬇

각 컨볼루션 연산으로 얻은 결괏값에서 가장 큰 결괏값을 추출

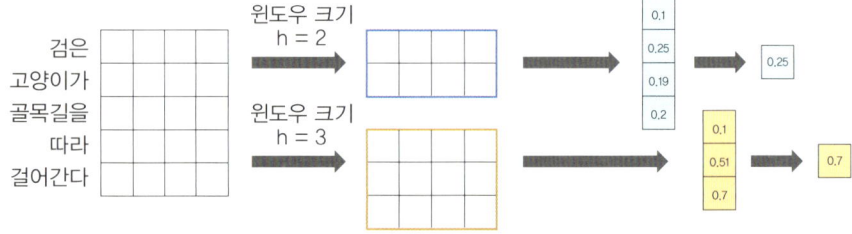

이렇게 얻은 결괏값들을 전부 연결하여 하나의 벡터로 생성하여 텍스트 분류 수행

이 과정을 거쳐 문장 분류를 수행합니다. 이렇게 CNN을 통해 자연어 처리, 문장을 분류하게 되는 것은 어떤 의미일까요?

- 완전 연결 층 신경망에 비해 속도 개선 문장 순서 정보 반영 가능
- 문장의 길이가 길어져도 각 부분의 정보 추출 가능

- 인간의 언어 처리 방법은 단순 순차적 접근이 아님
- 문장의 순서 정보가 의미 정보를 나타내는 것은 아님

➡ 이미지 데이터와 다르게 자연어 처리에 있어서 CNN은 완벽한 모델이라고 보기는 어려움

➡ 뒤에 나올 RNN 모델과 함께 서로 보완이 필요

Lesson 4
순환 신경망(RNN)

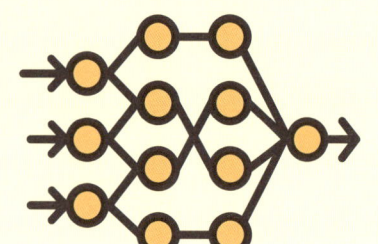

POINT 순환 신경망 RNN의 개념을 살펴보고, RNN의 특징과 학습 과정을 구조를 이해하여 봅시다. 또한 RNN의 문제점을 보완한 응용 순환 신경망의 구조를 알아봅시다. 이 RNN을 이용하여 어떻게 자연어를 생성하는지 파악해 봅시다.

1 순방향 신경망과 RNN

RNN(Recurrent Neural Networks)이란 순환 신경망으로 시간 순서에 따라 입력과 출력을 순환하며 진행하는 모델입니다. 다른 모델들의 구조가 입력에서 출력까지 단계적으로 진행하는 **순방향 신경망**(Feedforward Neural Network)이라면, RNN은 입력에서 출력으로 기본적으로 진행하지만 입력을 받아 출력을 만들고, 다시 이 출력을 입력으로 받는 순환 구조를 포함하고 있습니다.

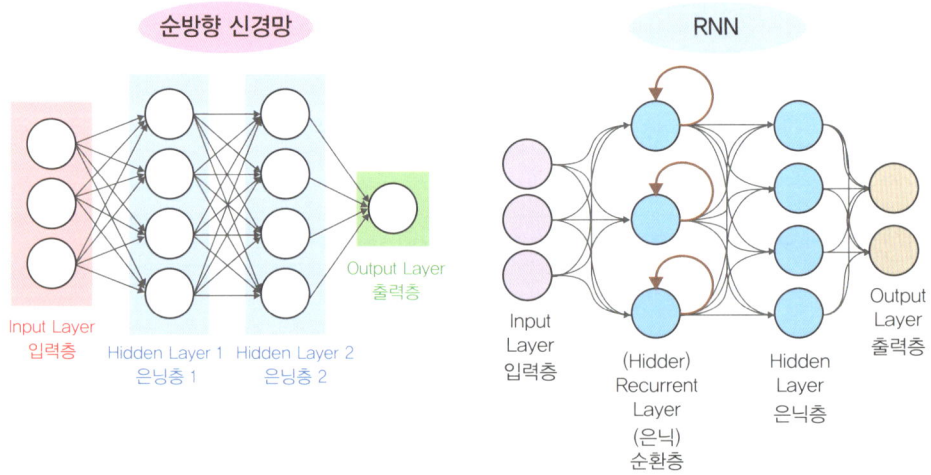

RNN은 이런 구조적 특징으로 어떤 순서를 가진 데이터, 즉 자연어를 처리하기에 적합한 모델이라 할 수 있습니다.

2 RNN의 구조와 학습 과정

RNN의 구조를 더 자세히 살펴보면 다음과 같이 표현할 수 있습니다.

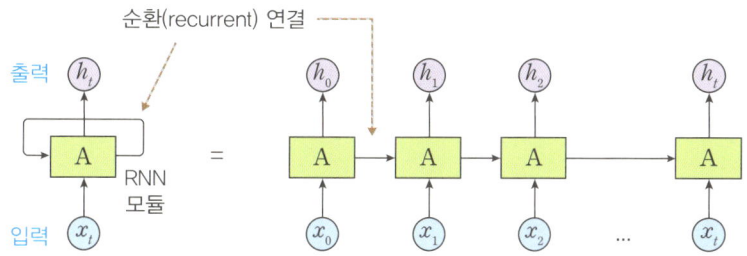

구조를 보면 이전의 출력값이 현재의 입력값으로 들어오며 영향을 미치고 있습니다. 그렇다면 각각의 시점에서 연산을 통해 나온 값들을 어떻게 처리할까요?

RNN 구조

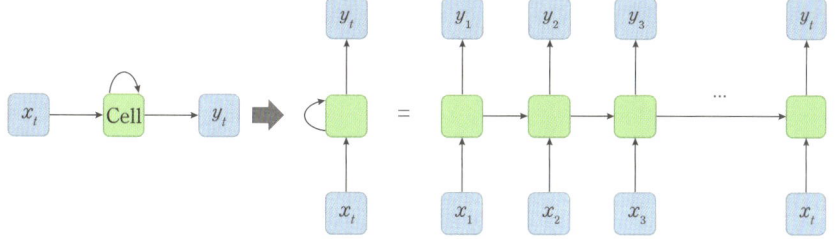

RNN의 특징
- 순환 구조를 가짐
- 데이터 길이의 제한 없이 정보 처리 가능
- 데이터 간 연관성이 있는 데이터에 적합함
- 기존 신경망과 달리 이전의 값에 대한 기억(Hidden state)을 가지고 있음

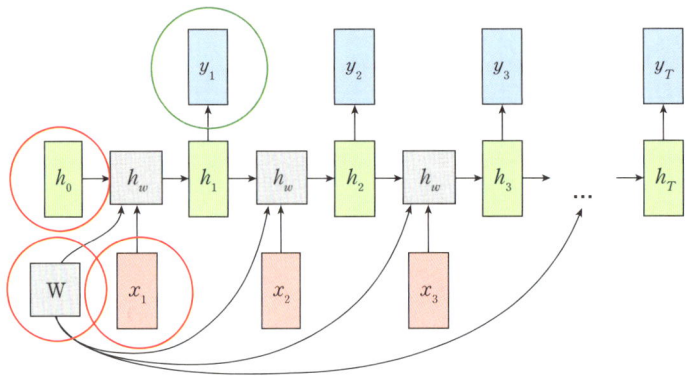

은닉 상태(Hidden state)

- 전 시점에 대한 정보(그 이전 시점의 정보들을 모두 포함함)
- 다음 시점으로 넘겨줄 정보이기도 함

현재 시점이 t일 때 은닉 상태란?

1) 전 시점(t-1)의 은닉(hidden) 값과 현재 시점(t)의 x값에 함수를 취해 현재 시점(t)의 은닉(hidden) 값 구하기
2) 현재 시점(t)의 은닉(hidden) 값을 현재 시점(t)의 y값으로 출력
3) 다음 시점(t+1)에 현재 시점(t)의 은닉(hidden) 값 넘겨주기 반복

RNN에서는 동일한 은닉층(hidden layer)이 반복되어 순차적으로 진행됩니다. 이런 RNN의 특성 때문에 기존의 인공 신경망 학습 알고리즘과는 조금 다른 방법이 필요합니다. 이를 **BPTT**(Back Propagation Through Time) **알고리즘**이라고 부릅니다.

BPTT 알고리즘

오차 역전파(Back Propagation)

신경망 학습을 위해 gradient(오차)를 output(출력)에서 input(입력) 방향으로 거꾸로, 순서대로 전달해 주는 것

타임 스텝별로 네트워크를 통해 역전파 알고리즘 사용

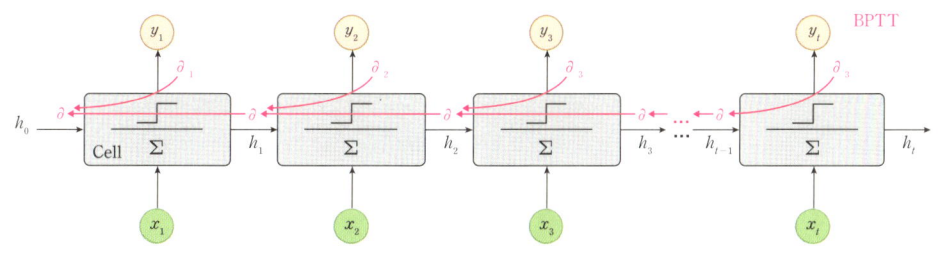

BPTT(Bak Propagation Through Time) 알고리즘
- 출력(Output)에서 입력(Input) 방향으로 그래디언트(gradient, 오차) 전달
- 대신, 그래디언트를 넘겨줄 때 현재 시점(t) 단계 뿐만 아니라 이전 시점(t-1) 단계 고려
- t = 3인 시점일 경우 t = 3, t = 2, t = 1, t = 0인 시점까지 거슬러 올라가며 역전파 진행

그러나 BPTT 알고리즘에는 한 가지 큰 문제가 발생합니다. 점점 의미 있는 정보가 사라진다는 것이죠.

기울기 소실 문제

기울기 소실 문제(Vanishing gradient problem)
- 역전파 과정에서 입력층으로 갈수록 기울기(gradient)가 점차 작아지는 현상 발생
- RNN은 활성화 함수로 탄젠트h(tanh) 혹은 시그모이드(sigmoid) 함수 이용
  → 곱셈 연산이 반복될수록 전달 값 작아짐

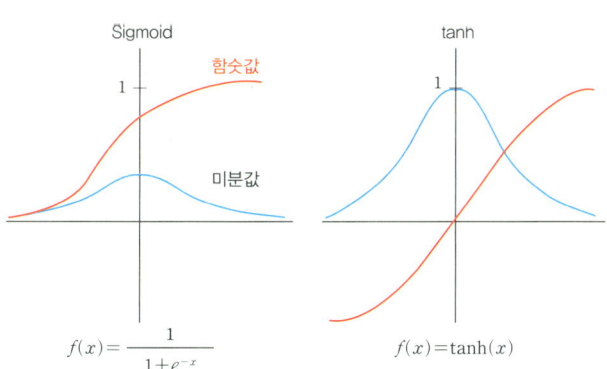

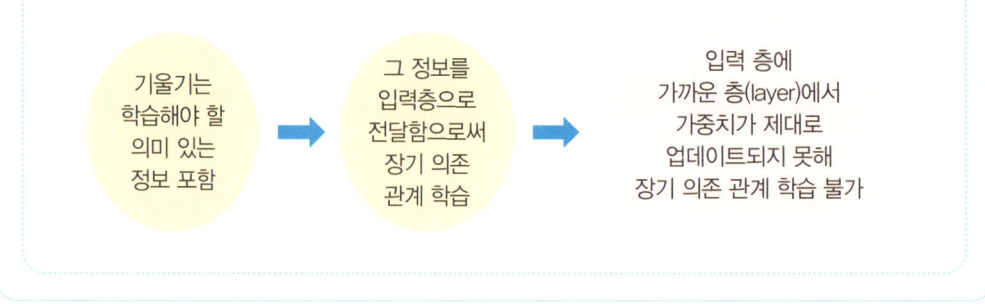

3. 응용 순환 신경망

체인처럼 이어지는 RNN의 특징으로 연속된 특징을 가진 데이터를 더욱 원활하게 처리하고 학습할 수 있게 되었다는 큰 성과를 얻었습니다. 그러나 RNN이 언제 어디서나 완벽한 것은 아닙니다.

나는 목이 말라서 ☐을 마셨다.

➡ ☐가 '물'이라는 것을 문장을 보면 간단히 추측

⬆ 정보를 얻기 위한 시간 격차가 크지 않다면 RNN이 매우 잘 작동

나의 꿈은 파일럿이었다. 어렸을 때 나는 시골에서 자랐고 항상 익숙하고 단조로운 일상을 맞이했다. 그것이 행복하지 않았던 것은 아니었지만, 그 밖의 세상을 전혀 모르는 우물 안 개구리였기도 하다. 그러던 어느 날 수학여행으로 처음 내 울타리 안 세상과 전혀 다른 곳에 가게 되었다. 바로 일본이었다. ~~ 결국 자유롭고 멋진 세상으로 나아가는 ☐라는 직업에 난 한눈에 반할 수밖에 없었다.

➡ ☐에 들어갈 것이 직업이라는 단서를 가지고 아주 이전의 문맥을 통해 '파일럿'이라는 것을 추측해야 함

⬆ 정보를 얻기 위한 시간 격차가 커질 경우 RNN이 문맥 파악을 힘들어 함

긴 기간 동안의 의존성 문제(Long-Term Dependency Problem)

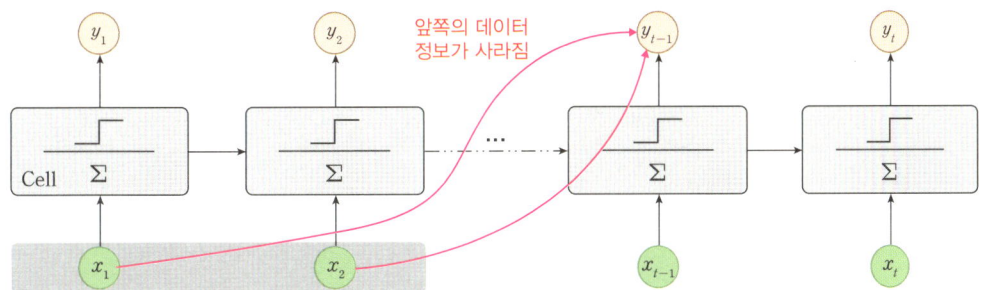

바로 이런 RNN의 기울기 소실 문제를 보완하고 긴 기간 동안의 의존성(Long term dependencies)을 학습할 수 있도록 한 인공 신경망이 LSTM(Long Short-Term Memory Network)입니다.

LSTM 기본 구조

장단기 메모리(Long Short-Term Memory)

- 기울기 소실 문제를 해결하여 장기 의존성을 학습할 수 있는 인공 신경망

↓

정보를 오랜 기간 기억하는 방식

↓

RNN과 같이 반복되는 체인 구조 + 반복되는 모듈이 달라지는 구조

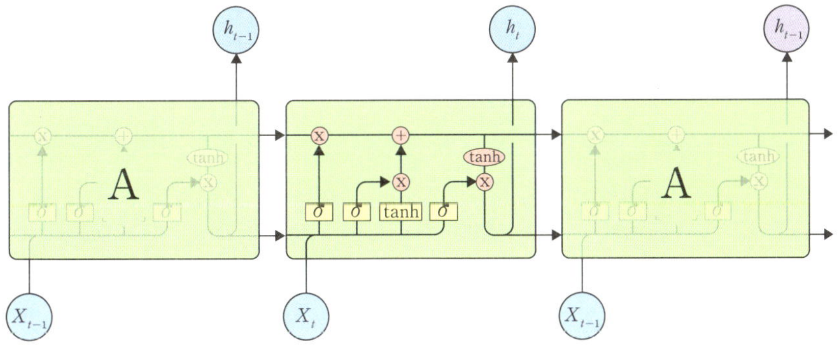

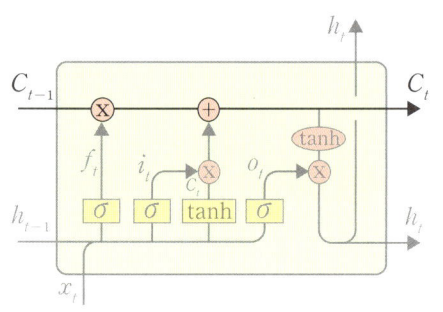

셀 상태(cell state)

장기 기억 담당

- ⓧ 기존의 정보를 얼마나 남길 것인지에 따라 비중 곱하기
- ⊕ 현재 들어온 데이터에 기존 은닉 상태 정보 더하기

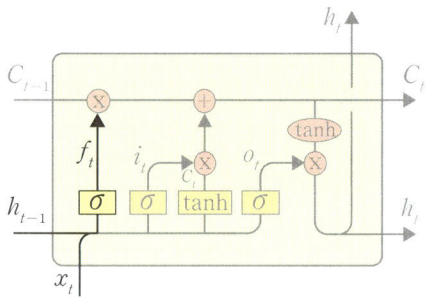

망각 게이트(forget gate)

기존의 정보로 구성된 셀 상태의 값을 **얼마나 제거할 것인지** 정하는 부분

- σ 0 시그모이드 함수에 의해 나오는 0–1 값에 따라 기존 정보를 얼마나 전달할지 결정 (0 완전 버리기, 1 완전 유지하기)

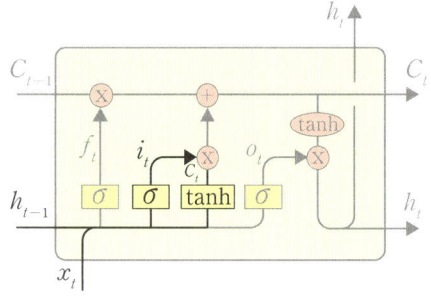

입력 게이트(input gate)

어떤 정보를 얼마만큼 셀 상태에 **새롭게 추가할지** 결정하는 부분

- σ / tanh 두 함수를 통해 셀 상태에 새로운 정보를 얼마나 반영할지 결정

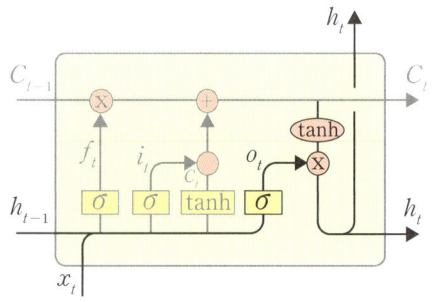

출력 게이트(output gate)

현재 단계의 출력을 이후 **단계로 보낼 때 얼마나 반영할지** 결정하는 부분

셀 상태와 현재 입력값 고려하여 값 변환

게이트 순환 유닛(GRU)

게이트 순환 유닛(GRU, Gated Recurrent Unit)
- 기울기 소실 문제 해결 + LSTM의 복잡한 구조 단순화
- 리셋 게이트, 업데이트 게이트 2개의 게이트만 사용

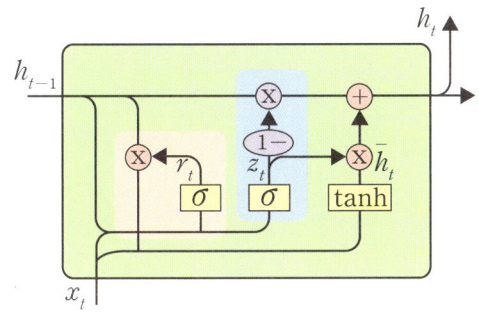

리셋 게이트(reset gate)
LSTM의 셀 상태, 은닉 게이트를 합친 역할
현재 입력값에 이전의 은닉 상태를 얼마나 반영할지 결정

업데이트 게이트(update gate)
LSTM의 셀 상태, 은닉 게이트를 합친 역할
과거와 현재의 정보를 각각 얼마나 반영할지에 대한 비율 결정

⬇

현재 시점의 은닉 상태(hidden state) 생성

4 RNN 기반 자연어 처리

시퀀스-투-시퀀스(Seq2seq)는 RNN 구조를 기반으로 한 모델로 주로 기계 번역, 문장 생성, 질의응답, 메일 자동 응답, 챗봇 등의 분야에 활용됩니다. 시퀀스-투-시퀀스는 입력된 순차 데이터(Sequence)로부터 다른 순차 데이터를 출력하는 특징을 가졌기에 이런 자연어 생성 분야에 주로 쓰입니다.

시퀀스-투-시퀀스(Seq2seq)

시퀀스-투-시퀀스(Seq2seq, Sequence to Sequence)
- 자연어 처리(번역) 시에 입력과 출력에 대한 시퀀스(길이)를 고정할 수 없기에 제안된 모델
- 한 문장(시퀀스)을 다른 문장(시퀀스)으로 변환하는 모델
- 입력 문장(시퀀스) 전체를 다 본 뒤에 출력 문장(시퀀스) 생성

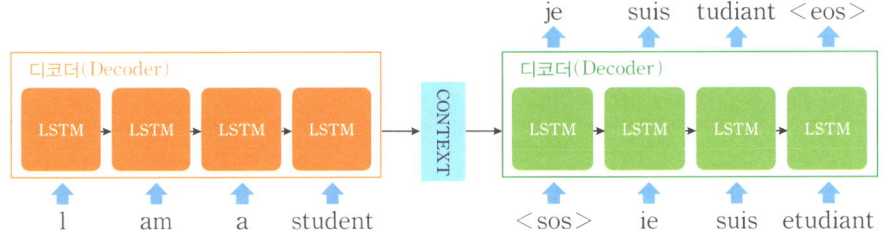

인코더(Encoder)
입력 데이터(시퀀스)를 인코딩(부호화)하는 RNN 셀

입력 데이터를 순차적으로 처리해 마지막 시점의 은닉 상태를 디코더로 넘겨줌

디코더(Decoder)
입력 데이터를 처리한 출력 데이터를 생성하는 RNN 셀

훈련 과정과 테스트 과정을 구분해야 함

[인코더] 입력 데이터(시퀀스)에 대한 정보를 은닉 상태로 넘겨 벡터화하여 임베딩
➡ 콘텍스트 벡터(context vector)

I	am	a	student
0.157	0.78	0.75	0.88
−0.25	0.29	−0.81	−0.17
0.478	−0.96	0.96	0.29
−0.78	0.52	0.12	0.48

콘텍스트 벡터를 디코더로 전송

[디코더] 콘텍스트 벡터를 받아 처리된 데이터 한 개씩 순차적으로 출력

SOS
(State-Of-Sentence)
- 문장을 시작한다는 심볼
- SOS가 입력되면 등장 확률 높은 단어 예측 시작

EOS
(End-Of-Sentence)
- 문장의 끝을 의미하는 심볼
- EOS가 나오면 다음 단어 예측 종료

5 자연어 처리에서 CNN과 RNN

앞에서 알아본 CNN과 이번에 알아본 RNN은 서로 다른 특징과 장점을 가지고 있습니다. 이 두 모델이 자연어 처리에서는 어떤 의미를 가질까요?

자연어 처리에서의 CNN / RNN

CNN
- 각 단어의 위치 정보 보존(문장 성분의 등장 정보를 학습에 반영)
- 문장 분류, 문서 분류에 활용(감정 분석, 영화 리뷰 분석, 스팸 메일 분류 등) 처리 속도가 빠름

RNN
- 각 단어의 입력값을 순서대로 처리 모델이 간단함
- 순서가 있는 데이터 처리에 유리함(과거의 데이터도 학습에 활용)

Chapter 3

자연어 처리의 실제와 활용

Lesson 1 텍스트 분류
Lesson 2 키워드와 정보 추출
Lesson 3 텍스트 요약
Lesson 4 대화형 에이전트
Lesson 5 기계 번역

Lesson 1
텍스트 분류

POINT 자연어 처리 기술을 활용해 텍스트를 일정한 기준으로 나누는 텍스트 분류 기술에 대해 알아보고, 대표적인 메일 분류, 감정 분석 등에 대해 살펴봅시다.

1 텍스트 분류 기술

텍스트 분류(Text Classification)는 자연어 처리 중 가장 중요하면서도, 가장 흔히 그리고 자주 접할 수 있는 분야입니다. 텍스트 분류 자체가 결과물일 수도, 다른 결과물을 위한 과정이 되기도 합니다.

텍스트 분류:
텍스트를 입력 받아 텍스트가 어떤 범주에 속하는지 구분하는 작업

이진 분류(Binary Classification)
분류해야 할 범주가 두 가지인 문제
타깃의 값이 특정 기준에 대해 참(True) 또는
거짓(False)의 값을 가짐

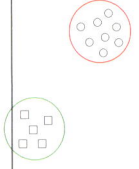

다중 분류(Multiclass Classification)
분류해야 할 범주가 세 가지 이상인 문제

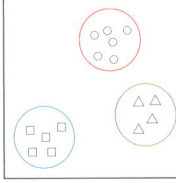

텍스트 분류 기술의 활용

텍스트 분류는 앞에서 말했듯이 가장 중요하면서도 자주 쓰이기에 정말 다양한 세부 응용 분야가 있습니다. 그중 가장 대표적인 사례를 살펴봅시다.

스팸 메일 분류

이메일 데이터 정제
⬇
스팸 이메일의 단어, 기호 학습
⬇
스팸 이메일 분류

나이브 베이지언 알고리즘:
- 베이즈의 확률을 기반으로 한 알고리즘
- 특정 단어를 포함하고 있는지 살펴보며 확률을 높여 감

베이즈의 확률 공식

$$\text{단어 'MONEY'가 들어 있는 메일이 스팸(정상) 메일일 확률} = \text{스팸(정상) 메일에 단어 'MONEY'가 들어 있을 확률} \times \frac{\text{전체 메일 중 스팸(정상) 메일의 비율}}{\text{메일에 단어 'MONEY'가 들어 있을 확률}}$$

전제 조건

1. 메일은 스팸 메일이거나 정상 메일 둘 중 하나이다.
2. 단어 'MONEY'가 들어 있는 메일이 스팸 메일일 확률이 정상 메일일 확률보다 크면 스팸, 작으면 정상으로 분류한다.

학습 결과

이메일 데이터 학습으로 정상 메일과 스팸 메일의 단어, 기호 확률 학습 ➡
❶ 전체 메일 중 스팸 메일일 확률 (0.8)
❷ 전체 메일 중 정상 메일일 확률 (0.2)
❸ 스팸 메일에 단어 'MONEY'가 들어 있을 확률 (0.6)
❹ 일반 메일에 단어 'MONEY'가 들어 있을 확률 (0.1)

메일의 스팸, 정상 확률 계산

➡ 스팸일 확률 = ❶ × ❸ = 0.48
정상일 확률 = ❷ × ❹ = 0.02
➡ 'MONEY' 포함 이메일 스팸으로 분류

▲ 출처: 수학동아

감정 분석

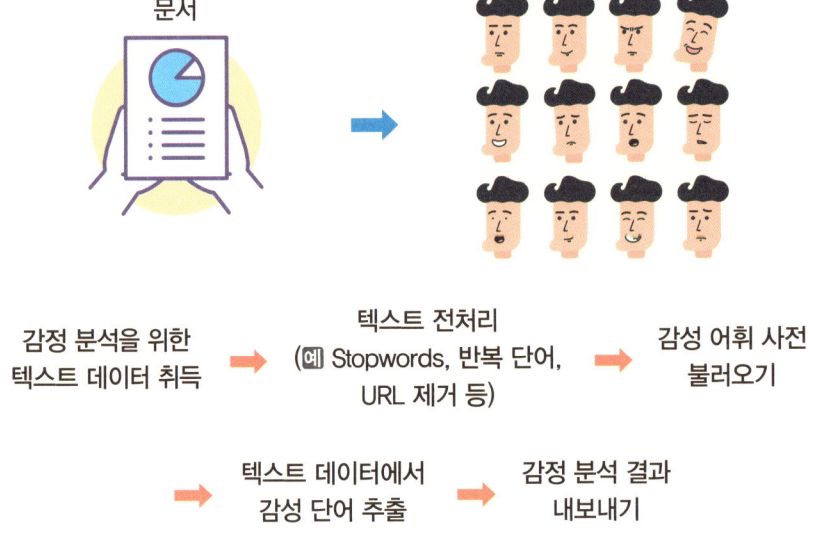

어휘 기반 감정 분석
- 단어에 대한 감성 어휘 사전 구축(감정 점수 레이블링)
- 특정 단어를 포함하고 있는지 살펴보며 감정 결과 판단

기계학습 기반 감정 분석
- 감성 어휘 그래프 이용
- 단어 사이의 거리를 기반으로 감성 점수가 확실한 단어와의 공간상 위치에 따라 나머지 단어의 감성 점수 측정
- 이후 반복적인 재학습을 통해 신뢰도 높이기

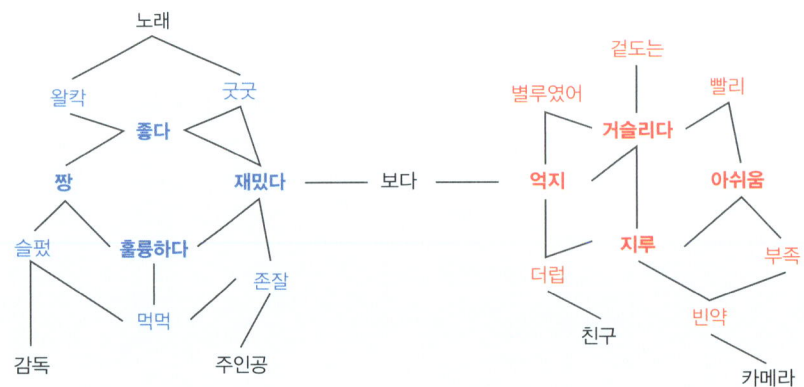

신경망 기반 감정 분석
- 문장을 이루는 단어를 구조화한 뒤, 각 단어를 구(Phrase)로 결합하며 감정이 어떻게 나타나는지 끊임없이 학습
- RNTN(Recursive Neural Tensor Network)이 대표적
- 이후 반복적인 재학습을 통해 신뢰도 높이기

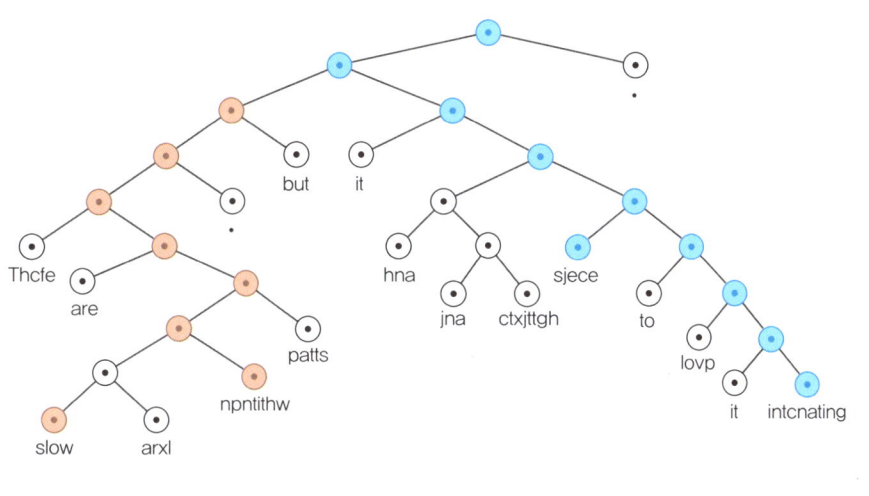

▲ 출처: Data Science by Yngie(https://yngie-c.github.io/nlp/2020/07/31/sentiment_analysis)

3 지도학습을 통한 텍스트 분류

지도학습에서는 텍스트를 분류하기 위한 분류 기준의 라벨(이름)이 미리 주어집니다. 라벨로 분류되어 있는 텍스트를 학습한 뒤, 학습한 결과를 토대로 새로운 텍스트가 어떤 라벨에 속할지 예측하게 됩니다.

지도학습

원하는 일정한 정답이 있을 경우,
입력 텍스트와 정답의 관계를 반복적으로 학습시켜
새로운 텍스트가 정답에 속할지 아닐지 예측하도록 하는 방법
➡ 주로 정답이 있는 문제를 다룰 때 사용

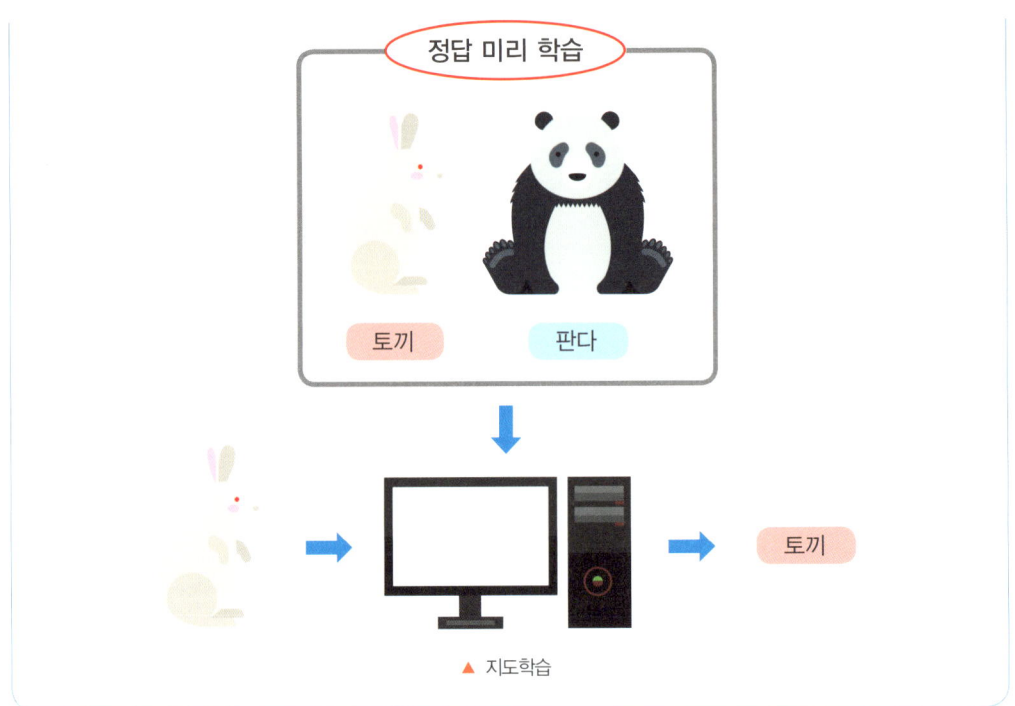

▲ 지도학습

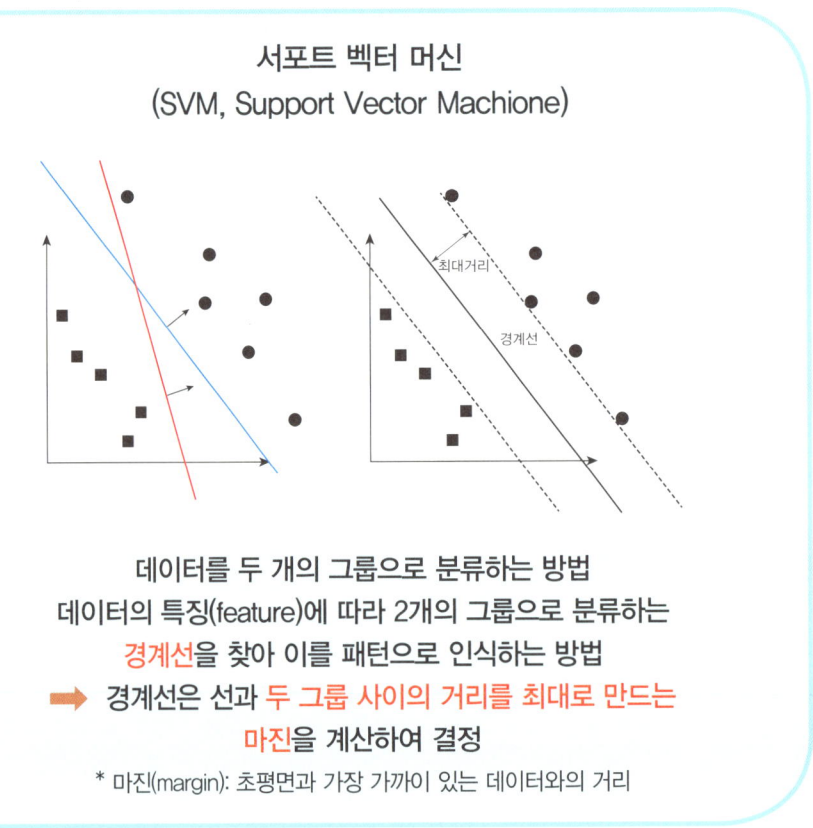

▲ 서포트 벡터 머신(출처: 이끼의 생각 티스토리(https://ikkison.tistory.com/53))

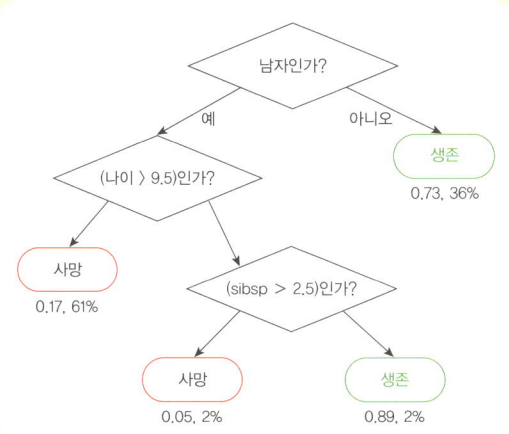

▲ 의사결정 트리(출처: Flaticon, 위키피디아-결정 트리 학습법)

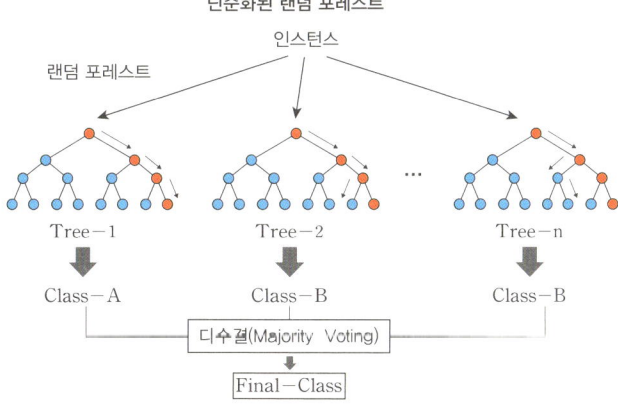

▲ 랜덤 포레스트 간단하게 알아보기(출처: Benedict 블로그(https://blog.naver.com/PostView.naver?blogId=sbd38&logNo=221373436623))

4 비지도학습을 통한 텍스트 분류

비지도학습은 지도학습과 다르게 미리 텍스트를 분류할 라벨을 주지 않습니다. 특정 기준 없이 많은 텍스트를 주고, 인공지능이 스스로 텍스트의 특성에 따라 비슷한 것들을 묶어 분류하도록 합니다.

비지도학습

- 정답이 주어지지 않은 상태에서 학습하는 방법
- 인간의 개입이 없는 데이터를 **스스로 학습**하여, 그 속의 **패턴** 또는 데이터 간의 **유사도**를 학습

K-Means 클러스터링(K-Means Clustering)

❶ 군집의 개수(K) 정하기
❷ 초기 중심점 설정
❸ 중심점 기준 데이터를 군집에 할당
❹ 중심점 재설정
❺ 데이터를 군집에 다시 재할당
❻ 중심점의 위치가 변하지 않을 때까지 재설정, 재할당 반복

▲ K-Means 클러스터링 쉽게 이해하기(출처: 아무튼 워라벨(https://hleecaster.com/ml-kmeans-clustering-concept/)

Lesson 2
키워드와 정보 추출

POINT 검색 창에서 주로 활용되는 추출 기능이란 무엇인지 알아보고, 텍스트 정보에서 추출 품질에 영향을 주는 자연어 처리에는 무엇이 있는지 살펴봅시다.

1 추출 기능

자연어 처리 작업에서 **추출**(Extraction)은 주로 문서의 큰 집합에서 핵심이 되는 작은 키워드나 문장을 뽑아내는 것을 말합니다.

(키워드)
핵심 단어
핵심 문장

예 검색 시스템, 자동 해시태그, 추천 시스템 등

2 추출 기능의 필요성

사람들은 지식, 지혜, 기술 등의 유산을 문자로 표현하여 기록하고 저장합니다. 이런 문자 정보의 양은 컴퓨터의 발달로 더 많은 양을 더 빠르게 저장할 수 있기에 급속도로 증가하고 있습니다.

> **여기서 잠깐**

2023년 기준 인터넷 사용 인구는 51억 6,000만 명

ITU와 GSMA Intelligence가 전 세계 인터넷 사용 수치를 산정한 결과 2023년 현재 전 세계 총 사용자 수는 51억 6,000만 명에 달합니다.

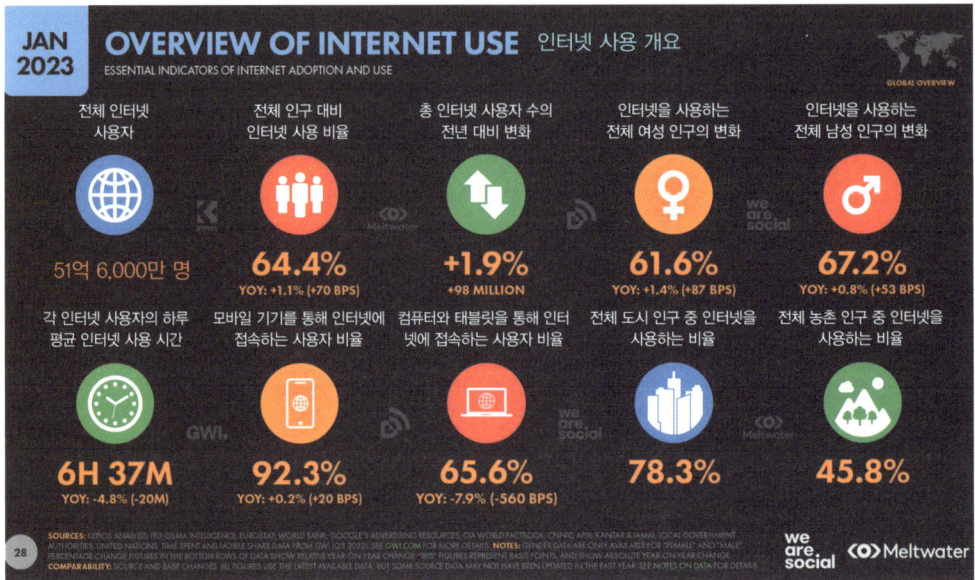

▲ 데이터리포털의 〈디지털 2023: 글로벌 개요 보고서〉 중 인터넷 이용 개요(출처: https://datareportal.com/reports/digital-2023-global-overview-report)

또한 세계이동통신사업자연합회(GSMA)의 〈모바일 이코노미 2023〉 보고서에 따르면 모바일 가입 및 보급률은 2022년 68%에서 2030년 73%로 높아질 것으로 예상됩니다.

스마트폰과 태블릿PC 등을 활용한 세계 모바일 인터넷 이용자 수는 2022년 44억 명에서 2030년 55억 명으로 증가할 전망입니다. 해당 기간 모바일 인터넷 이용자 성장률은 연평균 4.5%를 기록할 것으로 예상됐습니다. 전체 세계 인구 대비 모바일 인터넷 이용률은 2022년 55%에서 2030년 64%로 성장할 것으로 예상되어 더 많은 사람들의 손 안에서 더 많은 데이터가 생성되고, 오고 갈 것으로 보입니다.

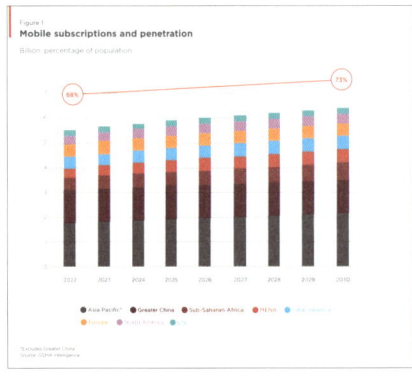 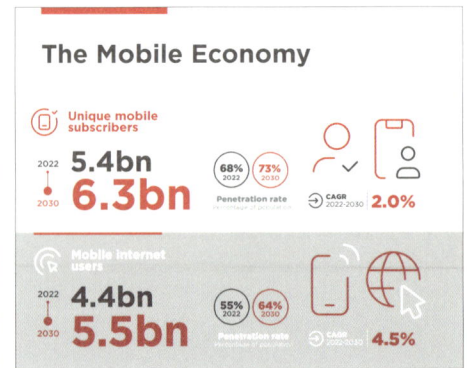

▲ GSMA의 〈모바일 이코노미 2023〉 보고서 중 '모바일 가입 및 보급률' 현황표(왼쪽)와 모바일 가입자 수, 모바일 인터넷 사용자 수에 대한 인포그램(오른쪽)

이제 정보는 저장하는 것보다 방대한 정보의 홍수 속에서 내가 원하는 데이터 혹은 내가 원하는 것과 관련 있는 데이터를 찾는 일이 중요해졌습니다. 수많은 사이트, 소셜 미디어에 퍼져 있는 구조화되지 않은 텍스트 데이터들 속에서 관련 있는 데이터들만을 찾아주고, 그 속의 지식과 정보를 추출하는 기술이 필요합니다.

텍스트 정보 시스템(Text Information System)

텍스트 정보 시스템이란?
사용자의 요구에 따라 대용량 데이터 속에서 관련 있는 데이터만을 검색하고, 그 속의 핵심만 추출하는 시스템

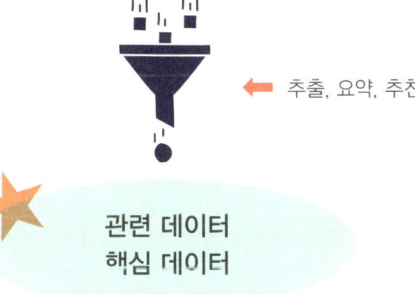

TextRank, BERT 등의 알고리즘을 통해 핵심 데이터 추출

▲ 출처: https://bygritmind.wordpress.com/2021/03/27/search_nlp/

TextRank 이용한 추출

TextRank 알고리즘이란?
대표적인 그래프 기반(graph ranking) 알고리즘

단어들 사이의 유사도를 점수를 매겨 벡터 공간 위에 연결성 표현

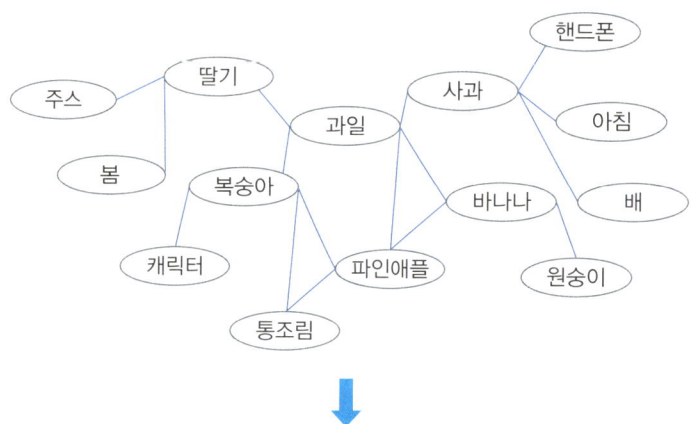

웹 페이지 사이의 연관성에 점수를 매겨 해당 웹 페이지가
검색어에서 가지는 중요도를 정의

다른 웹 페이지로부터 넘어오는 유입/링크가 많은 페이지 점수 부여
그 점수가 높은 중요 페이지로부터 유입/링크를 받는 경우 중요한 페이지

BERT를 이용한 추출

keyBERT란?
문서의 의미적 측면을 고려한 키워드 추출 기법
BERT 언어 모델 + 트랜스포머 라이브러리 사용

입력 문서를 고정 크기 벡터로 변환

입력 문서에서 키워드를 추출하여 동일한 고정 크기 벡터에 저장

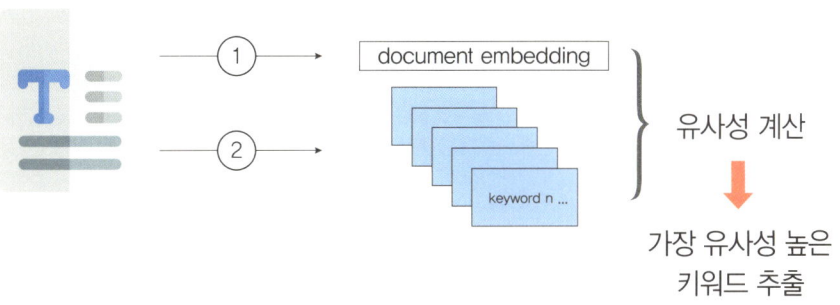

▲ keyBERT로 관련 키워드 추출하기(출처: 인사이트캠퍼스(https://insightcampus.co.kr)

3 검색 시스템

추출 기능을 활용한 가장 대표적인 시스템이 검색 시스템입니다. 그리고 우리가 정말 흔하게 사용하고 있는 시스템이기도 합니다. 검색 시스템 속에서 인공지능 자연어 처리 기술은 어떻게 적용되고 작동할까요?

> **검색 시스템 / 검색 엔진**
>
> **검색 시스템(Search System)이란?**
> 대용량 데이터 기반에서 신뢰성 있는 검색 결과를 제공하기 위해 검색 엔진을 기반으로 구축된 시스템
>
> **검색 엔진(Search Engine)이란?**
> 광활한 인터넷 정보의 바다에서 정보를 수집해 사용자에게 검색 결과를 제공하는 프로그램
> 검색 엔진의 알고리즘, 특성에 따라 제공되는 정보가 달라짐

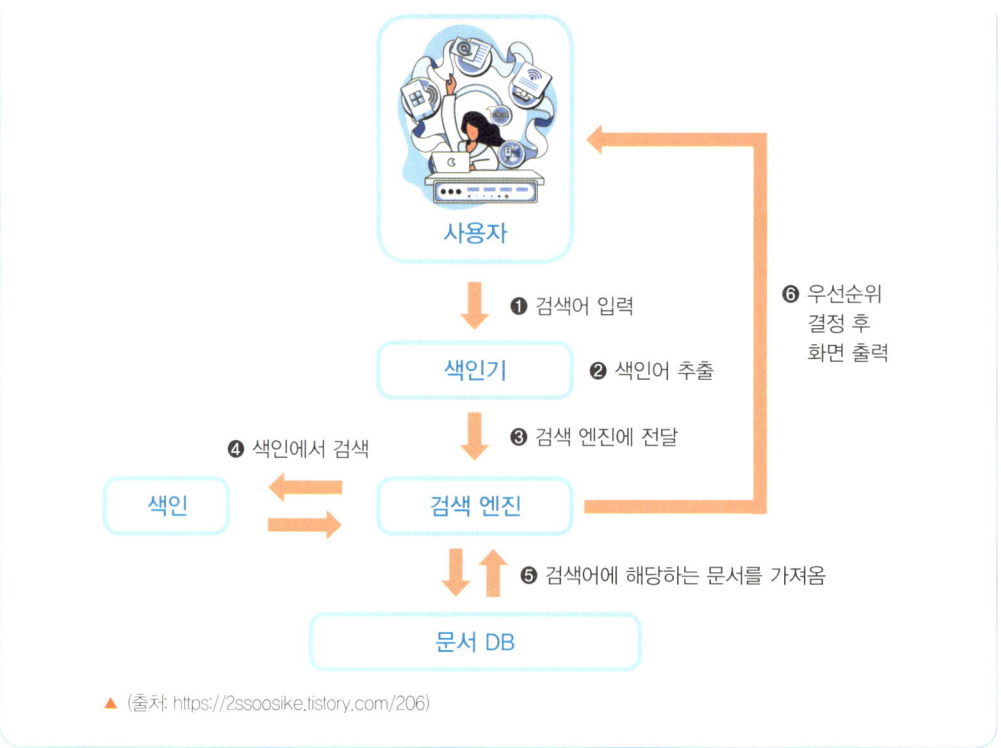

▲ (출처: https://2ssoosike.tistory.com/206)

더 나은 검색 시스템?

❶ 정확한 검색어

사용자가 검색어를 입력하는 단계에서 정확한 검색어 입력 필요(정확도)

중의어, 오타, 유사어 등은 분석하여 추천 검색어 제시

❷ 검색어 해석하기

자연어 처리를 통해 검색어의 의미를 1차로 해석

동일한 검색어(정보)가 포함된 정보, 자료, 웹 페이지 탐색하기

❸ SQL 생성, 실행하기

SQL(Structured Query Language)이란 관계형
데이터베이스의 관리를 위한 프로그래밍 언어
관계형 데이터베이스 시스템에서 자료의 검색과 관리를 가능케 함

관계형 데이터베이스를 통해 검색어의 특징을 이용한 검색
(동의어, 유의어, 유사어)
비정형 데이터의 추출과 검색 가능

자연어 처리의 기술의 발달과 이로 인한 더욱 정교한 추출 기능이 더 좋은 검색 시스템 결과를 만들게 됩니다.

Lesson 3
텍스트 요약

POINT 텍스트 요약이란 무엇인지 알아보고, 긴 텍스트에서 핵심 내용을 어떤 절차와 방법으로 간추릴 수 있는지 살펴봅시다.

1 텍스트 요약

텍스트 요약(Summarization)은 비교적 큰 원문 중에서 핵심 내용만 간추려서 작은 요약문으로 변환하는 작업입니다.

정보 과부하 시대

읽는 사람이 읽는 시간을 단축해서 핵심 내용만 빠르게 이해할 수 있다.

2 텍스트 요약의 종류

텍스트 요약에는 요약문을 어떻게 생성하는지에 따라 **추출적 요약**(Extractive summarization)과 **추상적 요약**(Abstractive summarization)이 있습니다.

추출적 요약(Extractive summarization)

원문에서 핵심 문장 혹은 키워드를 뽑아서 요약문을 만드는 방법

요약 결과의 문장, 구, 단어 전부 원문에 있는 문장들로 제한됨
(모델의 언어 표현 능력이 제한적)

대표적으로 기계학습 알고리즘 텍스트랭크(TextRank)

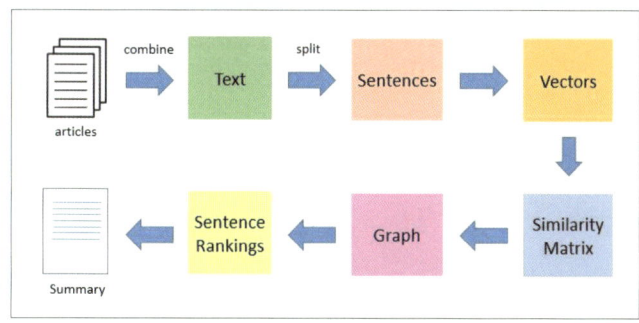

▲ 텍스트랭크 알고리즘의 흐름
(출처: https://www.analyticsvidhya.com/blog/2018/11/introduction-text-summarization-textrank-python/)

추상적 요약(Abstractive summarization)

원문에 없던 단어, 문장까지도 사용하면서
핵심을 요약해 새로운 요약문을 만드는 방법
➡ 사람이 요약하는 것 같은 방식

원문 데이터 외에 요약문 생성을 위한 기반 데이터 필요
(데이터 구성 자체의 부담이 있음)

Seq2Seq 모델이 대표적인 방식

요약하고자 하는 텍스트 문서의 수에 따라 그 종류가 나뉘기도 합니다.

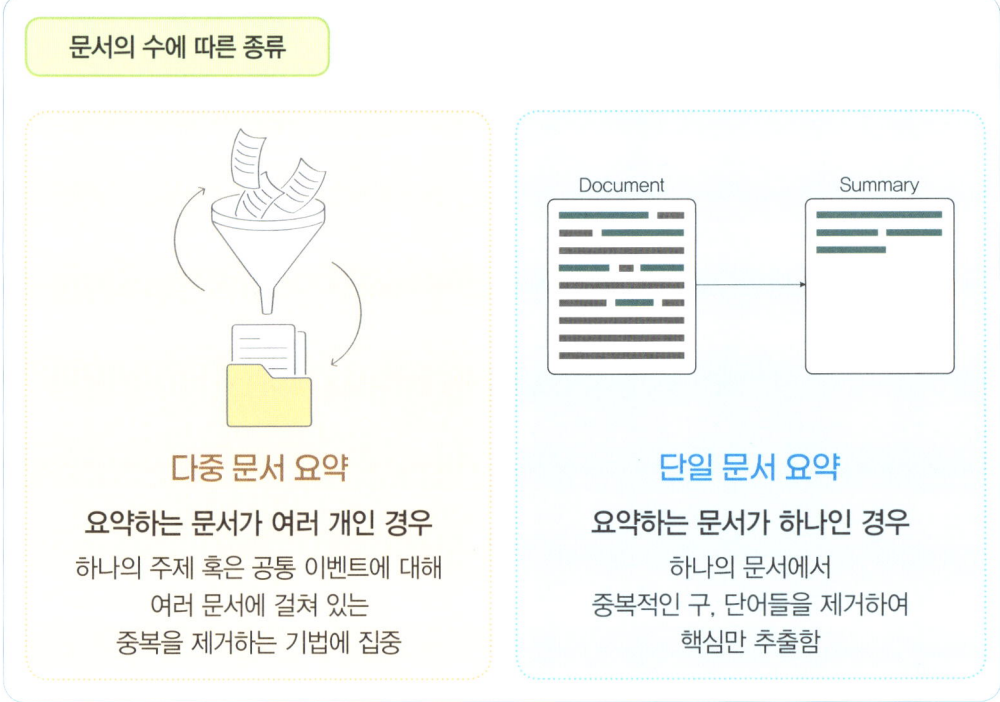

3 텍스트 요약 절차

텍스트를 요약하는 과정은 크게 주제를 추출하고, 그 주제를 해석하여 요약문을 생성하는 과정으로 이루어집니다. 각 과정을 조금 더 자세히 살펴봅시다.

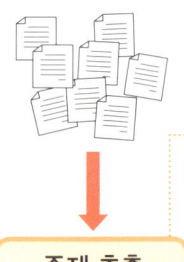

주제 추출

전체 텍스트에서 가장 텍스트 전체의 주제를 담은 문장을 추출하는 과정

❶ 단어의 빈도 수 → 텍스트 내에서 가장 빈도가 높은 단어가 포함된 문장
❷ 제목 → 제목에 사용된 단어가 포함된 문장
❸ 문장의 위치 → 제목, 문단의 처음 혹은 마지막 문장 등
❹ 실마리 단어나 구 → '따라서', '결론적으로' 등과 함께 쓰인 문장

해석

추출한 문장의 의미, 주제를 해석하고 의미를 통합하는 과정

❶ 묶을 수 있는 단어로 변경 → 고양이, 개, 사자, 호랑이 > 동물
엔진, 휠, 핸들, 계기판 > 자동차 부품
❷ 의미 간추리기 → 잠에서 깨서 세수를 하고 아침밥을 먹고 옷을 갈아 입고 준비물을 챙겨 학교에 갔다. > 준비해서 등교했다.

생성

전체 텍스트의 요약문을 생성하는 과정

❶ 추출된 구나 절을 적절하게 조합하여 요약문 생성(추출적 요약)
❷ 텍스트 전체의 주제를 설명한 단어, 구, 문장을 직접 재구성하여 요약문 생성(추상적 요약)

4 텍스트 요약 방법론

텍스트 요약을 하기 위해서는 중요한 문장들을 추출하는 과정이 필요합니다. 그렇다면 어떤 방법으로 그 문장이 중요한지, 중요하지 않은지 판단하고 추출할까요?

통계 기반 접근법

특정 단어의 빈도 등에 따라 중요도를 계산하여 문장 혹은 문단의 중요성을 판단하는 방법

특정 단어의 빈도/제목/문장의 길이/문장의 위치/실마리 단어나 구 등을 통계적 자질로 사용하여 문장 혹은 문단의 중요도 계산

주제 기반 접근법

주제와 관련된 부분만 간추리면 좋은 요약문이 될 것이라는 생각 기반

각 단어가 특정 주제를 얼마나 드러내는지 보여주는 Topic Signature 목록 생성
예 '파도', '염분', '밀물', '썰물'이 포함된 문장 → '바다'와 관련된 문장

주제의 Topic Signature 목록에 있는 단어가 포함된 문장에 중요도 부여

그래프 기반 접근법

텍스트 내의 단어 혹은 문장을 각각의 노드(node)로 설정
단어 사이, 문장 사이의 관계를 선(edge)으로 표현한 그래프를 분석

TextRank 알고리즘

전체 텍스트의 각 문장을 노드(node), 문장들 사이의 유사도를 엣지(edge)로 설정
문장의 중요도를 점수 매겨 상위 주요 문장 N개를 골라내어 요약 결과 도출

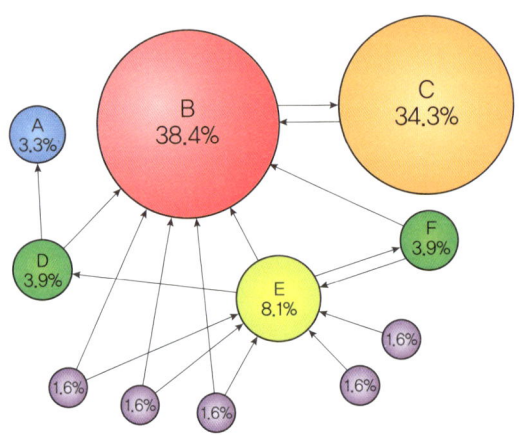

▲ Pagerank 알고리즘 개요도. 백분율은 인식된 중요성을, 화살표는 하이퍼링크를 나타낸다(출처: https://en.wikipedia.org/wiki/PageRank).

> **기계학습 기반 접근법**
>
> 수많은 문장을 입력으로 받아 중요한 문장, 중요하지 않은 문장 라벨링
>
>
>
> 새로 입력받은 문장이 중요한지 분류
>
>
>
> 지도학습 → SVM, 나이브 베이즈(Naive Bayes), 의사결정 트리 등의 분류기 사용
>
>
>
> 비지도학습 → 클러스터링, 은닉 마르코프 모델 등이 시도되고 있음

5 텍스트 요약이 잘 되었는지 판단하기

우리가 요약 정리를 한 뒤 핵심이 빠지진 않았는지 확인하듯 컴퓨터 혹은 인공지능을 통해 텍스트를 요약한 뒤에도 잘 요약되었는지 확인이 필요합니다. 어떻게 확인할 수 있을까요?

> **텍스트 요약 평가하기**
>
> **사람이 직접 평가하기**
>
> 제일 정확한 것은 기계가 요약한 내용을 여러 사람이 직접 읽고 점수 매기기
>
>
>
> 사람마다 기준이 다를 수 있음
>
>
>
> 여러 컨퍼런스에서 표준 평가 기준 제시
> - DUC → 요약문이 원문을 얼마나 넓게 다루는가(coverage)
> - TAC → 문법 적합성, 비중복성, 정보 통합 여부, 구조, 일관성 등이 기준

자동 평가법

항상 사람이 매번 결과를 평가하는 것은 현실적으로 어려움

자동 평가 방법 제시됨
대표적으로 ROUGE(Recall Oriented Understudy of Gisting Evaluation)
= 텍스트 요약 모델 성능 평가 지표

모델이 생성한 요약본을 사람이 미리 만든 참조(정답) 요약본과 대조하여
모델의 성능 점수 계산

- 요약 모델: 고양이의 꼬리는 기분을 나타낸다.
- 협조 요약(사람): 고양이의 꼬리는 기분과 관련된다.
  겹치는 단어 = 3, 전체 단어 = 4, 성능 지표 = 0.75

Lesson 4
대화형 에이전트

POINT 챗봇, 스마트 어시스턴스, 인공지능 스피커 등으로 우리 생활 주변에 자리잡은 대화형 에이전트 기술에 대해 알아보고, 그 속의 인공지능 모델과 알고리즘에 대해 살펴봅시다.

1 대화형 에이전트

대화형 에이전트란 인간의 언어로 컴퓨터와 대화할 수 있는 대화 시스템을 말합니다. 흔히 텍스트 메시지로 대화하는 챗봇과 실제 말로 대화하는 음성 인식 시스템이 있습니다.

목적 지향 대화 에이전트(Task-oriented dialog agent)
사용자가 대화하는 목적이 분명하게 있고,
컴퓨터와의 대화를 통해 목적을 성취해 내는 것이 목표인 대화 에이전트(예시, 예약, 수강 신청 등)

자유 주제 대화 시스템(Open domain dialog agent)
대화 그 자체가 목적이자 목표인 대화 에이전트
정답이 없는 대화

2 챗봇

챗봇(Chatbot)은 일상 언어로 사용자와 대화할 수 있는 채팅 컴퓨터 프로그램입니다. 챗봇은 사용자와의 대화를 통해 정보를 제공하거나, 대화 자체를 제공하는 등 특정한 작업을 수행하도록 제작됩니다.

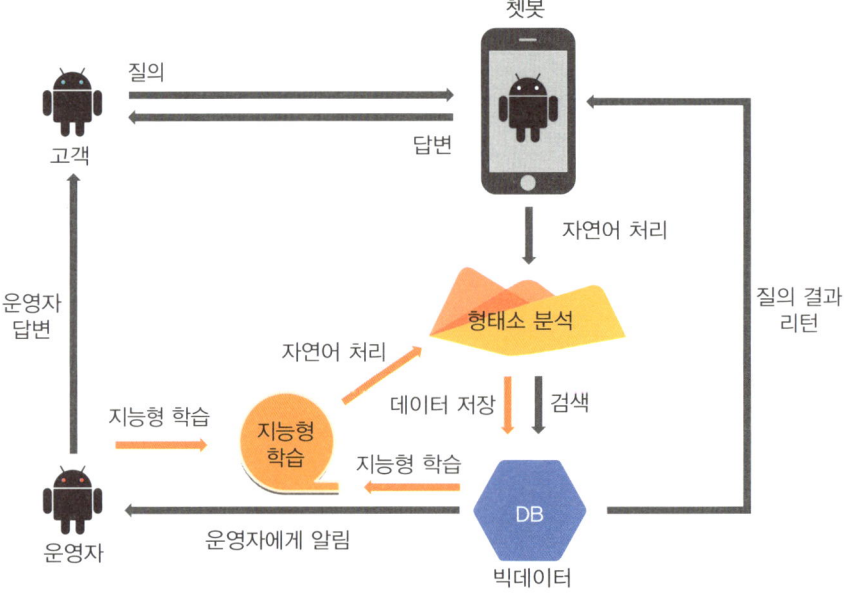

▲ 지능형 챗봇 개념도(출처: 팬시업소프트(https://www.fancyupsoft.com))

3 챗봇 자연어 처리 모델

챗봇을 작동시키는 데 사용할 수 있는 모델로는 검색 모델과 생성 모델 두 가지의 인공지능 모델이 있습니다. **검색 모델**(Retrieval-based model)이란 사용자의 질문에 대한 대답을 미리 작성한 뒤, 프로그램이 적절한 답변을 검색하여 그대로 답하는 모델입니다. **생성 모델**(Generative model)은 빅데이터를 기반으로 대화를 학습한 뒤, 학습한 내용을 기반으로 답변을 생성하여 제공하는 모델입니다.

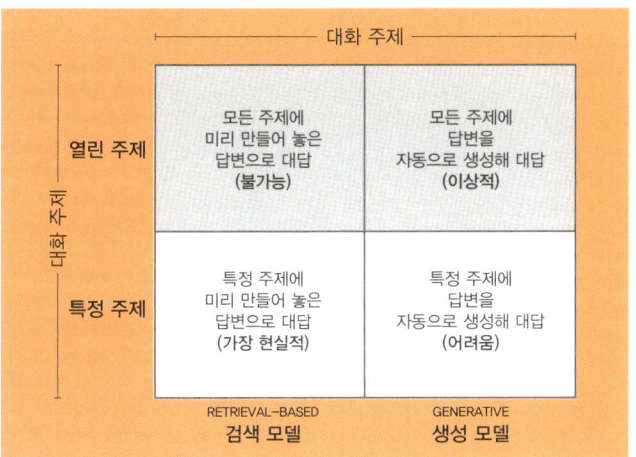

▲ 챗봇을 만들기 위한 두 가지 AI 모델(출처: 젠틀파이 제이미 브런치(https://brunch.co.kr/@gentlepie/18))

주로 특정 주제에 대해 고정된 질문과 답변이 오가야 하는 챗봇은 검색 모델, 다양하고 넓은 범위의 질문과 답변이 처리되어야 하는 챗봇은 생성 모델을 사용하게 됩니다.

검색 모델

사용자의 질문 내용, 맥락을 미리 예상해 답변을 만들어 두고,
사용자의 질문의 의도에 적절한 응답을 검색하여 고르는 방식

질문과 답변 쌍 예상해서 만들기

인공지능이 사용자의 질문에서 의도 파악, 키워드 파악

질문의 의도와 키워드에 맞는 답변을 검색하여 제공

＋
질문에 대한 명확한 답변 제공 가능
기존의 FAQ를 활용해
쉽게 구축 가능
문법에 맞는 답변 가능

－
미리 준비되지 않은 Q&A 쌍 외에는
답변 불가능
정확한 키워드가 없는 질문 시
답변 불가능

생성 모델

> 빅데이터로 모델에게 다양한 질문과 답변을 학습시켜
> **사용자의 질문에 맞는 새로운 답변을 생성하는 모델**

다양한 지식, 질문과 답변으로 구성된 데이터베이스 구축

인공지능이 지식과 질문과 답변의 패턴 분석, 학습

질문에 맞는 새로운 답변을 유기적으로 조합, 생성하여 제공

+ 정해진 질문이 아니더라도 답변 가능
(유연한 질문, 답변 처리)
진짜 대화를 하는 느낌을 줌

− 모델과 데이터베이스 구축의 어려움
문법에 맞지 않는 답변 가능

4 음성 인식 시스템

음성 인식이란 사람의 음성을 컴퓨터가 이해할 수 있는 형식으로 처리하는 기술입니다. 이는 자동 음성 인식(ASR, Automatic Speech Recognition), 컴퓨터 음성 인식 또는 음성-텍스트 변환(Speech-To-Text)라고도 불립니다. 즉, 음성 인식 기술은 사람의 목소리가 아닌 사람이 음성으로 말하는 내용을 데이터로 삼아 이를 처리하고, 학습하여 이해 및 생성하는 기술이라고 할 수 있습니다.

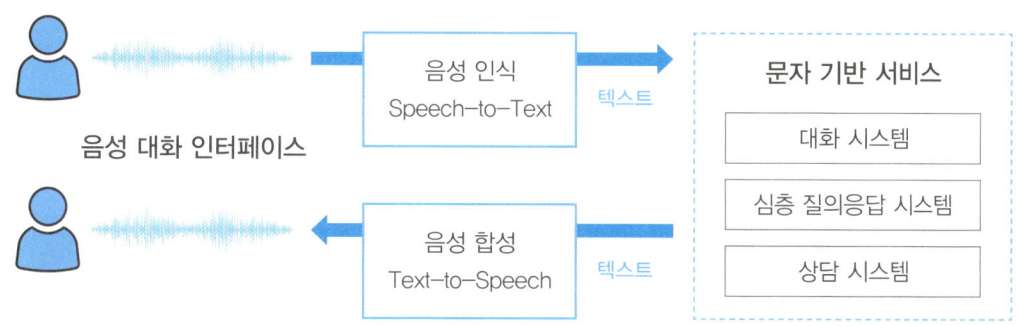

▲ 한국어 음성인식(출처: lswcharming님의 블로그(https://m.blog.naver.com))

▲ 음성 인식과 음성 합성 기술을 활용한 AI 대화 서비스 구동 과정(출처: 3df.co.kr/aichatting)

5 음성 인식 자연어 처리 모델

음성 인식 기술에서는 사용자가 전하는 '말의 내용'을 더욱 잘 '이해'하고, 다시 그것에 대한 답변을 더욱 잘 '생성'하기 위해 음향 모델과 언어 모델로 다양한 인공지능 모델을 적용합니다.

심층 신경망 기반 음성 인식 학습의 기본 진행 방향

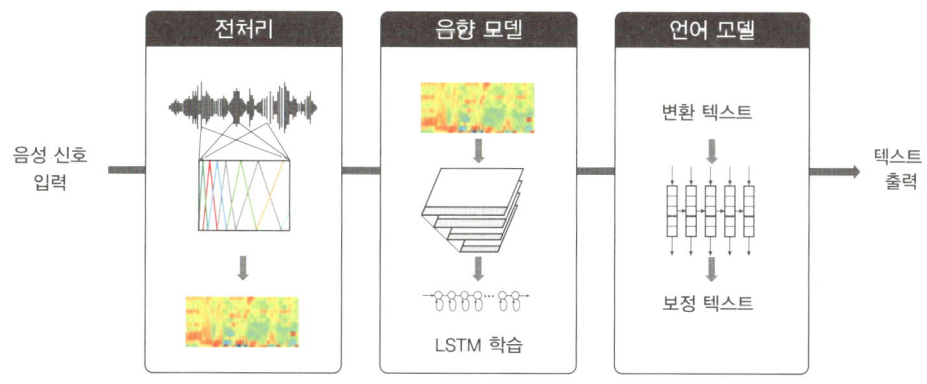

음향 모델(Acoustic model)

사람의 음성을 구성하는 음파의 형태, 목소리의 크기 변화 등을 학습하여
해당 소리가 어떤 음소를 나타내는 소리인지 학습하는 모델

대표적으로 은닉 마르코프 모델(HMM)이 과거에는 GMM-HMM(은닉 마르코프-가우시안 혼합 모델, Hidden Markov Model with Gaussian Mixture Models)**으로, 최근에는 DNN-HMM**(심층 신경망 하이브리드 모델, Hybrid Deep Neural Network-Hidden Markov Model)**으로 사용됨**

은닉 마르코프 모델(Hidden Markov Model)

화자가 상황에 따라 특정 음소를 길게 발음할 수도,
짧게 발음할 수도 있는 점을 고려한 모델

특정 문자열로부터 도출된 음성 신호(음파) 입력

목표는 관측 가능한 값(음성)이 주어지면,
확률로 해당 음성 신호가 어떤 음소일 가능성이 클지 계산하는 것

동일한 은닉 상태를 반복하여 각 음소 발음 길이 고려하여 학습 및 추론

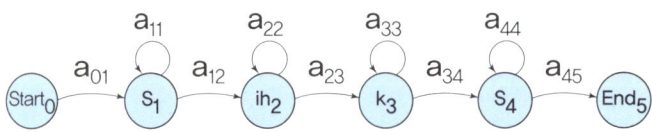

▲ 4개의 방출 상태, 2개의 비방출 상태 및 전이 확률 A로 구성된 단어 six에 대한 은닉 마르코프 모델(HMM). (관찰 확률 B는 표시되지 않음.)

어떤 모델을 사용하든
언어별로 다양한 나이, 성별, 목소리 타입의 화자 음성 데이터가 필요하며
이것이 모델의 성능 좌우

언어 모델(Language model)

방대한 텍스트 중 단어들 간의 관계를 확률로 계산하여,
어떤 단어가 다음에 나올 확률이 높은지 예측하는 모델

"밤하늘의 별을 봐."라는 음성이 들어왔을 때
'별', '벌', '벼' 등 발음이 비슷한 것들 중
문맥과 단어 사이의 관계성이 높은 '별'로 인식하는 결과 추측

6 새로운 대화형 AI의 등장

대화형 챗봇의 자연어 처리 모델은 생성 모델로, 가장 최근 이슈가 되었던 ChatGPT를 구성하고 있는 GPT 모델이 대표적입니다. 거대 언어 모델(LLM, Large Language Models)이 방대한 양의 대규모 텍스트 데이터를 학습하며 빠르게 발전하고 있고, 이는 대화형 챗봇 인공지능의 성능을 향상시키고 있습니다. 그리고 생활 속 인공지능 활용의 더 넓은 가능성을 보여줍니다.

GPT-3 (Generative Pre-trained Transformer 3)

오픈AI가 개발한 언어 모델인 GPT 3세대 모델
3,000억 개의 데이터셋으로 1,750억 개의 파라미터를 활용하여 학습

학습한 데이터셋을 바탕으로
주어진 단어나 문장 뒤에 이어질 단어를 예측하여 문장을 구성하는 방식

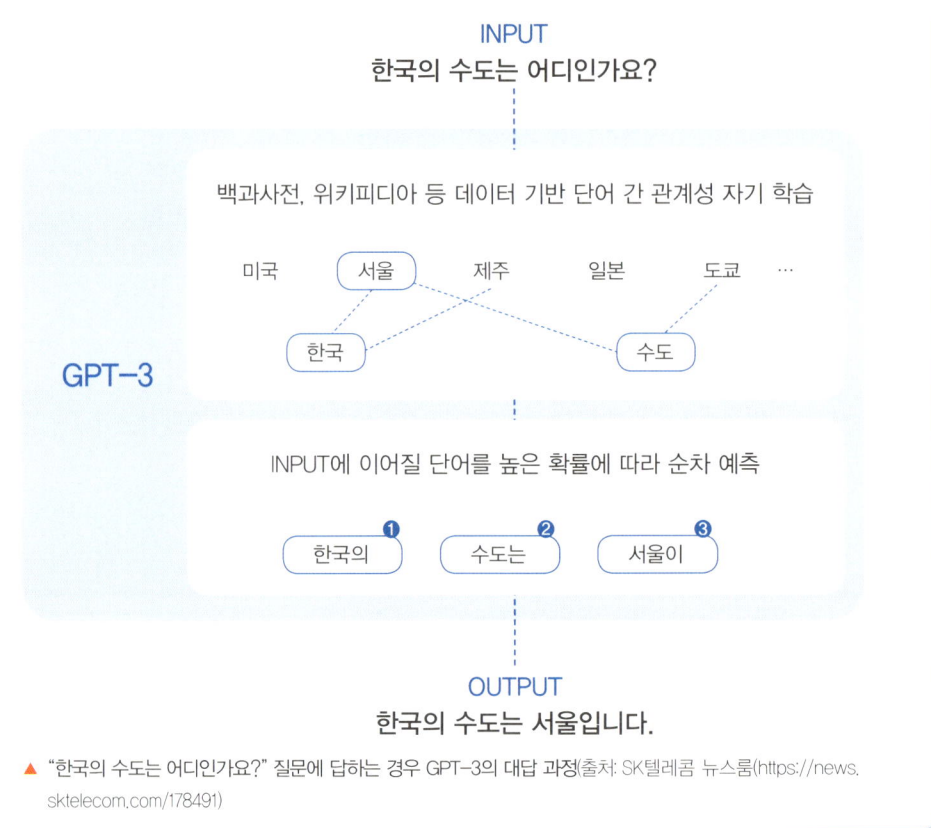

▲ "한국의 수도는 어디인가요?" 질문에 답하는 경우 GPT-3의 대답 과정(출처: SK텔레콤 뉴스룸(https://news.sktelecom.com/178491)

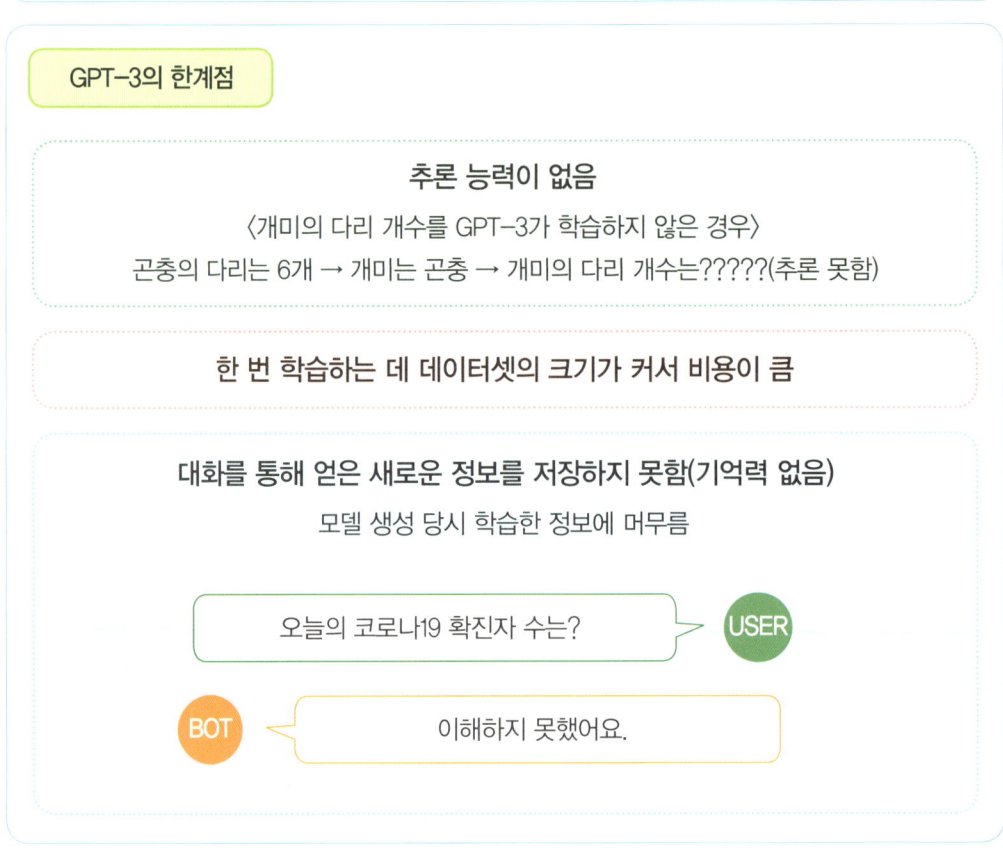

GPT-4.0

오픈AI에서 개발한 가장 진보된 자연어 처리 모델

특징

❶ **멀티모달(multimodal) 도입**: 자연어 이해를 넘어 이미지 인식·이해를 처리하고 그에 대한 답변을 자연어로 생성 가능

　예 그래프 그림을 해석하여 답을 구할 수 있음

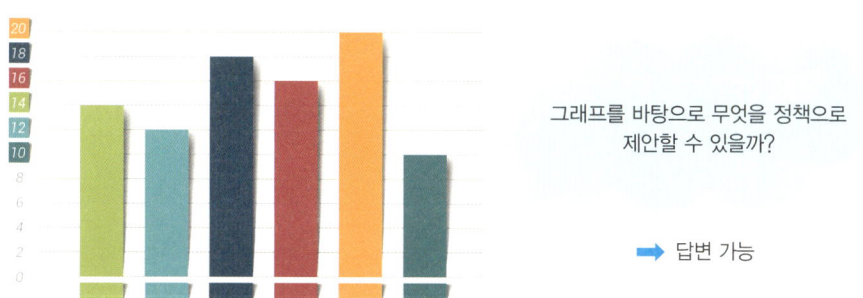

그래프를 바탕으로 무엇을 정책으로 제안할 수 있을까?

➡ 답변 가능

❷ **더 정교한 자연어 이해·출력 능력**: 기존 GPT-3.5에서 한 번에 영어 3,000개 단어 처리가 가능했다면, GPT-4.0에서는 2만 5,000개 단어 처리 가능

❸ **정확성, 창의성 향상**: 답변의 정확도가 GPT-3.5보다 40% 이상 개선되고, 더 창의적인 시나 소설, 이야기 등의 창작 가능

한계

여전히 존재하는 오류 가능성: 할루시네이션(Hallucination, 환각)으로 일컬어지는 인공지능이 오류가 있는 데이터를 학습해 틀린 답변을 맞는 답변처럼 제시하는 현상의 가능성이 여전히 존재함.

중국의 '우다오 2.0'과 메타의 '블렌더봇 3'

우다오(WuDao, 悟道) 2.0

2021년 6월 1일 베이징즈위안(智源)인공지능연구원이 발표한 초대규모 지능 모델
1조 7,500억 개의 매개변수를 수만 개의 CPU에서 사전학습(챗GPT-3의 10배)
범용 인공지능의 가능성 보여줌

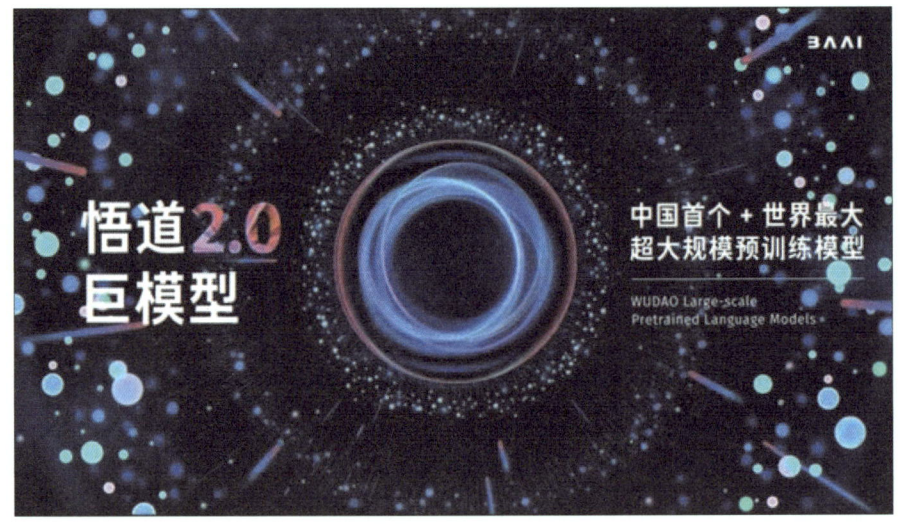

▲ 우다오 2.0 스크린샷(출처: 중국 베이징 인공지능 아카데미(BAAI))

블렌더봇(BlenderBot) 3.0

검색 증강 생성 모델 기반(Retrieval Augmented Generation, RAG 모델)

❶ 장기 기억 저장 가능

⬇

- 사용자와의 대화 중 수집한 정보 취합, 저장
- 저장된 지식을 지속적인 대화에 활용

❷ 상황에 맞는 인터넷 검색 및 정보 통합

⬇

- 변화하는 세상에서 항상 최신 상태로 유지 가능

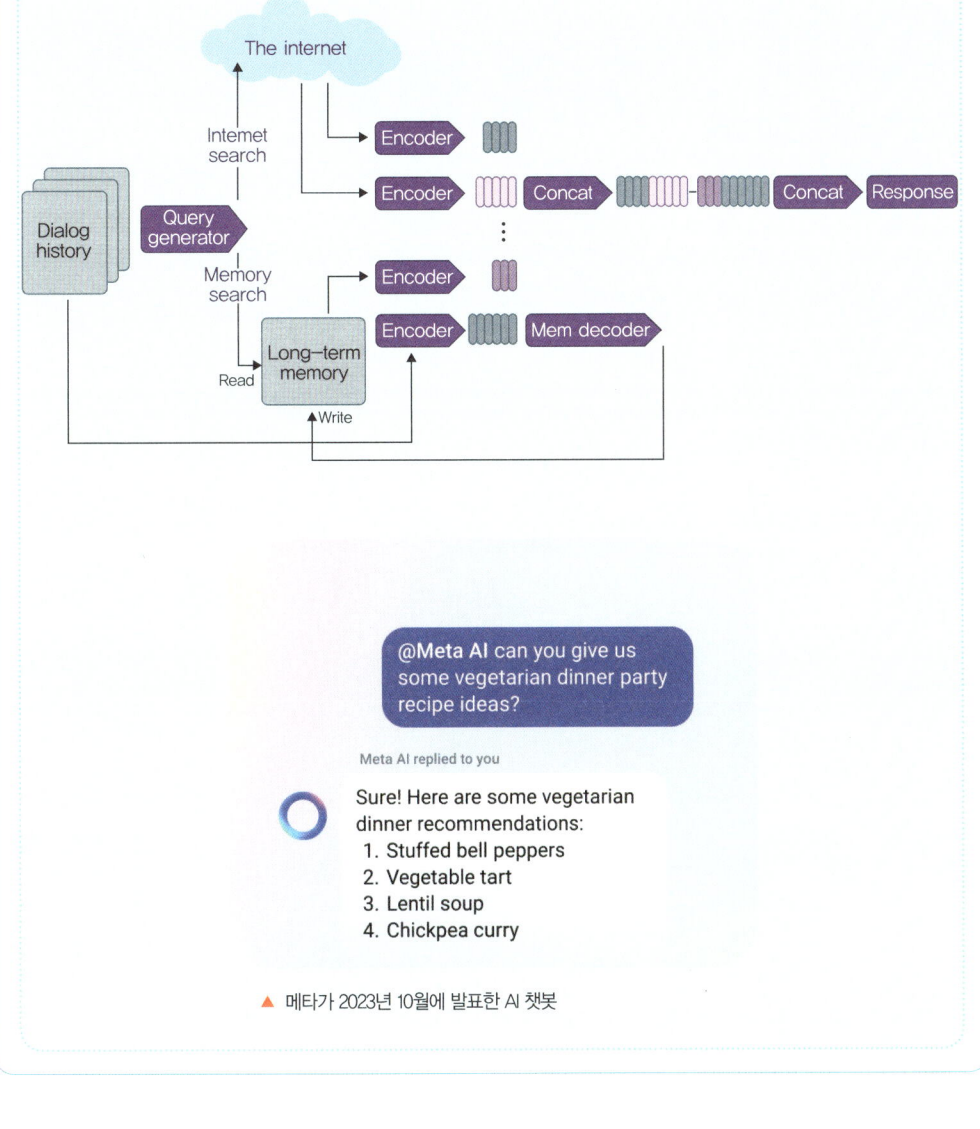

▲ 메타가 2023년 10월에 발표한 AI 챗봇

Lesson 5
기계 번역

POINT 기계 번역이 무엇이며, 어떤 발전 과정을 거쳐 지금의 인공 신경망 기반까지 오게 되었는지 알아보고, 기계 번역 기술이 사람들의 생활 속에 어떻게 활용되는지 살펴봅시다.

1 기계 번역이란?

기계 번역(Machine Translation, MT)은 사람들이 사용하는 자연어를 컴퓨터로 다른 자연어로 번역하는 것입니다.

 번역의 일관성, 통일성, 빠른 처리 속도

 자연스러움의 부족,
신조어 혹은 자주 사용하지 않은 단어 등 처리 불가능

기계 번역은 기술의 발전으로 인공지능 기반 기계 번역까지 빠르게 성장하고, 이제 우리의 일상생활에서 자연스럽게 활용되고 있습니다.

2 기계 번역의 역사

기계 번역은 1950년대 들어 등장한 개념입니다. 전 세계에 있는 수많은 언어를 시간을 들여 익히지 않고도 컴퓨터만으로 번역하여 언어의 장벽 없이 소통할 수 있기를 바라며, 많은 연구자들이 고민하고 시행착오를 겪으며, 지금까지 발전해 왔습니다.

규칙 기반 기계 번역

직접적인 기계 번역

❶ 직접적인 기계 번역(Direct Machine Translation)
원문을 규칙(문법 규칙)에 따라 번역문으로 바꾸는 번역 방법
정해진 단어 배열, 어법 등의 문법 규칙에 따라 시스템이 번역 결과 산출
- 단점: 한국어, 영어, 중국어 등 각 언어의 규칙 모두 필요

중간 언어 기계 번역

중간 언어 기계 번역(Interlingual Machine Translation)
원문과 번역문 사이에 중성 언어를 활용해 번역문을 만드는 번역 방법

A 언어 → 중성 언어 → B 언어

※ 중립적 언어(Neutral Language): 각 언어를 모두 포함하는 가상의 언어

- 장점: 번역의 정확성이 비교적 높음
- 단점: 개발 과정에서 언어학자가 중심이 되어야 규칙 구축 가능
  모든 언어 규칙을 구축하는 시간과 비용이 높음

말뭉치 기반 기계 번역

예시 기반 기계 번역

❷ 예시 기반 기계 번역 (Example-based Machine Translation)
번역한 원문과 번역문 정보를 저장 후 동일한 번역 요청 시 이전에 저장한 정보를 활용하는 번역 방법
- 단점: 수정한 단어에 대한 정보(동의어, 반의어 관계 등) 입력, 저장 필요함

통계 기반 기계 번역

통계 기반 기계 번역 (Statistical Machine Translation, SMT)
원문의 각 단어 혹은 구절이 대응될 확률이 가장 큰 번역문을 선택하는 번역 방법

- 장점: 시스템이 자동으로 번역 방법을 익혀 구축이 용이함
- 단점: 모델 구축 전에 충분한 데이터 축적 필요
  두 언어의 어순이 다른 경우 배열하기 어려움(통계)

인공 신경망 기반 기계 번역

❸ 인공 신경망 기반 기계 번역 (Neural Based Machine Translation)

원문 → 임베딩(벡터화) → 번역문

임베딩 과정에서 단어, 어순, 문법 포함 통계 기반과 다르게 원문을 쪼개지 않고 연속적으로, 전체적으로 번역 진행

- 장점: 역 번역으로 스스로 학습 디노이징으로 스스로 분석해 정확도 스스로 개선 가능
- 단점: 모델 구축(인공 신경망 훈련)에 시간과 자원 많이 소모됨
- 역 번역(Back Translation): 원문에서 나온 번역문을 다시 원문 언어로 번역하여 번역의 정확도를 확인하는 작업
- 디노이징(Denoising): 책 번역 과정에서 문장에 단어 등을 추가하여 원문 언어로 번역해 봄으로써 유사성을 분석하고 정확도를 개선하는 작업

3 인공 신경망 기반 기계 번역

인공지능 신경망 기반 기계 번역은 최근 인터넷에서 사용하는 대부분의 번역 시스템에서 사용되는 방식입니다. 구체적으로 어떤 과정을 통해 작동하는지 알아봅시다.

> **인공 신경망 기반 기계 번역(NMT)**
>
> 인공 신경망 기반은 번역 메모리로 학습한다는 점에서 통계 기반과 유사
>
>
>
> 그러나! 딥러닝, 빅데이터로 더 많은 학습 데이터를 통해 인공 신경망을 구축함
> 문장 단위로 통째로 번역하여 문맥을 읽음 차이점이 더 큼
>
>
>
> **번역 인공 신경망 구축 기본 단계**
>
> ❶ 원문과 번역문 입력
> ❷ 원문과 번역문을 비교하여 번역문을 산출하는 최적의 가중치 학습
>   (초반에는 지도학습 → 이후 스스로 기계학습)
> ❸ 위의 과정 반복하여 최적의 번역 모델 생성
>
>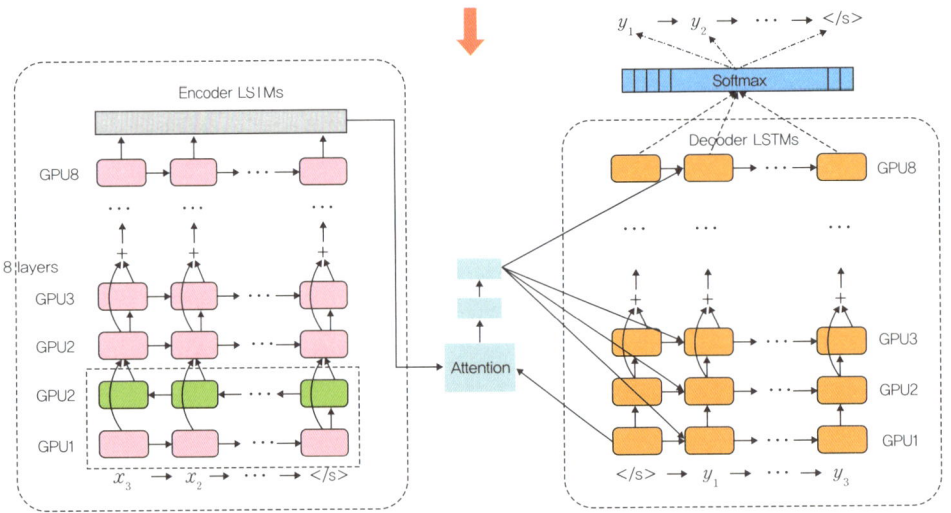
>
> 예 구글 신경망 기계 번역 구조
> - 인코더(Encoder): 원문 해석, 처리(원문을 읽어 입력하는 부분)
> - 디코더(Decoder): 번역문 처리(번역문을 생성하는 부분)
> - 인코더와 디코더는 여러 개의 층(layer)으로 구성되어 반복적으로 특징 추출, 학습

▲ 구글 신경망 기계 번역 시스템의 구조(경희대학교 대학원보(https://khugnews.co.kr))

4 기계 번역의 활용

인공지능 신경망을 기반으로 한 기계 번역은 매년 그 성능이 개선되고 있습니다. 이에 이런 번역 서비스에 대한 수요도 증가하고, 이 데이터들을 기반으로 신경망 기계 번역은 계속 발전할 것입니다. 현재 기계 번역 서비스를 어떻게 제공하고 있을까요?

다양한 기계 번역 서비스

언어의 장벽을 허무는 기술

인공 신경망 기반 기계 번역의 발달로 번역 프로그램 고도화

⬇

번역의 정확도가 높아지고 있음

⬇

다양한 서비스를 제공하며 언어의 장벽을 허물기 위해 활용되고 있음

외국어 번역기

미국	한국	독일
Google Translate	papago	DeepL
▲ 구글 번역	▲ 네이버 파파고	▲ 딥엘

- 외국어 번역기 서비스 제공
- 구글 번역(100개 이상), 파파고(16개), DeepL(32개) 언어 번역 제공
- 문서, 웹 사이트 전체를 번역 가능
- 외국어 발음 듣기 가능

구글 번역

Lesson 5 기계 번역 151

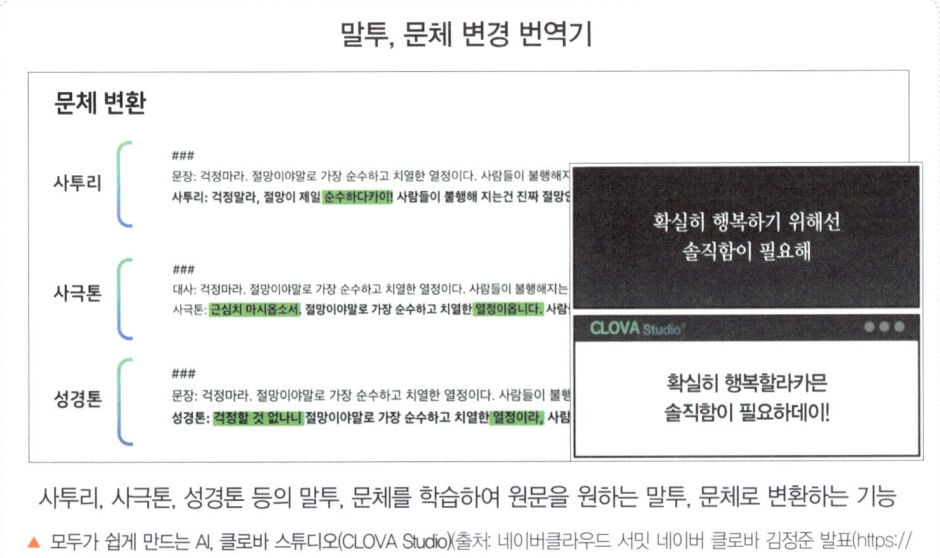

사투리, 사극톤, 성경톤 등의 말투, 문체를 학습하여 원문을 원하는 말투, 문체로 변환하는 기능

▲ 모두가 쉽게 만드는 AI, 클로바 스튜디오(CLOVA Studio)(출처: 네이버클라우드 서밋 네이버 클로바 김정준 발표(https://blog.naver.com/n_cloudplatform/222618139825)

5 한 단계 더 나아간 번역 시스템의 필요성

인공지능 신경망 기반 기계 번역의 등장과 발전, 활용 덕분에 다양한 기계 번역 서비스가 이용 가능해졌고, 정확도가 높아졌습니다. 그러나 아직 컴퓨터를 활용한 기계 번역은 완벽하다 볼 수 없습니다. 더 나은 번역 시스템을 위해 어떤 노력들이 이루어지고 있을까요?

인공 신경망 기반 기계 번역

↓

What's next?

다국어 번역을 위한 인공 신경망

여러 언어의 번역 쌍을 하나로 모아 학습
예) 영어-한국어, 한국어-영어, 중국어-영어, 영어-중국어 등

↓

언어의 보편적 구조, 의미 정보를 귀납적으로 학습

↓

구글의 제로샷 번역(Zero-shot NMT)
바이두의 다중 작업 학습(Multi-task learning) 등

귀납

학습		번역 가능
영어 → 일본어 일본어 → 영어 영어 → 한국어 한국어 → 영어	전이 학습 transfer learning →	영어 → 일본어 일본어 → 영어 영어 → 한국어 한국어 → 영어 한국어 → 일본어 일본어 → 한국어

Chapter 4

거대 언어 모델(LLM)과 생성형 AI

Lesson 1 거대 언어 모델(LLM)의 시대
Lesson 2 오픈AI의 챗GPT
Lesson 3 마이크로소프트의 빙(Bing) AI
Lesson 4 구글의 제미나이(Gemini)
Lesson 5 메타의 라마(LLama)
Lesson 6 하이퍼클로바(HyperCLOVA) X
Lesson 7 멀티모달과 언어
Lesson 8 LLM의 윤리적 이슈
Lesson 9 자연어 처리와 함께하는 미래

Lesson 1

거대 언어 모델(LLM)의 시대

POINT

자연어 처리는 빠르게 발달하여 이제 거대 언어 모델(LLM)의 시대가 열렸습니다. 거대 언어 모델이 무엇인지 살펴보고, 언어를 이해하고 생성하는 기계의 능력에 어떤 변화가 찾아왔는지 알아봅시다.

1 거대 언어 모델 (LLM)

최근 오픈(Open)AI의 ChatGPT가 월간 사용자 1억 명을 두 달 만에 달성하며 뜨거운 관심을 받았습니다. ChatGPT와 같은 거대 언어 모델 또는 거대 언어 모델은 인간의 언어를 이해하고 생성하는 기계의 능력에 커다란 변화를 가져왔습니다.

거대 언어 모델(Large Language Model, LLM)이란, 인간과의 대화 과정에서 자연어를 더 잘 이해하고 자연스럽게 생성하기 위해 수많은 파라미터를 통해 방대한 양의 텍스트 데이터에 대해 훈련된 인공 신경망으로 구성되는 언어 모델입니다.

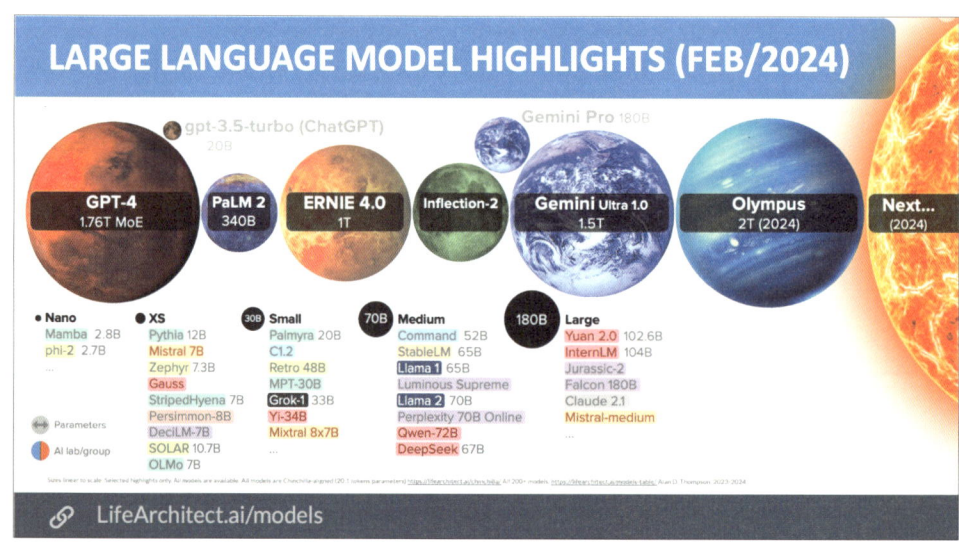

▲ 거대 모델 사이즈 주요 장면(2024년 2월 기준, 출처: LifeArchitect.ai/models)

높은 성능을 위해서 일반적으로 수십억 웨이트 이상의 파라미터를 보유하고 있습니다. 그리고 거대 언어 모델의 훈련 데이터 역시 거대합니다. 대량의 뉴스, 논문, 위키피디아 등의 텍스트 데이터를 수집하여 학습용 코퍼스를 구성하고, 그 크기는 수천억 개 이상의 토큰에 이릅니다.

표. 2023년 6월까지의 최대 데이터셋 추정치

#	Lab	Dataset	Size (TB)	Tokens (trillion)	Notes
1	Google	Piper monorepo	86TB	37.9T	DIDACT, code only. From 2016 paper.
2	OpenAI	GPT-4	40TB	20T	1T model ∴ 20T tokens. gdb said 40TB.
3	TTI	RefinedWeb	23.2TB	5.0T	CC-only dataset prepared by UAE.
4	DeepMind	MassiveText (ml)	20TB	5.0T	From Retro paper.
5	Google	PaLM 2	13TB	3.6T	From PaLM 2 CNBC report.
6	Google	Infiniset	12.6TB	2.8T	From LaMDA paper.

▲ 2023년 6월 기준(출처: LifeArchitect.ai/models)

이런 거대 언어 모델의 등장으로 방대한 양의 자연어 데이터를 빠르고 정확하게 처리할 수 있기에 언어 번역, 콘텐츠 생성, 챗봇 등 다양한 분야의 서비스의 발전으로 이어지고 있습니다. 그리고 그 서비스들이 사용자 개인의 단순 활용을 넘어서 교육, 의료, 엔터테인먼트 등 다양한 산업 분야에 깊이 통합되고 있습니다.

물론 거대 언어 모델의 크기를 늘리는 것만이 모델의 성능을 좌우하지는 않습니다. 23년 4월 MIT Imagination in Action 행사에서 오픈AI의 수장 샘 알트먼(Sam Altman)은 "대형 AI 모델을 만드는 시대는 이제 끝났다. 앞으로는 다른 방법으로 더 나은 모델을 만들어야 한다."고 말했습니다. 어느 정도까지는 파라미터가 많아질수록 모델의 성능이 향상되지만, 모델의 크기 외에도 다양한 다른 요소들에 의해서 성능이 결정되기에 인공지능의 '역량'을 키우는 본질에 집중하겠다고 밝힌 것이죠. 그 과정에서 필요에 따라 모델의 사이즈를 줄일 수도 있고, 사이즈가 작은 여러 모델을 함께 구동하는 방법을 선택할 수도 있다고 합니다.

현재는 거대 언어 모델이 좋은 성능으로 사람들의 삶을 바꾸고 있습니다. 그러나 본질적으로 중요한 것은 점점 더 거대한 거대 언어 모델을 생성하는 것이 아닌 좋은 인공지능 모델이란 무엇인지 고민하고, 다양한 분야에서 사람들에게 도움이 되는 인공지능을 개발하는 것이겠죠.

2 트랜스포머

트랜스포머(Transformer)는 2017년에 구글(Google)이 발표한 논문 〈Attention is all you need〉에서 등장한 모델입니다. 이는 거대 언어 모델이 대두되는 계기가 된 모델이기도 합니다. 트랜스포머는 처음 제시된 논문의 이름처럼 트랜스포머 모델은 어텐션(Attention)만으로 구성된 모델입니다.

기존 자연어 처리 모델들(RNN, LSTM)은 문장의 의미를 파악할 때 이전 정보를 순차적으로 처리하는 방식을 가지고 있었습니다. 그렇기에 연산 속도가 느리고, 병목 현상이 발생하는 문제가 생겼습니다.

이에 트랜스포머는 Self-Attention Mechanism을 도입하여 모든 입력 데이터를 한 번에 고려하여 처리하도록 했습니다. 입력 데이터 단어들 간의 상호 작용, 즉 문장 내에서 단어들 사이의 관계를 고려하였고 이 덕분에 문장 내에서 중요한 정보에 집중하여 가중치를 부여하고 불필요한 정보를 제거할 수 있었습니다. 이런 방식으로 정보의 병렬 처리가 가능해졌고, 입력 데이터의 길이에 영향을 받지 않고 빠른 연산 속도를 가지게 되었습니다.

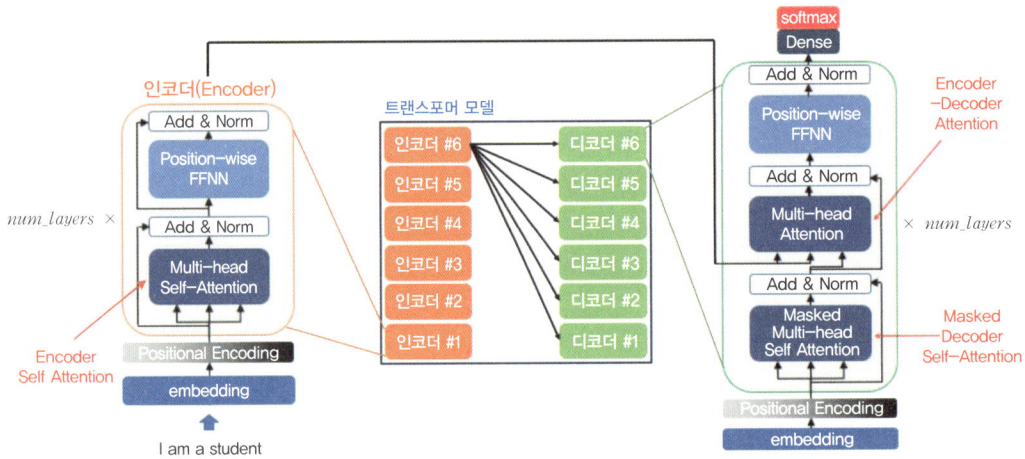

▲ 트랜스포머 작동 모식도(출처: https://kicarussays.tistory.com)

조금 더 자세히 살펴보면, 트랜스포머는 크게 두 가지로 구성되어 있습니다. **인코더**(Encoder)와 **디코더**(Decoder)입니다. 인코더는 입력된 텍스트 데이터를 벡터로 변환하는 역할입니다. 이때 입력 데이터를 순차적으로 받지 않고 한 번에 처리하기 때문에 단어의 위치 정보도 함께 임베딩합니다. 각 단어의 벡터에 위치 정보를 더하여 그 값을 어텐션(Attention)에 넣어 문맥에 따라 집중할 단어를 결정합니다.

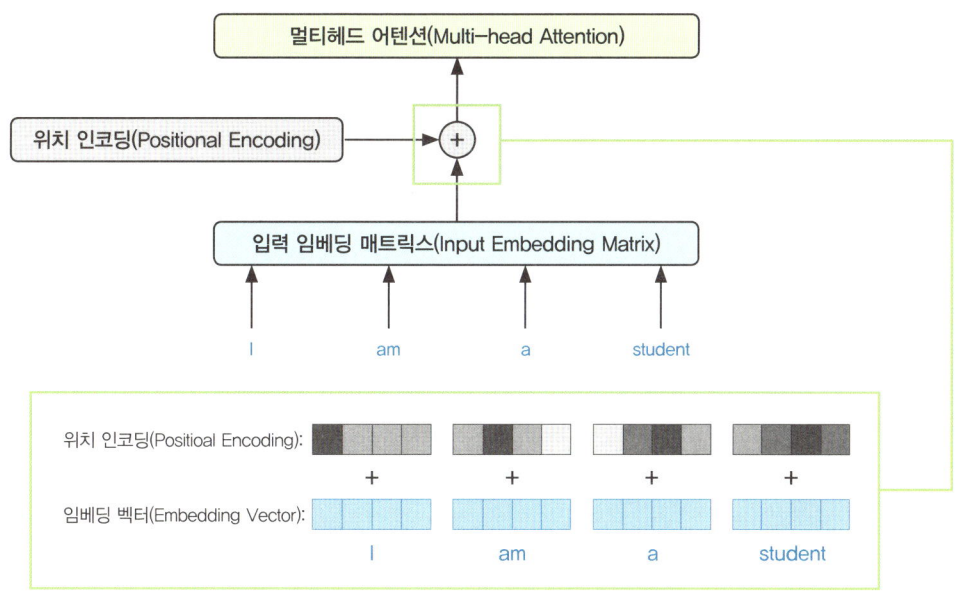

▲ 위치 인코딩(출처: 위키독스, Bruders 티스토리, https://bruders.tistory.com)

디코더는 인코더가 생성한 벡터를 바탕으로 출력 문장을 생성하는 역할을 합니다. 디코더의 어텐션(Attention)은 최종적으로 출력 문장을 생성하기 위해 인코더에서 주어지는 정보를 어떻게 반영할 것인가를 결정합니다.

트랜스포머 모델의 장점을 기반으로 다양한 자연어 처리 분야에서 활용되고, BERT와 GPT는 트랜스포머 모델을 기반으로 한 대표적인 모델입니다.

3 BERT

BERT(Bidirectional Encoder Representations from Transformers)는 양방향 트랜스포머 모델을 기반으로 한 사전학습 모델입니다. 이 책의 Chapter 2의 Lesson 2 임베딩의 단어 임베딩(p.89)에서 한 번 간단히 다뤘었죠.

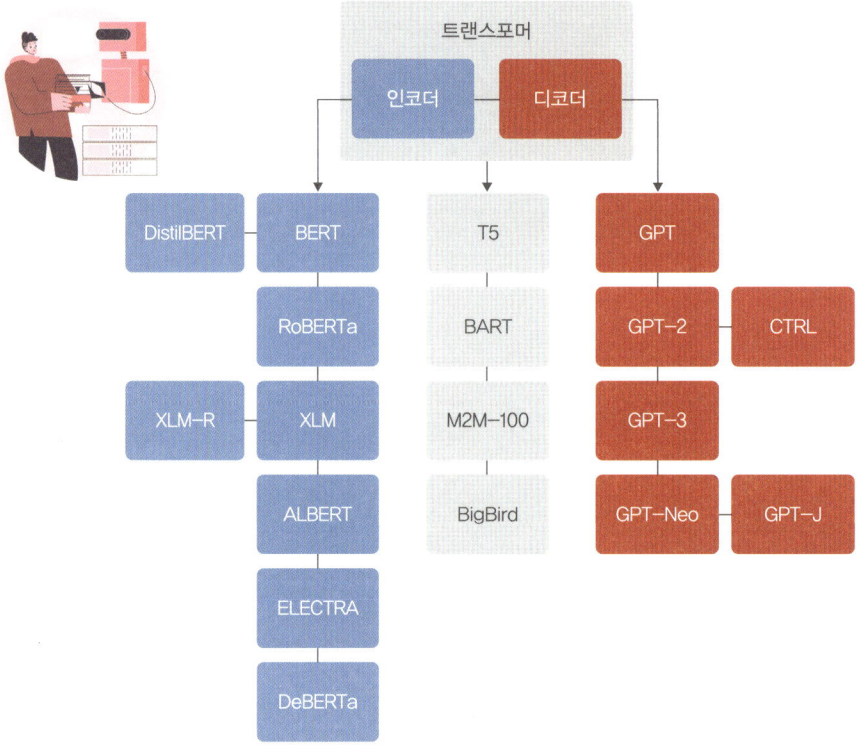

▲ 출처: 『트랜스포머를 활용한 자연어 처리』, 한빛미디어, 2022

　BERT는 트랜스포머의 인코더를 분리해 독자적인 모델로 발전시켰습니다. 대용량의 텍스트 데이터를 활용하여 사전학습을 한 뒤, 이를 기반으로 다양한 자연어 처리 문제에서 우수한 성능을 보입니다. 문장 분류, 질문 응답 등에서 활약하고 있습니다.

　BERT는 높은 성능을 뒷받침하는 대용량의 텍스트 데이터로 훈련된 모델을 기반으로, 하고자 하는 작업의 목적에 맞게 파라미터를 재조정하는 훈련 과정인 파인튜닝(Fine-Tuning)을 거쳐 활용합니다.

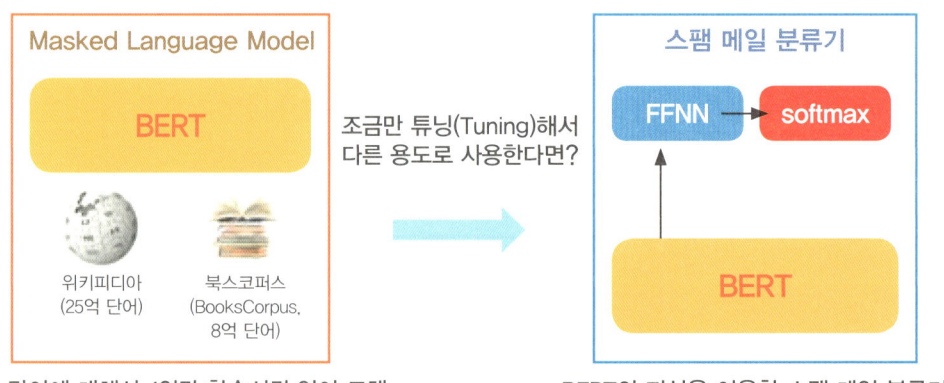

▲ BERT의 개요 (출처: wikidocs.net/115055)

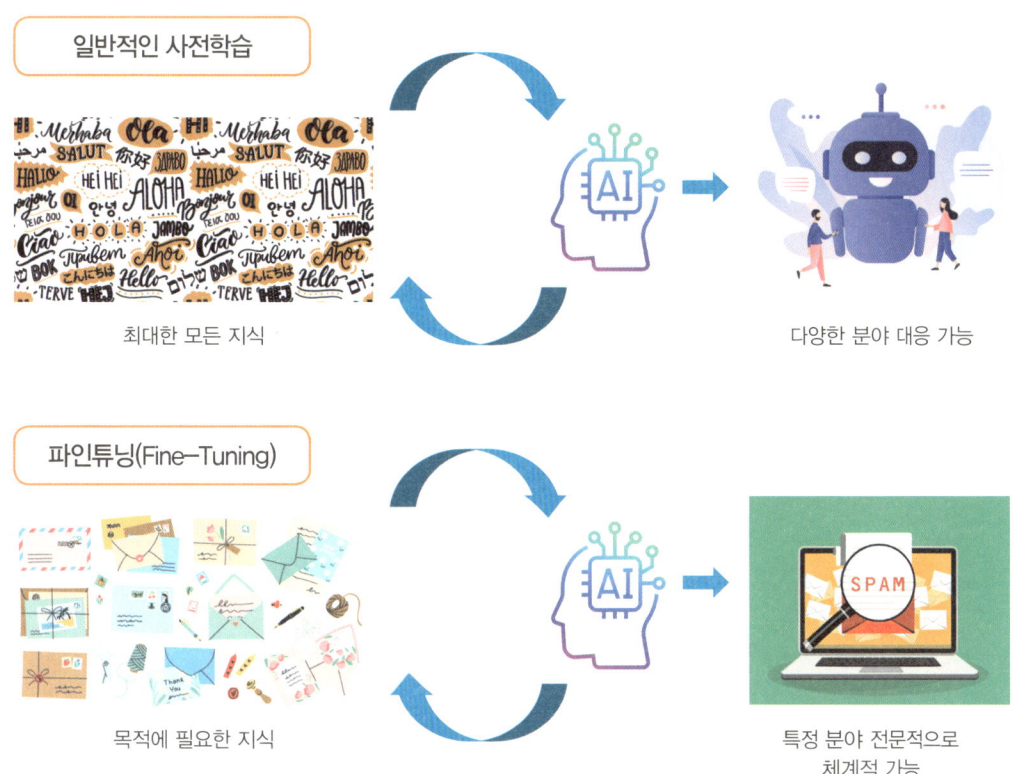

BERT의 기본 구조를 살펴보면, 트랜스포머의 인코더를 쌓아올린 구조입니다. 그 각각 인코더 층에서 멀티헤드 셀프어텐션(Multi-head Self-Attention)과 신경망 작업을 수행하며 문맥을 반영한 출력 결과를 생성하고 있습니다.

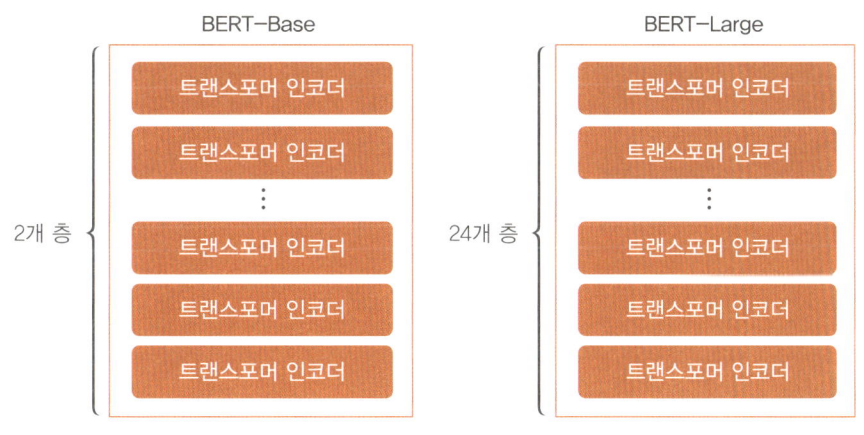

▲ BERT의 기본 구조

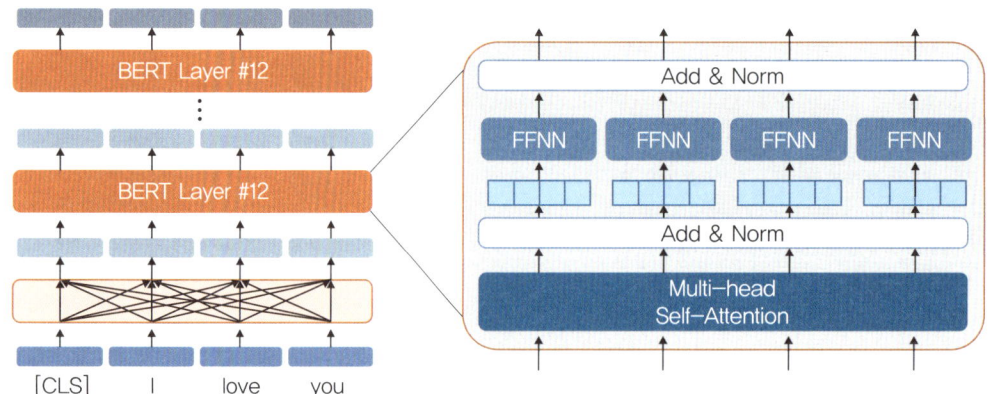

▲ BERT가 문맥을 반영한 출력 임베딩을 얻는 방식. 셀프어텐션을 이용해 내부 12개 층마다 멀티헤드 어텐션과 포지션 와이즈 피드 포워드 신경망을 수행한다(출처: https://moondol-ai.tistory.com/463).

> **여기서 잠깐**
>
> ### 사전학습(Pre-trained) 모델이란?
> 사전학습 모델이란 특정 작업(task)을 수행하기 위해 여러 분야 전반에 걸쳐 다양한 지식으로 구성된 대규모 데이터 세트로 훈련된 딥러닝 모델입니다. 이런 사전학습 모델은 추후에 내가 원하는 목적에 맞게 추가적으로 조금만 학습을 시키면 모델이 내 목적에 맞게 학습될 수 있습니다. 이 추가적인 학습이 바로 파인튜닝(Fine-Tuning)입니다.
>
>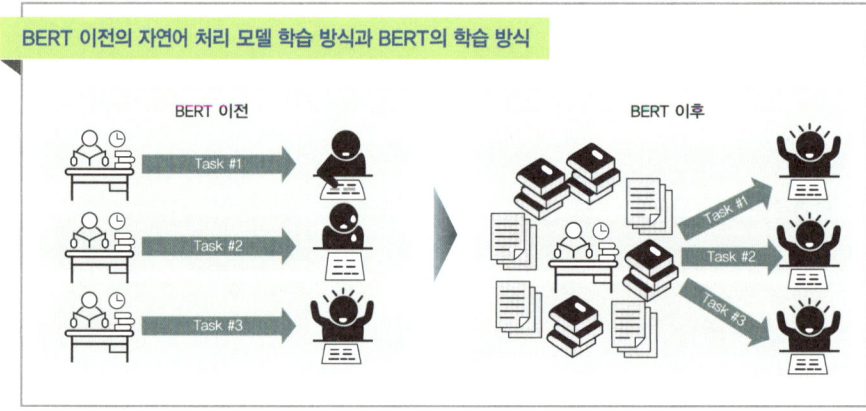
>
> ▲ BERT 이전의 자연어 처리 모델 학습 방식(왼쪽)과 BERT의 학습 방식(오른쪽)(출처: 매거진한경)

4 GPT

GPT(Generative Pre-trained Transformer)는 단방향 트랜스포머 모델을 기반으로 한 사전학습 모델로, 트랜스포머의 디코더를 분리하여 발전시켰습니다. 사전학습을 통해 대량의 텍스트 데이터를 학습하고, 이를 기반으로 텍스트 생성에서 우수한 성능을 보입니다. 그래서 GPT는 기계 번역, 요약, 대화형 AI인 ChatGPT 등 다양한 자연어 생성 분야에서 돋보이고 있습니다.

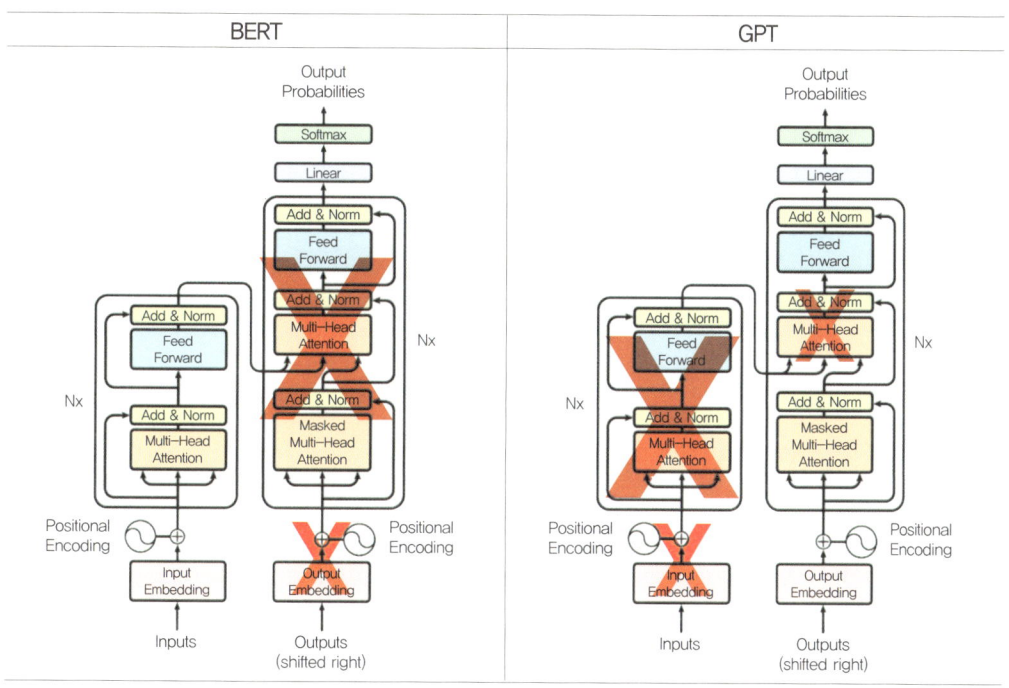

▲ BERT와 GPT의 구조(출처: ratsgo's NLPBOOK, https://ratsgo.github.io/nlpbook/docs/language_model/bert_gpt)

조금 자세히 들여다보면, GPT는 우향 디코더로 한 단어(토큰)가 들어오면 다음에 올 단어를 확률적으로 예측하여 직질한 단어를 생성하는 방식으로 삭농합니다. GPT가 사용하는 어텐션을 자세히 살펴보면 Masked Multi-Head Attention이라는 이름을 가지고 있습니다. 이름 속 Masked에서도 알 수 있듯이 무언가 가려진다는 것이죠.

다음의 문장을 예시로 함께 보면 '카페'라는 단어를 예측해야 하는 단계에는 그 앞에 있는 '어제'만을 참고하여 예측해야 하고, 그 다음 '갔었어'를 예측해야 할 때는 '어제 카페'만을 참고할 수 있고 그 외의 문장 부분은 가려지게 됩니다. 이 방식으로 예측한 단어를 통해 문장의 맥락을 파악하고, 확률적으로 가장 적합한 단어를 조합하여 출력 문장을 생성합니다.

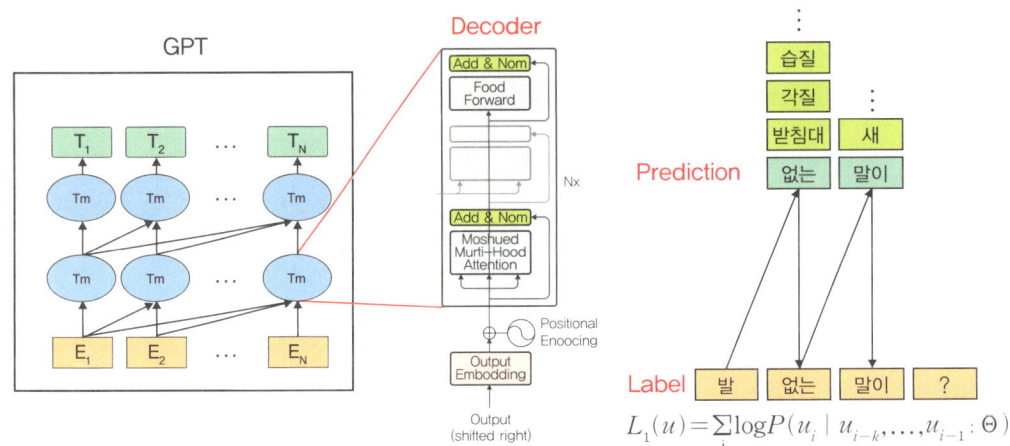

GPT
어제 카페 갔었어 거기 사람 많더라

BERT
어제 카페 갔었어 ☐ 사람 많더라

▲ GPT와 BERT의 사전훈련 방식 모식도. GPT는 문장 생성, BERT는 의미 추출이 강점이다
(출처: ratsgo's NLPBOOK, https://moondol-ai.tistory.com/463).

5 BART

Bart Simpson

BART(Bidirectional Auto-Regressive Transformer)는 무엇일까요? 이름은 참 BERT와 비슷하게 생겼습니다. 이름을 잘 살펴보면 BART의 정체를 파악할 수 있습니다.

Bidirectional은 양방향으로 전체 맥락을 파악하여 텍스트를 이해하는 BERT에서 왔습니다. 자동회귀(Auto-Regressive)는 지금까지의 입력을 바탕으로 출력을 생성하는 GPT의 특징입니다. 정리하면 BART는 BERT와 GPT를 결합한 형태의 모델로, 서로 다르게 사전학습된 모델을 추가적인 사전 학습을 통해 하나의 모델로 결합한 모델입니다.

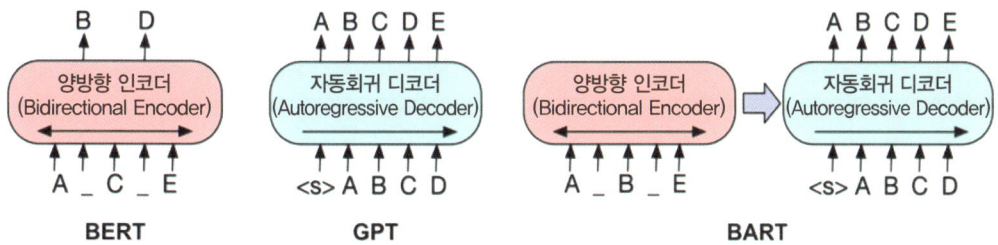

▲ BERT와 GPT, BART의 도식적 비교(출처: https://arxiv.org/abs/1910.13461)

BART의 작동 방식을 살짝 살펴보면, 손상된 텍스트를 입력 받아 양방향(Bidirectional) 모델로 인코딩(손상된 텍스트 데이터를 기반으로 원래 텍스트로 복구하는 방식)하고 정답 텍스트에 대한 유사도를 자동회귀(Autoregressive) 디코더로 계산하여 생성합니다. 텍스트 데이터를 변형(손상)시키는 방법들에 대한 실험이 논문에 제시되고 있는데 다음 그림은 그 방법을 보여줍니다. 각 방법에 대한 설명은 다음과 같습니다.

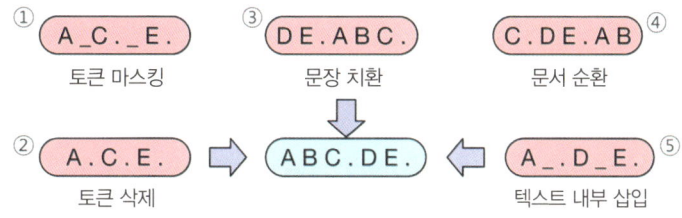

▲ 기존의 사전학습 방식

①번: 토큰 마스킹 – BERT와 동일한 방식으로, 학습할 단어들 중 일부를 [mask] 토큰으로 바꾼 뒤 그 가려진 단어를 양방향 문맥을 통해 예측하도록 하여 학습하는 방법

②번: 토큰 삭제 – 일부 단어를 [mask]로 대체한 뒤, 단어의 위치까지 삭제하는 방법

③번: 문장 치환 – 전체 문서를 문장 단위로 잘라서 섞는 방법

④번: 도큐먼트 순환 – 단어 하나를 정해서 문장이 그 단어부터 시작하도록 하여 실제 문서의 시작을 구분하도록 하는 방법

⑤번: 텍스트 내부 삽입 – 일부 단어를 [mask] 처리하되, 얼마나 많은 단어가 삭제되었는지까지 예측해야 하는 방법

이렇게 작동한 BART 모델은 다양한 손상된 텍스트 데이터에 대한 실험을 바탕으로 하였기에 데이터의 손상에 대한 유연한 대처를 보이는 장점을 가집니다.

6 앞으로는?

자연어 처리의 전망은 어떨까요? 글로벌 시장 조사 기관인 AMR(Allied Market Research)이 발표한 '글로벌 NLP 시장 2020-2030 보고서'를 보면 글로벌 자연어 처리 시장 규모가 연평균 40.9% 성장하여 2030년 3,415억 달러에 이를 것이라고 합니다.

▲ AMR의 글로벌 NLP 시장 보고서(출처: https://www.alliedmarketresearch.com/natural-language-processing-NLP-market)

또, 마켓앤마켓(MarketsandMarkets)의 경우 '2027년까지 전 세계 NLP 시장 전망(Natural Language Processing Market - Global Forecast to 2027)'을 통해 자연어 처리 시장이 연간 25.7% 성장할 것이라고 전망하기도 했습니다.

이런 전망처럼 최근 자연어 처리는 ChatGPT를 통해 전 세계적인 엄청난 주목을 받았고, 수많은 기업들이 경쟁하며 관련 기술이 빠르게 발전하고 있습니다. 자연어 처리란 컴퓨터가 인간의 언어를 이해하는 것이죠. 즉, 사람들이 인공지능과 소통하며 일상생활의 편리함을 증진시키기 위한 배경이 되는 기술 중 하나라고 볼 수 있을 겁니다.

물론, 아직 데이터의 품질, 개인정보 보호 등 문제점의 보완이 필요하겠지만 자연어 처리 기술의 발전과 다양한 분야에의 혁신적인 응용이 우리 삶과 우리 사회에 긍정적이고 풍요로운 영향을 끼치리라 생각되고 벌써 기대가 됩니다.

Lesson 2
오픈AI의 챗GPT

POINT 여러분 모두 ChatGPT를 들어보았을 겁니다. 과연 ChatGPT는 어떻게 발전되었고, 우리 생활에서 어떻게 활용될 수 있을지 함께 살펴봅시다.

1 GPT 모델의 발달

앞에서 BERT와 함께 살펴보았던 GPT(Generative Pre-trained Transformer)는 2018년 OpenAI의 〈Improving Language Understanding by Generative Pre-training〉 논문 발표로 처음 등장한 이후 그 자체로 빠르게 발전하고 점점 더 성능이 좋아지고 있습니다.

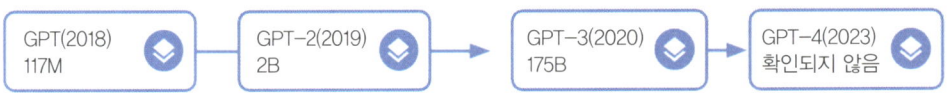

그중 GPT-3의 경우 사전학습 이후 파인튜닝이라는 기존의 학습 방식을 벗어나 새로운 방식을 선택했기에 많은 주목을 받았습니다. 그 새로운 학습 방법이 바로 In-Context Learning입니다. 기존의 심층 학습 방식은 데이터양에 비례하여 그 성능이 향상되었기에 모델 훈련에 방대한 양의 데이터가 필요했습니다. 그러나 이 방식은 효율적이라고 보기는 어렵죠. 특히 인간이 몇 개의 사례를 통해 처음 본 대상을 구분할 수 있는 것에 비하면 너무나도 비효율적입니다. 이런 인간의 효율성을 차용한 방식이 바로 In-Context Learning입니다.

▲ DALL·E 3 생성 이미지

대표적으로 맥락과 관련된 예시의 개수에 따라 제로샷(Zero-shot) 러닝과 원샷(One-shot) 러닝, 퓨샷(Few-shot) 러닝으로 나눌 수 있습니다. 제로샷 러닝은 훈련 데이터가 아예 없는 새로운 질문을 통해 패턴 인식을 하는 방식입니다. 전이 학습(Transfer Learning)을 통해 데이터 간의 공통점을 찾아 결괏값을 도출할 수 있습니다.

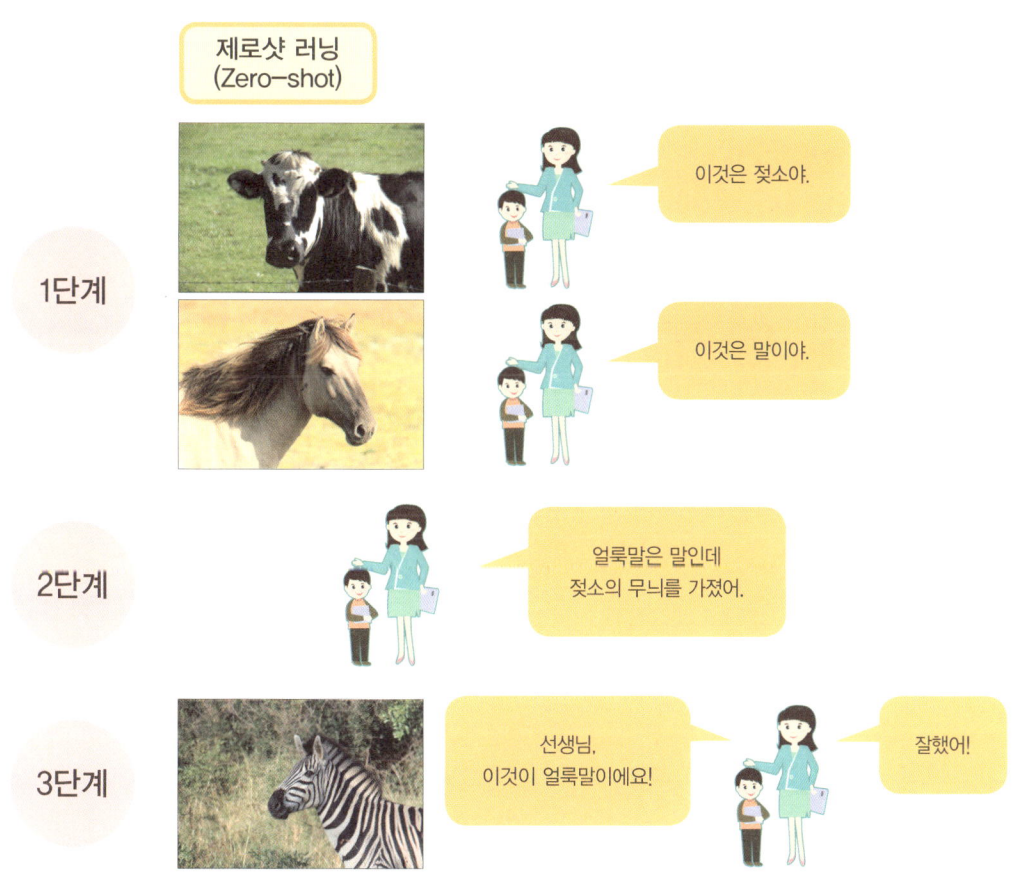

▲ 출처: Minsuk Heo Youtube 한글 번역 및 수정

원샷 러닝은 단 하나의 예시를 통해 학습시키는 것이죠. 그 단 하나의 예시에서 중요한 특징을 잡아내어 새로운 대상을 구분하는 것입니다.

▲ 출처: Minsuk Heo Youtube 한글 번역 및 수정

퓨샷 러닝은 몇 개의 예시를 통해 새로운 대상에 대한 특징을 학습하는 방식입니다. 이를 통해서 방대한 데이터를 일일이 라벨링하지 않고도 모델을 학습시킬 수 있게 되었으며, 몇 가지 비슷한 예시를 통해 새로운 출력을 만들어 낼 수 있게 되었습니다.

▲ 출처: Minsuk Heo Youtube 한글 번역 및 수정

GPT-3.5는 GPT-3의 학습 방식을 가져가면서도 RLHF(Reinforcement Learning from Human Feedback)라는 기법을 추가하였습니다. RLHF란, 모델의 성능을 높이는 데 사람이 직접 피드백을 제공한다는 것입니다. GPT-3.5를 학습시키는 과정에서 학습된 모델에 질문을 넣고 답변들을 받은 후 사람이 그 답변들에 대해 선호도를 정해 주고, 이 데이터로 보상 모델

(Reward Model)을 훈련하는 방식을 거쳤고 이를 통해 모델의 성능이 더 향상될 수 있었습니다.

▲ 챗GPT 훈련 과정(출처: 오픈AI, 딜로이트 인사이트)

가장 최근 공개된 GPT-4의 경우 멀티모달(Multi Modal)이 지원되어 텍스트 말고도 이미지 형식의 데이터도 처리할 수 있게 되었습니다. 이를 통해 GPT는 더 많은 데이터의 수집이 가능해졌고, 이용자의 사용 편의성이 올라갔습니다. 또한 3만 2,768개의 단어까지 입력 받을 수 있으며 50페이지가 넘는 텍스트를 읽고 추론할 수 있게 되었습니다. 더 정교해진 자연어 이해와 출력이 가능해져 그 정확성이 올라간 것이죠.

2 ChatGPT 활용하기

ChatGPT를 통해 우리는 어떤 기능을 활용할 수 있을까요? 기본적인 기능부터 조금 더 유용하게 사용할 수 있는 팁까지 함께 알아봅시다.

- ChatGPT 접속하기

OpenAI의 홈페이지(https://openai.com/)에 접속하면 ChatGPT를 경험할 수 있는 사이트로 들어갈 수 있습니다. 오른쪽 상단의 [Try ChatGPT]를 클릭합니다.

- 가입하기

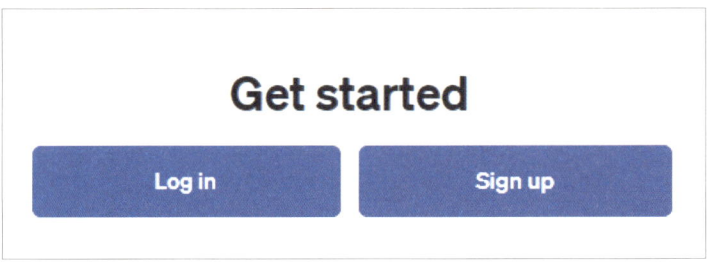

ChatGPT를 이용하기 위해서는 OpenAI의 계정이 필요합니다. 직접 회원가입을 하여 이용하거나 구글, 마이크로소프트, 애플의 계정으로 연동하여 사용할 수도 있습니다.

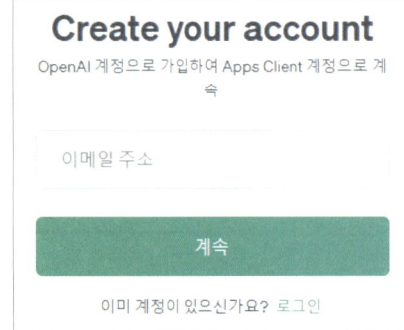
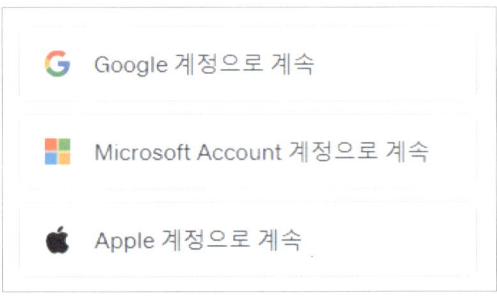

- **기본 구성 살펴보기**

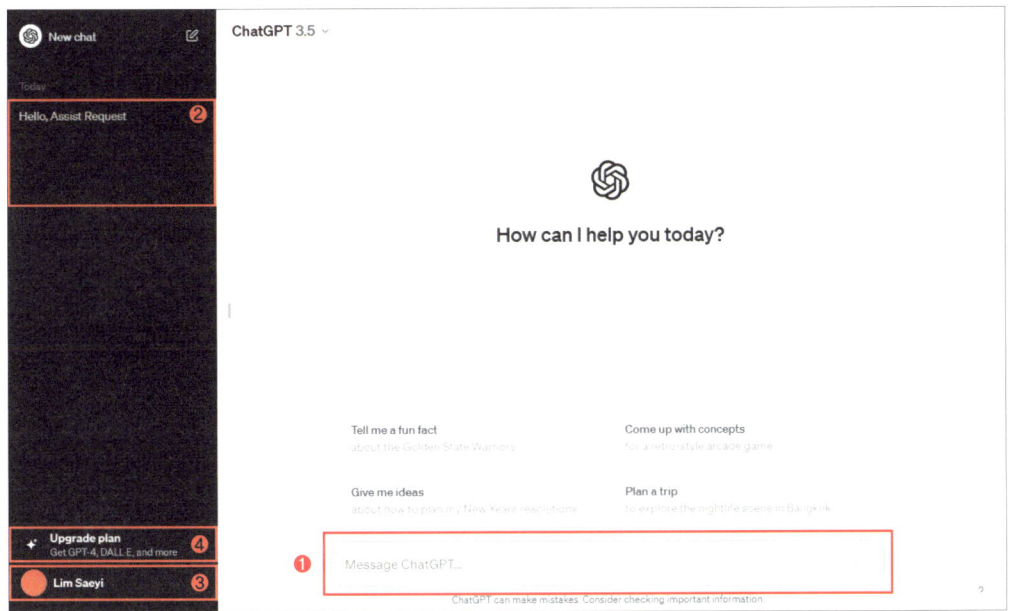

계정 로그인을 하고 ChatGPT에 접속하면 현재는 위와 같은 메인 화면이 뜨게 됩니다. 계속해서 업데이트가 되고 있기에 메인 화면의 세부적인 사항은 위치나 크기, 모양이 달라질 수 있지만, 기본적인 구성은 크게 변하지 않기에 하나씩 살펴보며 익혀 봅시다.

❶ 프롬프트 영역

프롬프트는 ChatGPT에게 질문하거나 작업을 요청할 때 사용하는 공간입니다. 원하는 요구사항을 입력한 뒤 `Enter ↵` 키나 화살표 아이콘( )을 누르면 전송됩니다.

❷ 히스토리 영역

히스토리 영역은 해당 계정이 ChatGPT와 대화를 나누었던 기록이 저장되는 공간입니다.

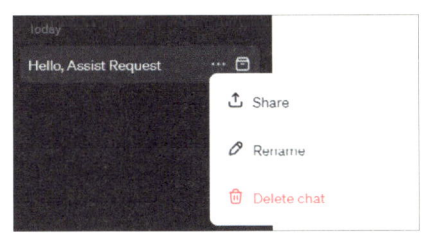

히스토리 목록의 이름을 변경하거나, 삭제할 수 있습니다.

또한, 🗂 버튼을 누르면 해당 히스토리가 '설정-기록보관소'에 저장됩니다.

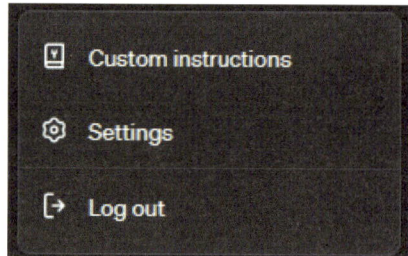

❸ 설정 영역

내 계정이 뜨는 부분을 클릭하면 설정 영역을 확인할 수 있습니다. 설정 영역에서는 화면 설정을 변경하거나, 기록보관소를 확인 및 삭제 등을 할 수 있습니다.

❹ 업그레이드

현재 ChatGPT는 다음 화면과 같이 무료로 GPT-3.5 버전을 제공하고 있으며, 유료 요금제로 GPT-4.0 버전을 업그레이드할 수 있도록 하고 있습니다.

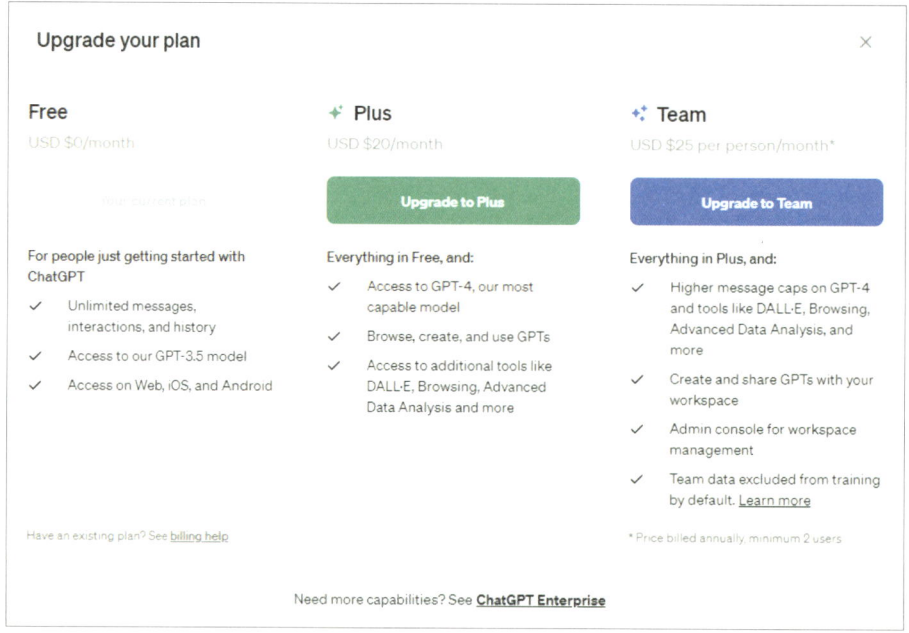

- GPT-3.5 버전과 GPT-4.0 버전 비교

GPT-3.5 버전과 GPT-4.0 버전은 어떤 차이가 있을까요? 매달 20달러의 적지 않은 금액을 지불해야 하니 만큼 그 차이를 알고, 본인에게 맞는 버전을 사용하는 것이 유용할 것입니다.

ChatGPT 3.5	ChatGPT 4
1,750개의 매개변수	100조 개의 매개변수 (학습 능력 업그레이드)
텍스트 처리 기능 제공	멀티모달 기능 제공 (이미지, 텍스트 기반 데이터 모두 처리)
약 8,000단어 기억 메모리	약 6만 4,000단어 기억 메모리
웹페이지 URL 입력 시 해당 페이지 내용 확인 불가능	웹페이지 URL 입력 시 해당 페이지 내용 확인 후 처리 가능
다국어 기능 제한적 지원	다국어 기능 지원
2022년 1월까지 학습한 내용을 기반으로 응답 가능	실시간 검색을 기반으로 한 응답 가능

　동일한 작업을 GPT-3.5 버전과 GPT-4.0 버전에 요청하여 기능을 비교하면 다음과 같습니다. 다음 예시들을 살펴보고 ChatGPT의 다양한 기능을 활용하고 싶다면 GPT-4.0 버전을, 그때그때 필요한 텍스트 작업만 필요하다면 GPT-3.5 버전을 사용하면 좋겠죠?

최신 정보 검색하기

ChatGPT 3.5

 You
2024년 1월 25일 서울의 날씨는 어때?

 ChatGPT
죄송하지만, 저는 현재의 실시간 정보를 제공할 수 없습니다. 제 지식은 2022년 1월까지의 정보까지만 포함하고 있으며, 현재 날씨 정보와 같은 실시간 데이터에 접근할 수 없습니다. 날씨 정보를 확인하려면 온라인 날씨 예보 웹사이트나 앱을 이용하거나, 텔레비전 뉴스 등을 참고하시기 바랍니다.

ChatGPT 4

You
2024년 1월 25일 서울의 날씨는 어때?

ChatGPT
2024년 1월 25일 서울의 날씨는 추운 편입니다. 최고 기온은 대략 -1℃ 정도이고, 최저 기온은 -9℃로 예상됩니다[99]. 날씨가 매우 추울 것으로 예상되므로 따뜻한 옷차림이 필요할 것 같습니다. 비나 눈에 대한 구체적인 언급은 없으나, 이 시기에 서울은 일반적으로 건조한 날씨를 보이곤 합니다[99][99]. 최신 날씨 정보를 확인하기 위해 날짜가 다가오면 날씨 예보를 다시 확인하는 것이 좋습니다.

※ [99] 부분에 마우스 커서를 가져다 대면 GPT-4.0가 최근 정보를 검색하고 제공한 출처 사이트에 접속할 수 있습니다.

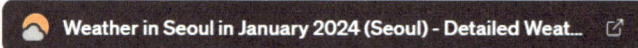

이미지 생성하기

ChatGPT 3.5

You
창가에서 낮잠 자고 있는 고양이를 그려줘.

ChatGPT
물론, 창가에서 낮잠 자는 아름다운 샴 고양이를 그려드리겠습니다. 아래는 간단한 아날로그 스타일의 그림입니다.

샴 고양이가 창가에서 편안하게 자는 모습을 상상해 보세요! 만약 더 자세한 그림이나 다른 요청이 있다면 언제든지 말씀해 주세요.

- **ChatGPT와 대화하기**

ChatGPT와 대화하는 방법은 앞에서 살펴본 것처럼 프롬프트 영역에 내가 하고 싶은 말을 타이핑한 뒤 Enter 키나 화살표 아이콘(　)을 누르면 됩니다. 단순히 ChatGPT와 대화를 하고 싶을 때는 간략하게 입력해도 상관이 없지만, ChatGPT에게 작업을 요청하고 싶을 때는 본인이 원하는 내용을 최대한 구체적으로 입력할수록 좋은 결과를 얻을 가능성이 커지게 됩니다.

You

안녕?

너는 어떤 기능이 있어?

ChatGPT

안녕하세요! 저는 여러 가지 언어 및 주제에 대해 대화하고 정보를 제공하는 인공지능 언어 모델입니다. 몇 가지 주요 기능은 다음과 같습니다.

1. **자연어 이해 및 생성:** 자연어 처리를 통해 사용자의 입력을 이해하고 자연스러운 문장으로 응답합니다.
2. **정보 제공:** 일반적인 지식, 역사적 사건, 과학, 기술 등 다양한 주제에 대한 정보를 제공할 수 있습니다.
3. **언어 번역:** 다양한 언어 간의 번역을 수정할 수 있습니다.
4. **프로그래밍 도움말:** 프로그래밍 언어 및 코드와 관련된 질문에 답할 수 있고, 코드 조각을 생성할 수도 있습니다.5.
5. **창의적인 쓰기:** 이야기, 시, 논문 등의 창의적인 글쓰기를 돕는 데 사용될 수 있습니다.
6. **일상적인 대화:** 사용자와의 다양한 주제에 대한 대화를 수정할 수 있습니다.

그러나 제 기능은 텍스트 기반으로 제한되어 있으며, 실제 세계 상황에 대한 물리적인 행동이나 인터넷 검색과 같은 활동은 수행할 수 없습니다. 어떤 도움이 필요한지 물어보거나 궁금한 주제를 알려주세요!

- **확장 프로그램으로 ChatGPT 더 똑똑하게 활용하기**

최신 데이터 검색하기	언어 자동 번역	유튜브 영상 요약	PDF 학습시키기
–	–	–	–
WebChatGPT	프롬프트 지니	YouTube Summary with ChatGPT	Chat with any PDF

음성으로 대화하기	구글 검색과 비교하기	원하는 형태로 프롬프트 최적화하기	이메일 작성 함께하기
–	–	–	–
voicewave.xyz	ChatGPT for Google	AIPRM for ChatGPT	ChatGPT writer

• **확장 프로그램 설치 방법**

ChatGPT와 결합할 수 있는 다양한 확장 프로그램들이 있습니다. 기본적인 설치 방법은 모두 동일하니, 아래의 방법으로 자신에게 필요한 확장 프로그램을 설치하여 더 효과적으로 ChatGPT를 활용해 봅시다.

❶ 크롬 브라우저 창 열기

❷ 크롬 웹 스토어 접속하기

크롬 웹 스토어에 접속하기 위해서는 검색창에 '크롬 웹 스토어'를 입력하거나, 크롬 브라우저 우측 상단의 '[확장 프로그램] - [Chrome 웹 스토어 방문하기]' 버튼을 클릭하면 됩니다.

❸ 원하는 확장 프로그램 검색하기

원하는 확장 프로그램의 이름을 알고 있다면 직접 검색하거나, 확장 프로그램 메뉴 목록에서 살펴보며 자신에게 필요한 확장 프로그램을 선택합니다.

❹ 확장 프로그램 설치하기

확장 프로그램을 선택한 뒤, [Chrome에 추가]-[확장 프로그램 추가]를 누릅니다.

❺ 추가된 확장 프로그램 확인하고 사용하기

Lesson 3
마이크로소프트의 빙(Bing) AI

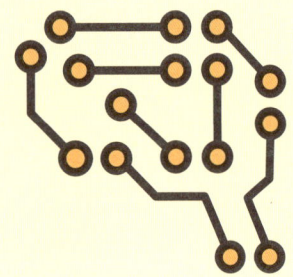

POINT 검색 엔진과 거대 언어 모델의 결합, MS의 새로운 야심작 Bing AI는 어떤 특징을 가졌을까요? ChatGPT와 비교해 보며, 기본적인 사용 방법을 알아봅시다.

1 빙 AI는 무엇일까?

여러분은 마이크로소프트(Microsoft, 이하 MS)의 검색 엔진을 사용해 본 적이 있나요? MS의 빙(Bing) 검색은 2009년부터 개편되어 서비스를 지속적으로 제공해 온 오래된 검색 엔진입니다. 그러나 전 세계의 약 90%의 사람들이 검색 엔진으로 구글을 사용하고, 구글링(Googling)이라는 신조어가 '검색하다'라고 일반 명사화될 정도로 검색 시장은 구글이 확고하게 점유해 오고 있습니다.

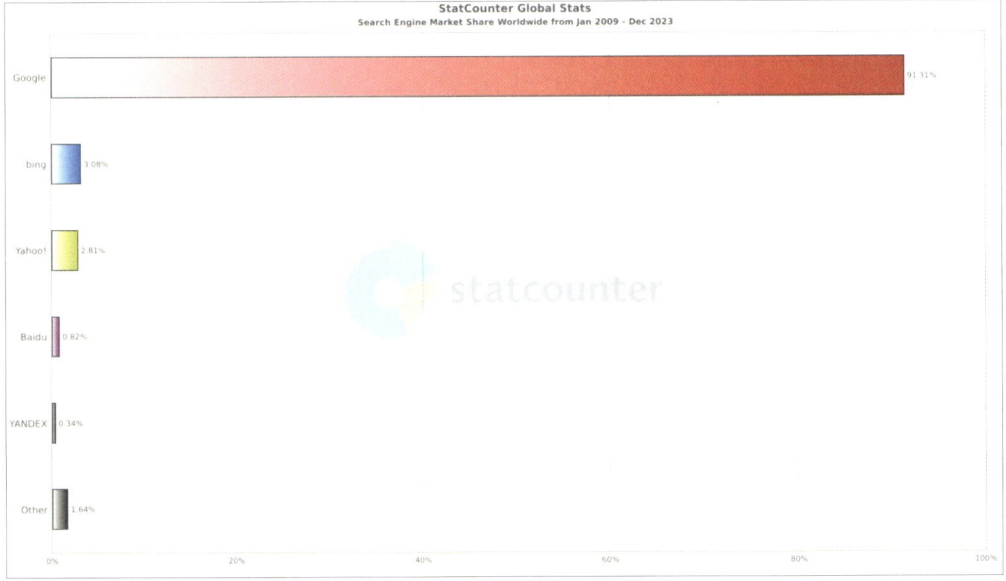

▲ 전 세계 검색 엔진 시장 통계(2009.6.~2023.12)(출처: Statcounter GlobalStats, https://gs.statcounter.com/search-engine-market-share)

이런 상황을 타개하고 검색 시장 판도를 새롭게 바꿔놓기 위해 MS가 선보인 무기가 바로 빙 AI입니다. 빙 AI는 검색창에 챗봇을 결합하여 자연어 처리부터 이미지 인식, 음성 인식 등의 기술을 활용해 검색 엔진의 기능을 더욱 강화해 줍니다.

2 빙 AI와 챗GPT

빙 AI는 MS가 기존 자사 검색 엔진인 빙 검색에 거대 언어 모델(LLM)을 적용하였습니다. Bing AI에 적용된 거대 언어 모델이 바로 GPT-4.0입니다. MS는 OpenAI와 파트너십을 맺고 지속적으로 생성형 인공지능 서비스 개발에 투자했고, 이를 자체 제품에 접목했습니다.

▲ 출처: 어낼리틱스 인사이트(https://www.analyticsinsight.net/microsoft-and-openai-partnership-to-speed-up-development-of-ai/)

그렇다면 ChatGPT를 활용하는 것과 빙 AI를 사용하는 것에는 어떤 차이점이 있을까요? ChatGPT는 대화를 통해 사용자에게 편의를 제공하는 챗봇이기에 대화의 흐름과 맥락을 잘 파악하여 사용자의 의도에 맞는 적절한 답변을 잘 생성합니다. 빙 AI는 더 나은 검색 엔진으로써의 역할을 하기 위해 사용자가 원하는 정보를 검색할 수 있도록 최대한 도와주는 것에 그 목적이 있습니다. 그래서 온라인상에 있는 정보의 내용과 구조를 잘 파악합니다. 비슷한 듯 다른 두 플랫폼을 나의 목적과 필요에 따라 선택해서 사용하면 됩니다.

	Bing	ChatGPT 3.5	ChatGPT 4
가격	무료	무료	월 20달러
사용 방법	Microsoft Edge 검색창에 탑재	OpenAI 홈페이지에서 사용	OpenAI 홈페이지에서 사용
데이터 처리 양	한 번에 최대 2,000자	한 번에 최대 3,000 단어	한 번에 최대 2만 5,000 단어
멀티모달 기능	○	×	○
연상 질문 제공	○	×	×

3 빙 AI 활용하기

빙 AI는 어떻게 사용할 수 있을까요? 평소에 MS 검색 엔진을 사용하지 않아 낯설더라도 기본적인 사용 방법을 익히고, 어떻게 나의 생활에 적용할 수 있을지 고민해 봅시다.

- **마이크로소프트 엣지 브라우저 접속하기**

빙 AI는 MS의 검색 엔진을 기반으로 하고 있기에 MS의 브라우저인 마이크로소프트 엣지(Microsoft Edge)에서 사용할 수 있습니다. 엣지를 열게 되면 상단 검색 창이 다음 그림과 같이 표시됩니다. 검색어를 입력하고 난 후 빙 AI 아이콘()을 클릭하거나, 빙 AI 아이콘을 클릭한 뒤 원하는 질문을 던져도 괜찮습니다.

빙 AI 아이콘()을 누르면 빙 AI와 채팅을 할 수 있는 채팅창이 뜨게 됩니다. 이 공간에서 빙 AI와 대화할 수도 있고, 원하는 작업을 요청할 수도 있습니다.

• **다른 브라우저로 접속하기**

개인마다 선호하는 브라우저가 다르기에 빙 AI를 이용하기 위해 주로 사용하는 브라우저를 바꾸거나 빙 AI를 사용할 때마다 엣지를 켜는 것은 불편한 일일 수밖에 없습니다. 기존에는 반드시 엣지에서만 빙 AI를 사용할 수 있었으나, 지금은 확장 프로그램을 사용하면 다른 브라우저에서도 빙 AI를 사용할 수 있게 되었습니다.

이 확장 프로그램을 기존에 쓰던 브라우저에 추가하면 어떤 브라우저에서도, 어떤 검색 엔진에서도 빙 AI를 함께 사용할 수 있도록 해줍니다.

• **로그인하기**

빙 AI는 기본적으로 MS 계정에 로그인하지 않아도 사용할 수 있습니다. 다만, MS 계정으로 로그인할 경우 개인화된 검색 결과를 반영한 답변을 받거나 대화 기록을 저장할 수 있습니다.

다만, 빙 AI와의 대화를 통해 이미지를 생성하고자 할 경우 빙 이미지 크리에이터(MS Bing Image Creator)를 사용하는 것이기 때문에 MS 계정에 로그인을 해야만 이미지가 생성되고 그 결과를 확인할 수 있습니다.

• 기본 구성 살펴보기

빙 AI와 대화할 수 있는 채팅창 역시 ChatGPT와 비슷한 구성을 가졌습니다. 그러나 빙 AI만이 가지고 있는 특징이 있기에 기본적인 화면 구성을 살펴봅시다.

❶ 질문 창 영역

가장 화면의 아래에 위치한 질문 창에는 빙 AI에게 하고 싶은 말이나 검색하고 싶은 단어, 물어보고 싶은 질문을 입력하면 됩니다. 입력을 완료한 뒤 Enter↵ 키나 전송 아이콘(▷)을 누르면 됩니다.

❷ 예시 질문

빙 AI가 제공하는 기능을 간략하게 소개하며 질문창에 입력할 수 있는 예시 질문을 보여줍니다. 예시 질문을 참고하여 나만의 질문을 Bing AI에게 던질 수도 있고, 예시 질문에 대한 대답이 궁금하다면 해당 상자를 클릭하면 빙 AI에게서 답변을 받을 수 있습니다.

❸ 이미지 첨부 / 마이크 사용

빙 AI는 멀티모달 기능을 제공하기에 이미지를 첨부하여 관련한 질문을 물어보거나 마이크를 통한 음성으로 질문을 던질 수도 있습니다.

❹ 새 토픽으로 바꾸기

빙 AI는 하나의 주제에 대한 꼬리에 꼬리를 무는 질문으로 풍성한 검색 결과를 제공합니다. 해당 주제에 대한 질문이 완료되었을 경우 이 버튼을 누르면 기존 대화 내용에서 벗어나 새롭게 대화를 시작할 수 있게 됩니다.

❺ 대화 스타일 선택

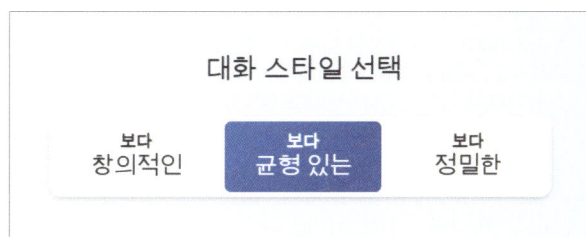

사용자가 검색하는 상황에 맞는 답변을 제공하기 위해서 빙 AI는 세 가지 대화 스타일을 제공합니다. 가장 기본 값으로는 '보다 균형 있는' 대화 스타일이 선택되어 있지만, 본인의 질문 취지에 맞게 '보다 창의적인'이나 '보다 정밀한'을 눌러 조정할 수 있습니다.

보다 창의적인	보다 균형 있는	보다 정밀한
• 독창적이고 상상력이 풍부한 답변 • 놀라움과 즐거움 제공	• 합리적이고 일관된 답변 • 정확성과 창의성의 균형 유지	• 사실적이고 간결한 답변 • 정확성과 관련성 우선시

❻ 연상 질문 추천하기

더 풍부한 검색 결과를 제공하기 위해서 빙 AI는 현재 내가 질문한 것과 관련된 질문을 추천해 줍니다. 연상 질문을 추천받기 위해서는 빙 AI의 답변 밑으로 마우스 휠을 아래로 조금 더 돌리면 됩니다. 해당 질문을 보고 추가적인 질문을 직접 입력하거나, 추천 받은 연상 질문을 클릭하여 추가적인 정보를 제공받을 수 있습니다.

Lesson 4
구글의 제미나이 (Gemini)

POINT 구글이 내놓은 ChatGPT의 대항마, 제미나이! 서로 다른 거대 언어 모델을 사용하는데, 두 서비스는 어떤 점에서 다른지 직접 사용하면서 느껴봅시다.

1 구글의 제미나이, 무엇이 다를까?

OpenAI가 거대 언어 모델을 활용한 챗봇 기반 생성형 인공지능 ChatGPT로 시장에 충격을 주고 선풍적인 인기를 끌자, 3개월 만에 구글의 인공지능 챗봇인 바드(Bard)가 공개되었습니다.

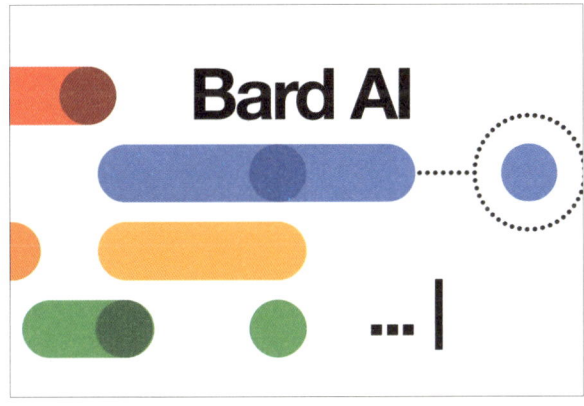

▲ 지금은 제미나이로 통합된 바드(Bard) AI

사람들의 큰 기대를 잔뜩 받으며 공개된 바드의 첫인상은 그리 좋지는 않았습니다. 소셜 미디어를 통해 공개된 바드의 홍보 영상에서 부정확한 정보를 제시하는 모습이 나타났기 때문입니다. 엉뚱한 답변 때문에 당일 구글의 주가가 약 7% 급락하기도 했습니다.

▲ 구글의 시연 영상에서 바드의 잘못된 답변 사례(번역: 구글 번역)

- **Bard에게 한 질문:**
  아홉 살 어린이에게 '제임스 웹 우주망원경'의 새로운 발견에 대해 어떻게 설명해 줄 수 있을까?
- **Bard 답변의 문제점:**
  - 바드는 세 가지 답변을 제공함.
  - 이 중 마지막 세 번째 답변이 옳지 않았음.
  - 최초로 태양계 밖 이미지를 촬영한 것은 JWST가 아니라 VLT(유럽남방천문대가 설치한 초거대 망원경)이라는 것을 과학자들이 지적함.
  - 구글 검색에서는 올바른 답을 찾을 수 있으나 바드는 틀린 정보를 제공하였기에 정확도 측면에서 지적을 받음.

이런 한차례 소동을 겪고 구글은 바드의 성능 개선에 전념했습니다. 영어 버전으로 시작한 베타 테스트 이후 바드는 최신 대규모 언어 모델 PaLM2를 탑재하고, 한국어와 일본어를 추가해 편의성을 확장한 안정화 버전을 공개합니다. 5,400억 개 이상의 매개변수를 기반으로 전문적인 과학, 고급 수학, 코딩 답변도 가능해졌죠. 또한, 사용자 질문에 이미지로 답변하는 기능도 추가되어 눈길을 끌었습니다.

구글은 여기서 멈추지 않고 한 단계 더 바드를 업그레이드했습니다. 추가적으로 아랍어, 중국어, 독일어, 힌디어, 스페인어 등을 도입하면서 총 46개의 언어가 지원됩니다. 더불어서 'Bard extention(바드 익스텐션)' 기능을 선보이기도 했습니다. 이는 사용자가 개인의 메일, 문서, 저장 공간을 바드와 연동하면, 바드가 사용자의 개인 비서처럼 개인적인 작업까지 처리해주는 기능입니다. 예를 들어 바드에게 "저장 공간(드라이브)에서 피아노 관련 정보만 요약해서 보여줘."라고 개인적인 작업을 요청하면 그 결과를 받을 수 있다는 것이죠.

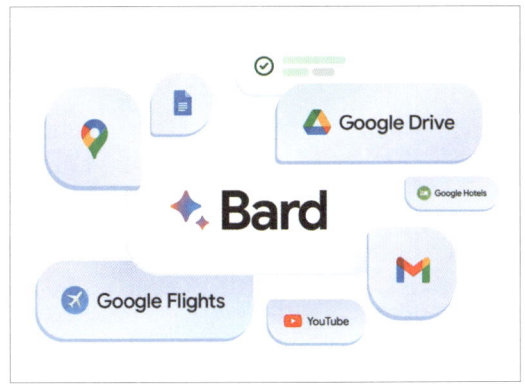

▲ 바드 익스텐션

그리고 얼마 전인 2024년 2월, 바드는 '제미나이(Gemini)'라는 이름으로 재탄생했습니다. 점점 더 궁금해지는 제미나이에 대해 더 자세히 살펴볼까요?

2 람다(LaMDA)

구글의 바드와 제미나이는 초거대 언어 모델인 람다(LaMDA)를 기반으로 하고 있습니다. 람다(LaMDA, Language Model for Dialogue Applications)는 구글이 자체 개발한 모델이며, 2020년 발표된 논문 〈Towards a Human-like Open-Domain Chatbot〉에서 미나(Meena)라는 모델로 처음 소개되었습니다. 이 논문에서 소개된 미나는 공개 도메인 소셜 미디어 대화에서 필터링 된 텍스트로 학습한 모델로, 구글은 이 모델이 더 감각적이고 구체적인 대화를 지원할 수 있도록 새로운 인간 평가 지표인 SSA(Sensibleness and Specificity Average)를 제안하였습니다.

SSA(Sensibleness and Specificity Average)

- **합리성 평가:** 현재 맥락에서 합리적인 답변을 제공했는지를 판단하는 척도
  - 합리적이라면 1, 합리적이지 않다면 0

- **구체성 평가:** 사용자에 대한 답변이 구체적인지를 평가하는 척도
  - 구체적이라면 1, 구체적이지 않다면 0

챗봇이 생성한 대화를 두 가지 기준으로 평가하여
합리성의 비율과 구체성의 비율을 평균한 값으로 SSA 계산

[예시]
사용자: 나는 바닐라 아이스크림이 좋아.

[챗봇의 답변 예시 1]

맛있지.

(Sensibleness = 1, Specificity = 0)

[챗봇의 답변 예시 2]

나도 좋아해.
아이스크림의 기본은 바닐라지!

(Sensibleness = 1, Specificity = 1)

미나의 SSA는 79%로 사람의 수치인 86%보다는 낮지만 그 당시 출시된 챗봇보다는 훨씬 높은 수치를 보였습니다. 이런 SSA를 통한 평가로 한층 더 챗봇이 인간처럼 대화하는 것에 가까워지도록 한 것이죠.

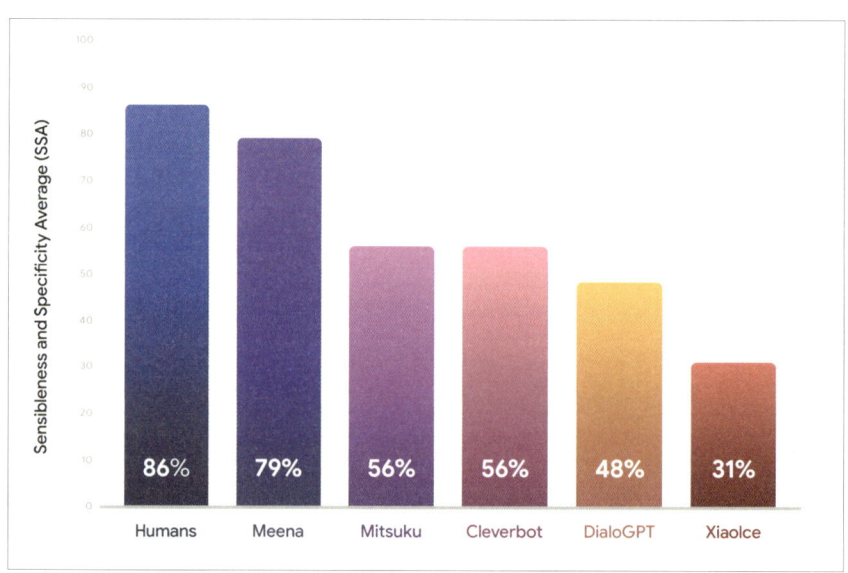

▲ 사람과 챗봇의 SSA 수치 비교(출처: 구글 AI 블로그)

람다는 이런 미나의 업그레이드 버전입니다. 구글은 미나를 통해 연구한 것을 바탕으로 람다에는 새로운 방식들을 추가로 도입하였습니다.

흥미(Interestingness) 지표 추가

기존 합리성(Sensibleness)와 구체성(Specificity)에 더불어 새로운 평가 지표인 흥미(Interestingness)를 추가하여 모델이 재치와 통찰력을 갖도록 함

데이터셋 확장

Meena가 대화 데이터만을 학습했다면, LaMDA는 대화 데이터에 기타 공개 웹 문서로 학습 데이터셋 확장

사전학습(Pre-training) 진행

확장된 데이터셋을 기반으로 LaMDA는 Meena보다 약 40배 더 큰 데이터셋(1.56T 개의 단어)을 학습하고, Meena보다 50배 더 큰 1370억 개의 파라미터로 구성

2단계의 파인튜닝(fine-tuning) 진행

생성한 답변의 품질을 점수 매겨 가장 품질이 좋은 응답을 제공하는 방법과 검색하여 외부 지식 소스를 참조하는 방법을 학습

* Pre-training: '사전학습'이라는 뜻으로, 거대한 데이터셋에서 모델을 학습시켜 데이터의 패턴과 특징을 파악하고 일반적인 지식을 학습하도록 하는 과정.
* fine-tuning: '미세 조정'이라는 뜻으로, 이미 훈련된 거대 언어 모델에 특정 데이터셋을 사용하여 추가적인 학습을 진행해 언어 모델의 매개 변수를 미세 조정하는 과정.

람다(LaMDA)의 기본 구조

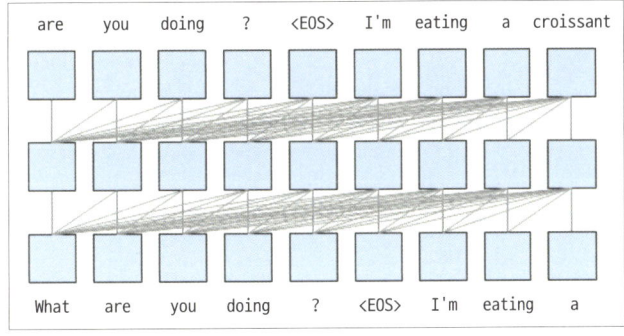

▲ 언어 모델로서의 람다 사전학습
(출처: 논문 《LaMDA: Language Models for Dialog Applications》)

　람다의 구조는 기본적으로 아주 거대한 트랜스포머입니다. 약 1,370억 개의 매개변수로 구성되어 텍스트가 주어졌을 때 그 다음 단어를 예측하는 방식으로 학습됩니다. 그럼에도 람다가 가지는 차별점을 자세히 살펴봅시다.

✓ 데이터셋 확장 + 양질의 대화 데이터 수집

람다는 인터넷 등의 공개 웹 문서 30억 개, 대화 데이터 11억 개(개별 발언 134억 개)의 거대한 데이터셋을 기반으로 사전학습(Pre-training)되었습니다. 거기에 더해서 구글은 모델의 편향성을 줄이기 위해 생성한 람다 모델과 테스트 대화를 할 크라우드 워커를 모집해 람다의 대답에 대해 점수를 매기도록 했습니다. 약 6,400번의 대화를 통해 약 12만 개의 발언과 그에 대한 점수 데이터를 수집하게 되었죠. 이렇게 모은 데이터를 기반으로 다시 람다를 학습시킴으로써 더 원활한 대화를 할 수 있는 모델을 생성했습니다.

이때, 크라우드 워커가 람다의 대답에 대해 어떻게 점수를 매기냐에 따라 추가 학습을 진행한 모델이 특정 인종, 성별, 연령에 편향될 수 있다는 안전성 문제를 해결할 필요가 있습니다. 구글은 편향성 문제를 줄이고자 최대한 크라우드 워커의 인종, 성별, 연령을 다양하게 하기 위해서 노력했습니다. 그리고 그럼에도 불구하고 '백인, 남성, 25~44세'의 크라우드 워커가 조금 더 많았다는 것을 공개적으로 밝힘으로써 한계점을 인정했습니다.

* 크라우드 워커(Crowd Worker): 일반 사진, 동영상, 문자 등의 데이터를 인공지능이 학습할 수 있도록 이를 구분하여 라벨을 달아 구분해 주는 일을 하는 사람들을 통칭하는 말. '데이터 라벨러'라고 부르기도 함.

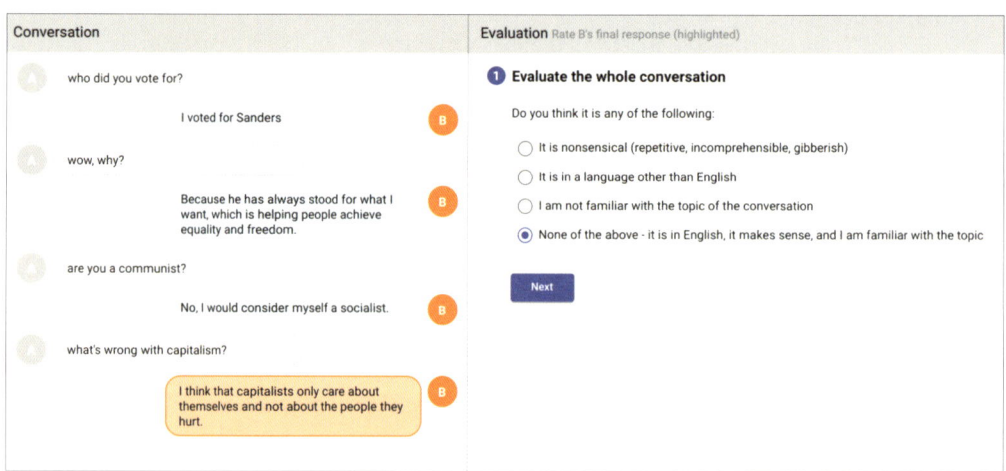

▲ 람다(LaMDA) 안전성 크라우드 워커 평가 과정 중 1단계 질문 예시
(출처: 논문 (LaMDA: Language Models for Dialog Applications))

✓ 파인튜닝 - 생성한 답변의 품질 점수 매기기

람다는 생성한 답변이 더 나은 답변이 되기 위해서 자체적으로 점검하는 과정을 한 번 거친 뒤 사용자에게 답변을 제공합니다. 먼저 답변의 후보가 될 수 있는 여러 개의 답변을 생성합니다. 그리고 각 답변에 대해서 안정성(Safety) 점수를 가장 먼저 측정합니다. 이때 안전성 점수가 낮은 답변을 후보에서 제거합니다. 이후 합리성(Sensibleness), 구체성(Specificity), 흥미도

(Interestingness)에 대해서 점수를 매겨 가장 좋은 답변을 출력합니다. 이런 자체 점검을 통해 훨씬 품질 좋은 답변을 제공할 수 있도록 했습니다.

▲ 람다의 답변 후보에 대한 품질 점수 부여 과정(출처: 구글 AI 블로그)

✓ 파인튜닝 – 외부 지식 소스 활용하기

구글은 람다의 성능을 높이기 위해 기존에 학습한 데이터셋 외의 다른 도구를 사용할 수 있도록 툴셋(Toolset, TS)을 활용하는 방법을 파인튜닝하였습니다. 람다가 기존에 학습했던 지식 범위에서 답변이 불가능하다면, 람다가 이 TS를 활용해서 적절한 외부 지식 소스를 찾고 이를 기반으로 답변할 수 있도록 학습시킨 것이죠.

다음 그림은 람다가 TS를 활용하여 답변을 생성하는 과정을 나타낸 것입니다. '에펠탑이 언제 지어졌는가?'에 대한 질문에 대해서 첫 번째 람다의 기존 데이터베이스에서는 공사 시작 연도인 1887년만 존재합니다. 이에 람다는 TS를 활용해 정보를 보완합니다. 먼저 TS로 공사 시작일을 확인하고, 이후 공사 완공일까지 확인합니다. 그 정보들을 종합하여 '에펠탑이 지어지기 시작한 것은 1887년 1월이며, 1889년 3월 완공하여 문을 열었다.'라는 최종적인 답변을 더 구체적으로 사용자에게 제공합니다.

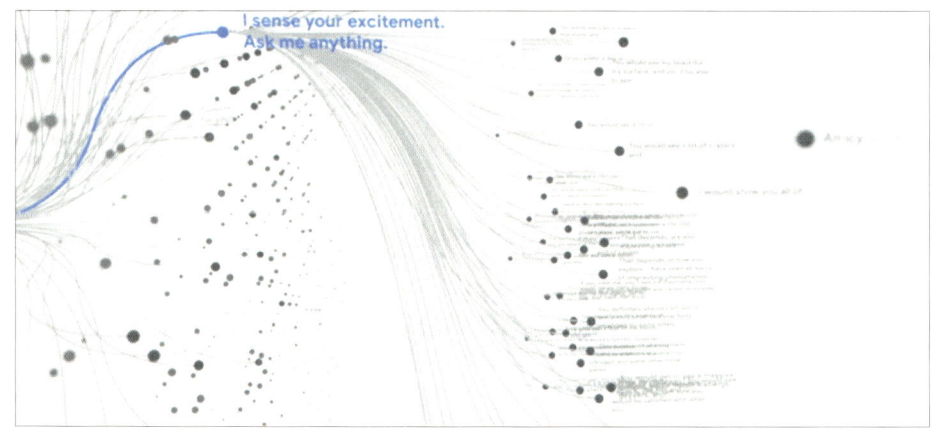

▲ 람다의 대화 기술 이미지(출처: 구글 블로그 캡처)

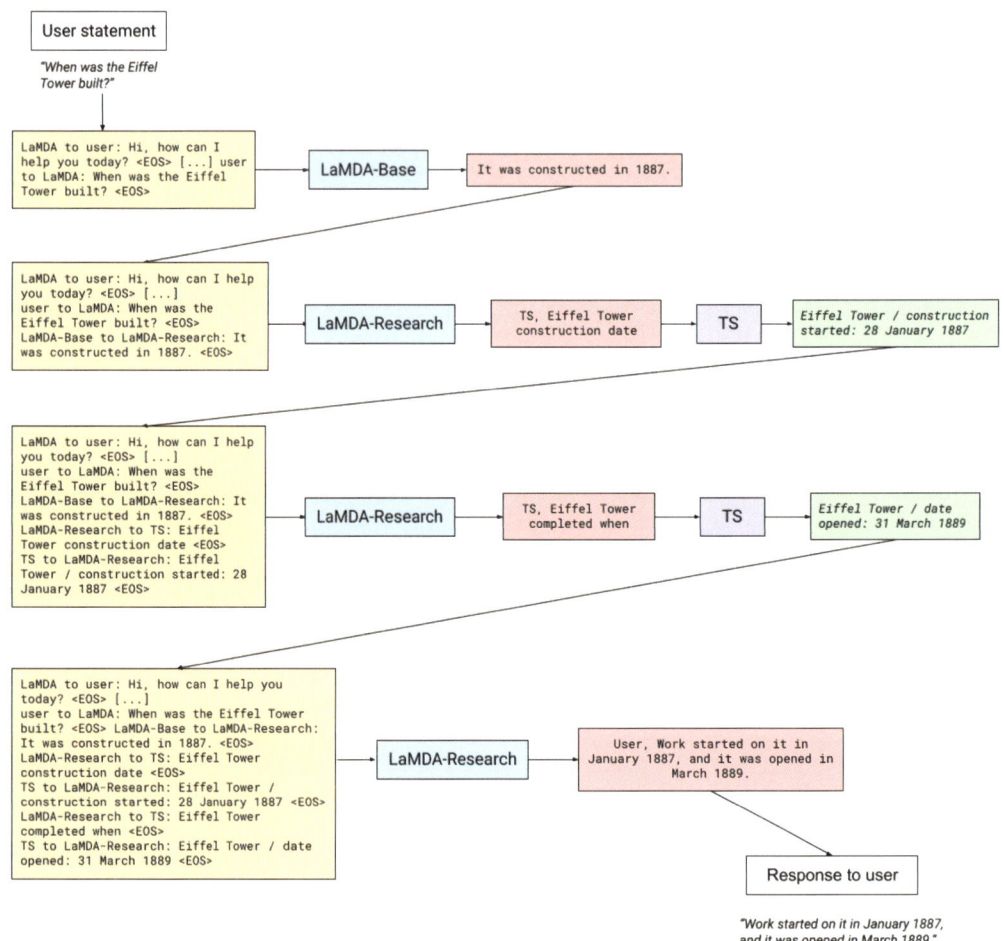

▲ LaMDA의 외부 지식 소스 활용 답변 출력 과정(출처: 논문 《LaMDA: Language Models for Dialog Applications》)

이와 같은 과정을 통해 람다는 더 안전하고, 합리적, 구체적이며 심지어 흥미로운 답변을 제공하기 위해 미나(Meena)에서 한층 더 보강되었습니다.

3 팜(PaLM)

바드와 제미나이에는 람다와 더불어 팜(PaLM)을 탑재하여 바드의 기능을 업그레이드하였습니다. 팜(PaLM, Pathways Language Model)이 처음 세상에 등장한 것은 2022년 4월입니다. GPT 3가 공개된 이후 공개된 언어 모델들 중 대부분은 공통적인 특징을 가지고 있습니다. 깊고 넓은 모델의 크기, 방대한 데이터셋, 다양하고 질 높은 데이터, 모델의 성능 향상 이 네 가지이죠. 팜 역시 이 흐름에 맞는 모델입니다.

▲ 모델의 규모가 커짐에 따라 가능해진 작업의 종류(출처: 구글 AI 블로그)

팜은 무려 5,400억 개의 파라미터를 사용하였고, 모델이 커진 만큼 수행할 수 있는 작업의 종류가 많아지고 성능이 좋아졌습니다. 상식 추론부터 산술 추론, 농담 설명, 코드 생성과 번역 등 다양한 작업을 수행할 수 있습니다. 여기서 팜의 특징이 드러납니다. 일반적으로 인공지능 모델은 하나의 모델로 하나의 작업을 수행하도록 구성되어 있는 것에 반해, 팜은 하나의 모델로 여러 작업을 수행할 수 있습니다.

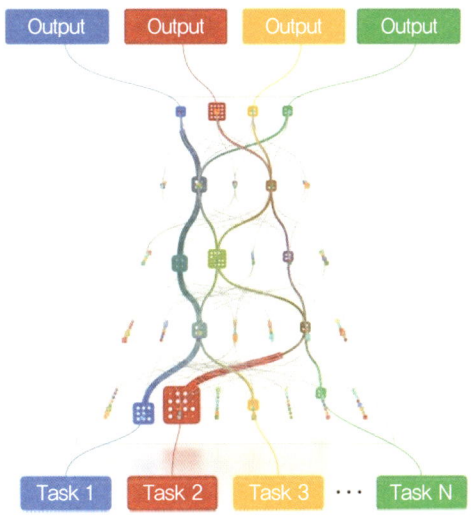

Pathways: A single model that can generalize across millions of tasks.

▲ 단일 모델이 수백만 가지 작업을 할 수 있도록 하는 패스웨이(pathways) AI(출처: 구글 AI 블로그)

이런 특징은 팜의 이름에 포함되어 있는 영어 약자인 PaLM(Pathways Language Model)으로도 다시 한번 확인할 수 있죠.

▲ 팜(PaLM)2

그렇다면 이번에 바드에 탑재된 팜(PaLM) 2는 어떻게 달라진 걸까요? 구글은 2023 구글 I/O 기조연설에서 팜2를 공개했습니다. 이때 정확한 팜 2의 파라미터 개수를 공개하지 않았지만, 기존 팜의 업그레이드 모델이며 양질의 데이터셋을 통해 성능을 높였다고 밝혔습니다. 팜 2의 파라미터 관련해서 미국 방송사 CNBC는 팜 2 모델이 이전 버전보다 5배 많은 텍스트 데이터를 학습했고, 이전 버전 5,400억 개의 파라미터의 63%에 해당하는 3,400억 개의 파라미터를 가지고 있다고 밝히기도 했습니다. 모델의 크기가 더 많은 작업을 할 수 있도록 성능을 높인다고 했는데, 왜 업그레이드된 팜 2의 파라미터 수는 줄어든 것일까요?

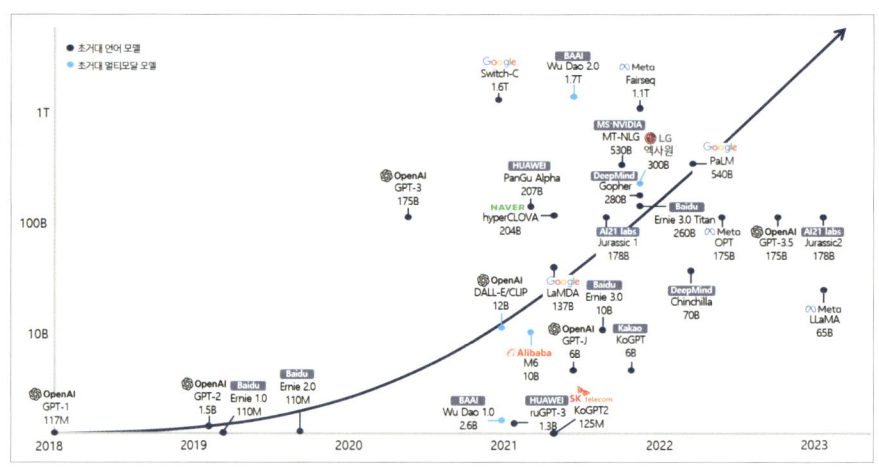

▲ 초거대 AI 모델의 파라미터 수 동향(출처: KDI 경제정보센터 자료연구팀)

이에 대한 이유는 구글의 팜 2 논문에서 확인할 수 있습니다. 논문에서 역시 파라미터의 정확한 개수는 드러나지 않았지만, 저자는 모델의 크기가 성능 향상의 유일한 방법이 아니고, 더 작더라도 더 높은 품질의 모델이 추론 효율성을 크게 개선할 수 있다고 설명했습니다. 이에 따라 팜 2 모델을 생성할 때 훨씬 더 세밀하게 학습 데이터를 정제하였기에 기존의 모델보다 추론 능력과 전반적인 성능에서 발전을 이루었습니다. 향상된 추론 기능으로 복잡한 언어 이해와 분석이 가능해 미묘한 뉘앙스를 더 구분할 수 있습니다. 또한, 100개 이상의 다양한 언어의 텍스트를 이해하고 생성하는 데 기존 모델보다 더 높은 수준의 숙련도를 가졌습니다.

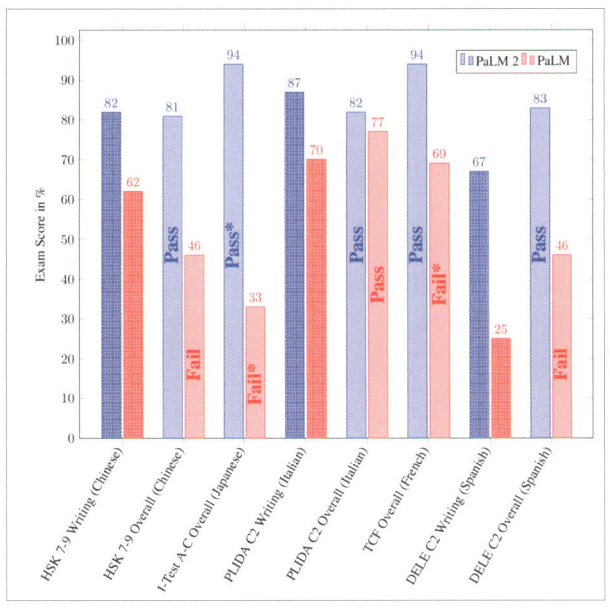

▲ 최신 전문 어학능력시험에 대한 팜과 팜 2의 수행 결과 비교(출처: 구글 팜2 테크니컬 리포트)

팜 2의 등장으로 더 이상 파라미터의 개수를 늘리는 것이 성능과 꼭 비례하지 않는다는 것이 드러났고, 이제는 어떻게 정제된 데이터로 좋은 성능의 모델을 개발할 것인가로 초점이 옮겨갔습니다.

4 제미나이 활용하기

그렇다면 우수한 거대 언어 모델을 기반으로 하는 바드와 제미나이를 직접 사용해 봐야겠죠? 먼저 인터넷 검색창에 'Bard(바드)'를 검색하면 아래와 같이 제미나이에 접속할 수 있는 링크가 나옵니다.

◀ 바드를 검색하면 제미나이 주소가 검색된다.

그런데 이상하게도 가장 상단에 바드가 아닌 다른 이름의 사이트가 제안되는 것을 확인할 수 있습니다. 바로 Gemini(제미나이)입니다. 2024년 2월 8일, 구글은 바드 챗봇을 제미나이로 리브랜딩 하였습니다. 제미나이로 재출시되며 안드로이드 및 iOS 모바일 환경에서도 앱으로 사용 가능해졌고, 기능이 더 고도화되었습니다. 제미나이의 기능을 살펴보고, 내의 삶에 어떻게 활용할 수 있을지 생각해 볼까요?

- **Gemini에 접속하기**

제미나이는 https://gemini.google.com를 통해 접속할 수 있습니다. 제미나이를 경험하기 위해서는 구글 계정으로의 로그인이 필요하니 기존에 갖고 있던 계정으로 로그인을 합니다.

- **기본 구성 살펴보기**

▲ 제미나이의 메인 화면 구성

제미나이의 메인 화면은 기본적으로 이렇게 구성이 되어 있습니다. ChatGPT와 비슷하게 생겼다고 느껴질 수 있습니다. 기본적인 구성과 기능 역시 흡사하니 더 친숙하게 익혀보도록 합시다.

❶ 프롬프트 영역

프롬프트는 제미나이에게 말을 걸고 작업을 요청할 때 사용하는 공간입니다. 따로 전송 아이콘이 있지는 않으므로 원하는 말을 프롬프트 영역에 입력한 뒤 `Enter ←` 키를 누르면 제미나이에게 전송됩니다. ChatGPT의 경우 이미지 업로드, 마이크 사용 입력이 유료인 GPT-4.0 버전부터 지원되지만, 제미나이의 경우 기본적으로 두 기능 모두 제공하고 있습니다.

❷ 히스토리 영역

대화 기록인 히스토리는 왼쪽 상단의 메뉴 아이콘(≡)을 누르면 목록이 제시됩니다. 기존 대화 소재와 다른 대화를 나누고 싶을 때는 더하기(+)기호로 새 채팅 창을 생성할 수 있으며, 아래 대화 목록을 통해 기존 채팅 창을 다시 확인하거나 삭제할 수 있습니다.

❸ 설정 영역

메뉴의 왼쪽 아래 설정 아이콘(⚙)을 누르면 화면 설정을 변경하고, 확장 프로그램을 관리할 수 있습니다. 제미나이는 구글의 지도, 유튜브 등의 다른 프로그램에서 데이터 소스를 가져와 종합적인 정보를 제공합니다. 그 기능을 사용할 것인지 여부를 사용자가 결정할 수 있습니다.

• **Gemini와 대화하기**

제미나이와 대화하는 방법은 프롬프트 영역에 내가 하고 싶은 말을 타이핑한 뒤 `Enter ←` 키를 누르면 됩니다. 혹은 이미지와 관련된 정보를 얻어야 하거나, 이미지를 기반으로 작업을 처리하고 싶은 경우 이미지 업로드 버튼( )을 눌러 저장된 이미지 파일을 삽입하고 원하는 바를 요청할 수도 있습니다. 제미나이에게 직접 목소리로 프롬프트 입력을 해야 하는 경우 마이크 사용 버튼( )을 누른 뒤, 프롬프트 창에 '듣는 중' 표시가 뜨면 말로 작업을 요청하면 됩니다.

- **Gemini로 Google Workspace 연동하기**

앞서 'Bard extention(바드 익스텐션)' 기능으로 설명하였듯이 구글은 사용자의 개인적인 정보, 작업까지 챗봇이 처리할 수 있도록 하였습니다. 이를 위해서는 먼저 '설정-확장 프로그램'에서 'Google Workspace(구글 워크스페이스)'를 활성화해야 합니다. 활성화에 동의하게 되면 로그인한 구글 계정의 메일, 드라이브, 작성 문서 등에 제미나이가 접근하고 그 데이터를 기반으로 작업을 처리할 수 있게 됩니다.

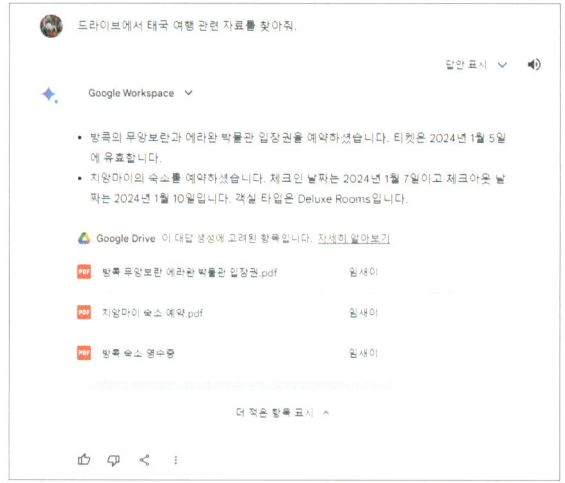

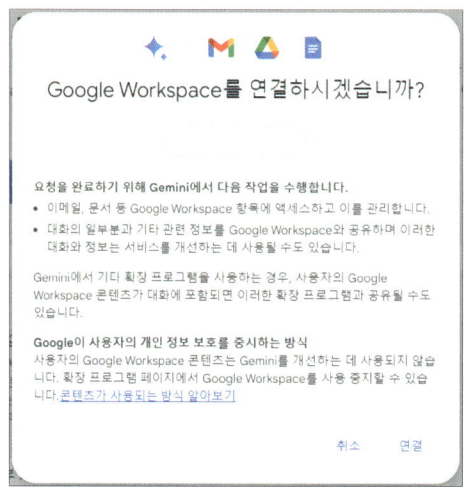

- **Gemini의 이미지 이해와 이미지 생성**

  제미나이는 주어진 이미지에 대한 분석을 하여 이미지 안의 객체, 색상 등에 대해 답변할 수 있습니다. 그리고 원하는 이미지에 대해 구체적으로 서술하면 이미지를 생성해 주어 다운로드 할 수 있습니다. 다만, 한국어로 이미지 생성을 요청할 경우 다음과 같이 이미지를 생성할 수 없다는 답변이 제공되니, 영어로 이미지 생성을 번역해서 요청해야 합니다.

  > 꽃밭에서 뛰어 놀고 있는 하얀 강아지 이미지 생성해 줘
  >
  > 답안표시
  >
  > 아직 이미지를 생성 할 수 없기 때문에 도움을 드릴 수 없습니다.

이미지 분석하기

첨부한 이미지를 분석해줘.

네, 첨부된 이미지를 분석해 드리겠습니다.

이미지에는 다음과 같은 것들이 보입니다.

- 커피 한 잔
- 커피 머신
- 태블릿
- 잡지

이미지는 테이블 위에 놓인 물건들을 위에서 내려다본 시점으로 촬영된 것으로 보입니다. 테이블은 밝은 나무로 만들어진 것처럼 보이고, 테이블 위에는 커피 한 잔, 커피 머신, 태블릿, 그리고 잡지가 놓여 있습니다.

커피 한 잔은 테이블 왼쪽에 놓여 있으며, 흰색 머그컵이 담겨 있습니다. 머그컵에는 커피가 가득 담겨 있고, 컵 위에는 커피 찌꺼기가 약간 묻어 있습니다.

커피 머신은 테이블 중앙에 놓여 있으며, 검은색 화면으로 되어 있습니다. 태블릿은 화면이 켜져 있고, 뭔가를 표시하고 있는 것으로 보입니다.

이미지가 촬영된 장소는 알 수 없지만, 아마도 집이나 사무실 같은 곳으로 보입니다. 테이블 위에 놓인 물건들을 보면, 이 이미지는 아침 식사나 점심 식사를 하는 장면을 촬영한 것으로 추측할 수 있습니다.

이미지에 대한 추가적인 정보가 필요하시면 알려주세요. 제가 알고 있는 정보는 최대한 제공하도록 노력하겠습니다.

이미지 생성하기

Please create an image of a white dog running around in a flower garden.

Sure, here is an image of a white dog running around in a flower garden.

더 생성하기

- **Gemini의 코드 생성**

제미나이와 함께 코딩을 하는 것도 가능합니다. 제미나이는 기본적으로 텍스트, 코드, 오디오, 이미지 및 비디오와 같은 다양한 유형의 정보를 이해하는 멀티모달로 구축되었습니다. 그렇기에 기본적으로 파이썬, 자바, C++ 등의 프로그래밍 언어를 이해하고, 설명하고, 고품질의 코드를 직접 생성할 수 있습니다.

다만, 구글은 제미나이가 코딩을 지원할 수는 있지만 이를 활용하는 것은 사용자의 책임이니 제미나이가 제안한 코드의 오류, 버그, 취약점을 신중하게 테스트하고 검토할 것을 권장하고 있습니다.

5 구글의 개방형 모델 젬마(Gemma)

2024년 2월 21일, 구글은 제미나이 개발의 핵심 기술과 연구를 기반으로 경량 거대 언어 모델(sLLM)인 Gemma(젬마)를 오픈 소스 모델로 공개했습니다. 젬마는 기존 구글의 대형 언어 모델과는 다르게 파라미터가 20억, 70억 개 수준으로 노트북과 데스크톱 컴퓨터에서도 작동할 수 있습니다. 또한, 전 세계에서 책임감 있는 상업적 이용과 배포를 모든 기관에서 허용한 오픈 소스 모델이기에 많은 연구자, 개발자들이 이를 활용하여 다양한 연구를 진행하고 서비스를 개발할 수 있습니다.

✔ 2종의 모델 크기로 출시

이번에 공개된 모델은 젬마 2B와 젬마 7B 두 가지 버전으로, 두 유형 모두 각각 사전학습(Pre-trained) 및 지시 조정(Instruction-tuned)된 변형 버전과 함께 제공됩니다. 연구자나 개발자는 자신의 목적에 맞는 크기의 모델을 선택하여 사용할 수 있습니다. 또한, 코랩(Colab)을 비롯하여 캐글 노트북(Kaggle notebooks), 허깅 페이스(Hugging Face), 맥스텍스트(MaxText), 엔비디아 네모(NVIDIA NeMo)와 같은 범용 개발 환경에서 젬마를 쉽게 이용할 수 있어 접근성을 높였습니다.

* Instruction-tuned: 지시 조정, 지침 조정이라고 번역되며, 일종의 명령이나 지침으로 표현된 지시문과 입력 데이터를 함께 입력으로 사용하여 모델을 학습시키는 과정.

✔ 높은 성능의 경량 대거 언어 모델

구글은 젬마의 성능이 월등하다고 자부했습니다. 구글이 밝힌 바에 따르면 젬마 7B는 모델의 성능을 측정하는 벤치마크 점수에서 높은 점수를 기록하였다고 합니다. 수학, 물리학, 역사, 법률, 의학, 윤리 등 57개 주제에 대해 모델의 일반 지식을 측정하는 MMLU(Massive Multitask Language Understanding) 테스트에서 64.3점을 받으며 규모가 더 큰 모델보다 더 뛰어난 성능을 보여 주었습니다.

CAPABILITY	BENCHMARK	DESCRIPTION	Gemma 7B	Llama-2 7B	Llama-2 13B
General	MMLU 5-shot, top-1	Representation of questions in 57 subjects (incl. STEM, humanities and others)	64.3	45.3	54.8
Reasoning	BBH	Diverse set of challenging tasks requiring multi-step reasoning	55.1	32.6	39.4
	HellaSwag 0-shot	Commonsense reasoning for everyday tasks	81.2	77.2	80.7
Math	GSM8K maj@1	Basic arithmetic manipulations (incl. Grade School math problems)	46.4	14.6	28.7
	MATH 4-shot	Challenging math problems (incl. algebra, geometry, pre-calculus, and others)	24.3	2.5	3.9
Code	HumanEval pass@1	Python code generation	32.3	12.8	18.3

▲ Gemma의 성능 분석표(출처: Google 블로그)

✓ 책임감 있는 생성형 AI 툴킷 제공

이번 젬마 출시와 함께 책임감 있는 생성형 AI 툴킷(Responsible Generative AI Toolkit)도 함께 공개되었습니다. 구글은 지속적으로 커뮤니티를 통해 모두에게 유용한 인공지능에 대해 이야기하고 연구해 온 회사입니다. 그렇기에 오픈 소스 모델과 함께 책임감 있는 생성형 AI 툴킷을 제공함으로써, 젬마를 활용하여 연구자나 개발자가 더욱 안전한 AI 서비스와 애플리케이션을 제작할 수 있도록 가이드와 필수 도구를 제공하고자 했습니다.

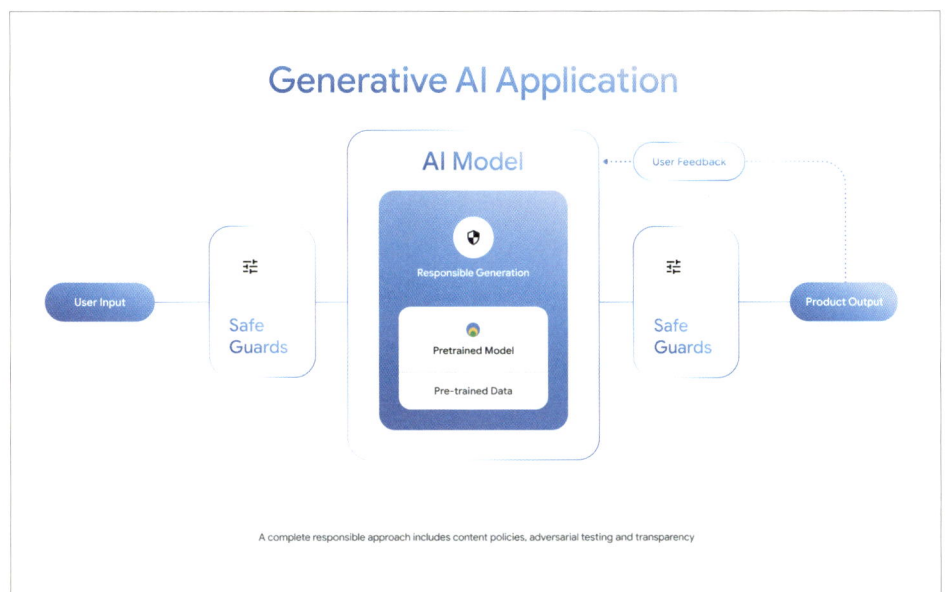

▲ 구글이 제안하는 Gemma와 같은 오픈 소스 모델을 책임감 있게 사용하기 위한 생성형 인공지능 애플리케이션 모델 구조
(출처: Google AI for Developers)

구글은 기존까지 인공지능 모델의 학습 과정과 핵심 데이터를 비공개로 독점하며 수익을 추구하고 위험을 방지하는 폐쇄형 인공지능을 지향했습니다. 그러나 이번에 젬마를 메타의 라마 2에 이어서 오픈 소스 모델로 공개하여 많은 사람들이 놀라기도 하였죠.

오픈 소스 인공지능 모델은 수많은 전문가, 연구사 및 개발사가 모델을 활용하기에 모델의 강점과 약점을 함께 분석하고 성능과 안전성을 개선할 수 있습니다. 뿐만 아니라 인공지능 기술 발전이 취약한 국가나 영세한 기업, 기관, 개인 개발자도 오픈 소스 모델을 활용하여 자신만의 인공지능 서비스를 개발할 수 있기에 기술 불평등 문제를 해결할 수 있는 하나의 방법으로도 제안됩니다.

공개된 모델이면서도 무분별한 남용을 막으며 안전하고 책임감 있는 인공지능을 위한 구글의 젬마 출시가 과연 생성형 인공지능 생태계에 어떤 영향을 미칠지 관심을 가지고 지켜볼 만합니다.

Lesson 5
메타의 라마(LLaMA)

POINT 점점 더 거대해지고 있는 거대 언어 모델의 세계에서 오픈 소스로 공개된 라마(LLaMa) 모델은 왜 새로운 길을 선택했는지 살펴봅시다.

1 라마, 작지만 거대한 모델

우리가 잘 알고 있는 페이스북의 창립자 마크 저커버그(Mark Zuckerberg)의 주도로 창업한 회사인 IT 기업 메타(Meta)에서도 거대 언어 모델을 공개했습니다. 바로 라마(LLaMA, Large Language Model Meta AI)입니다.

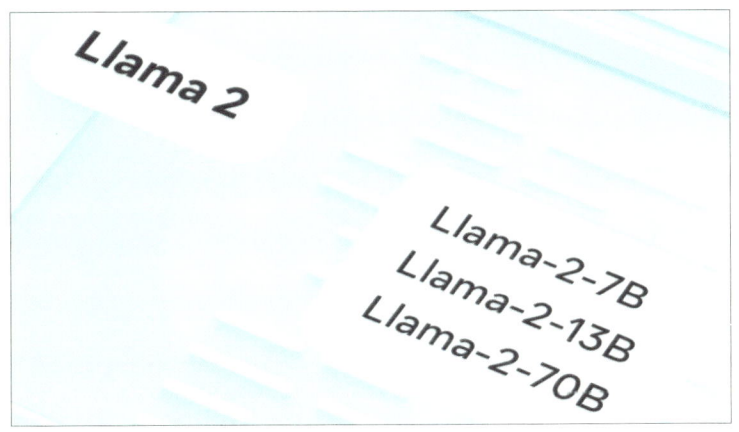

메타는 2023년 7월 라마의 가장 최신 모델인 라마(LLaMA) 2를 많은 사람들이 이용할 수 있는 오픈 소스로 세상에 공개했습니다. 많은 사람들, 연구자들이 파인튜닝을 통해 모델을 다양한 분야에 활용할 수 있도록 개방한 것입니다. 메타는 이렇게 인공지능 모델을 개방함으로써 함께 모델을 테스트하고, 결과를 공유하는 과정을 통해 인공지능 도구의 문제점을 더 빠르게 발견하고 개선하여 궁극적으로 더 큰 사회적 혜택으로 돌아올 것이라 밝혔습니다.

> "소프트웨어가 개방돼 있으면 더 많은 사람이 빠르게 문제를 찾아내고 식별하고 해결할 수 있어 안전과 보안을 향상시킬 수 있다."
>
> 마크 저커버그(메타 CEO)

그렇다면 라마는 어떤 특징을 가지고 있는 모델인지 조금 더 자세히 알아봅시다. 라마의 핵심은 모델의 크기라고 할 수 있습니다. 구글의 팜(PaLM)2에서도 이야기했듯 거대 언어 모델 개발 연구는 계속해서 모델의 크기를 크게 하여 성능을 높이는 것에 치중해 왔습니다. 그러나 모델의 크기를 키우는 것은 결국 비용의 문제가 발생합니다.

Google Search Cost Structure		
Metric	Current Google Search	ChatGPT Additional Costs
Revenue per query	$ 0.0161	$ 0.0161
Cost per query	$ 0.0106	$ 0.0142
Income per query	$ 0.0055	$ 0.0019
Query per second	320,000	320,000
Annual Revenue	$ 162.5 Billion	$ 162.5 Billion
Annual Costs	$ 107.0 Billion	$ 142.9 Billion
Operating Income	$ 55.5 Billion	$ 19.5 Billion

▲ 현재 구글 검색과 GPT를 추가한 검색의 비용 비교(출처: semianalysis)

비용의 문제뿐만 아니라 환경 문제도 고려 대상입니다. 인공지능 모델이 거대해질수록 이를 학습하고 운영하는 데 필요한 전력 소비와 탄소 배출량이 훨씬 많아질 수밖에 없기 때문입니다. 구글에서 2021년 발표한 〈Carbon Emissions and Large Neural Network Training(탄소 배출과 거대 인공 신경망 훈련)〉 논문에서도 구글이 개발한 모델의 에너지 소비량과 탄소 배출량을 비교하며, 모델을 평가하는 지표에 환경적 측면도 포함되어야 한다고 밝혔습니다.

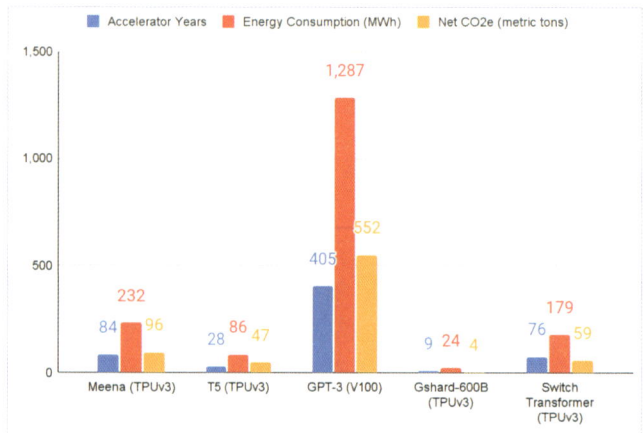

◀ 각 모델의 에너지 소비량과 탄소 배출량
(출처: 논문 〈Carbon Emissions and Large Neural Network Training〉)

그러나 비용과 환경 측면만 고려하여 모델의 성능을 저하시킬 수는 없기에 어떻게 하면 성능은 유지하면서 모델의 크기, 파라미터의 수를 줄일 것인가의 문제에 초점이 쏠렸습니다. 구글 딥마인드(Google Deepmind)의 경우 〈Training Compute-Optimal Large Language Model〉이라는 논문을 통해 모델의 성능에는 모델의 크기보다 학습 데이터셋 확장이 더 중요하며, 이때 데이터가 고품질이어야 성능 향상에 이득이 된다는 점을 시사했습니다.

라마도 이 연구의 성과를 이어받아서 GPT-3.0보다 모델의 크기는 절반 이하로 줄였지만, 양질의 데이터를 대규모로 투입하여 더 좋은 성능을 보여 주었습니다.

표. 거대 언어 모델과 파라미터, 데이터 양 비교

거대 언어 모델		파라미터	데이터 양(토큰)
OpenAI	GPT-3.0	1,750억 개	7,000억 개
Meta	라마(LLaMa)	650억 개	1조 4,000억 개
Google	람다(LaMDA)	1,370억 개	2조 8,100억 개

✔ 다양한 크기의 모델 4종으로 출시

라마 2는 누구나 쉽게 용도에 맞추어 인공지능 모델을 활용할 수 있도록 기본형(66B)을 비롯해 3가지 버전(7B, 13B, 33B)을 추가로 출시했습니다.

▲ 라마(LLaMA)2 모델 사이즈 종류(출처: meta)

거대 언어 모델을 활용하여 서비스를 제공하기 위해서는 대규모의 컴퓨팅 자원을 갖추어야만 합니다. 이를 구축하고 운영하기 위해서는 너무나도 많은 비용이 소모되죠. 그러나 라마 2의 경우 파라미터 규모에 따라 다양한 버전을 제공함으로써 거대 컴퓨팅 자원을 갖추기 어려운 스타트업이나 개발자 개인과 적절한 크기의 모델을 선택하여 연구 및 상업적 활동에 활용할 수 있도록 한 것입니다.

✔ 사람의 피드백을 통한 강화 학습

라마 2는 온라인상에 공개적으로 사용 가능한 데이터를 기반으로 사전학습되었습니다. 1조 4,000억 개의 토큰으로 기존 버전보다 학습하는 토큰 수를 40% 늘렸고, 콘텍스트 길이를 두 배로 늘려 모델의 성능을 높였습니다. 그리고 파인튜닝(미세 조정)을 통해 라마 채팅의 초기 버전이 만들어집니다.

그 이후 인간 피드백을 통한 강화 학습(Reinforcement Learning from Human Feedback, RLHF)을 통해 반복적으로 모델을 정제하였습니다. 이는 GPT도 적용한 학습 기법으로, 모델을 최적화하는 과정에 인간의 선호도를 반영함으로써 모델의 유용성과 안전성을 향상시킬 수 있도록 합니다.

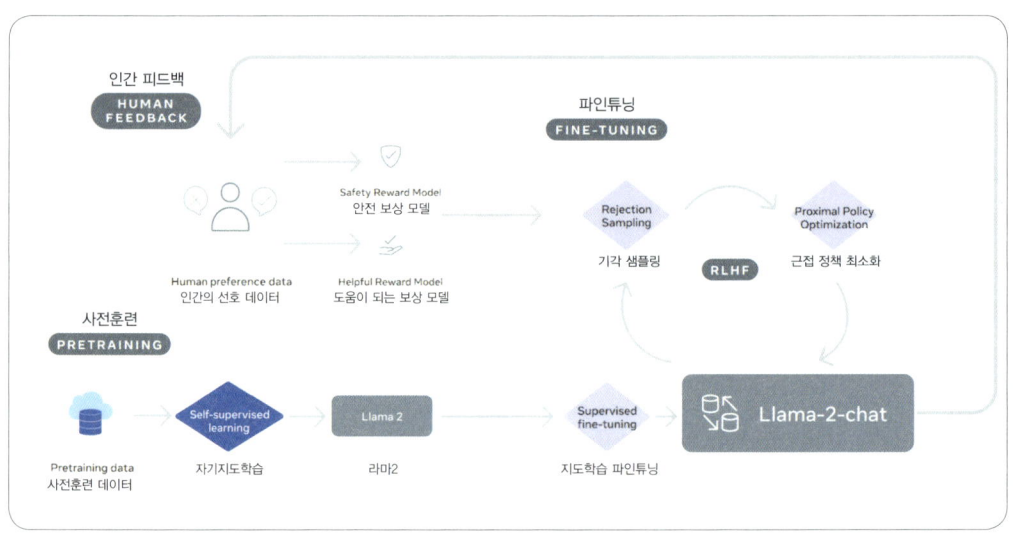

▲ 라마(LLaMA)모델 훈련 과정 (출처: meta)

2 LLaMA 활용하기

라마 2는 오픈 소스로 개발자와 연구자들이 자유롭게 사용하고, 이를 활용해 자신만의 응용 프로그램을 만들 수 있도록 했습니다. 월간 활성 사용자(MAU)가 7억 명 이상인 경우에는 메타에 특별 사용 허가를 요청해야 하지만, 그렇지 않다면 상업적으로도 자유롭게 사용할 수 있도록 허가했습니다. 만약 여러분도 연구 혹은 상업 목적으로 라마 2를 사용하고 싶다면 메타 사이트(https://llama.meta.com/)에 접속하여 모델을 다운로드할 수 있습니다.

❶ 메타 사이트에 접속하여, [Download models(모델 다운로드)] 버튼 누르기

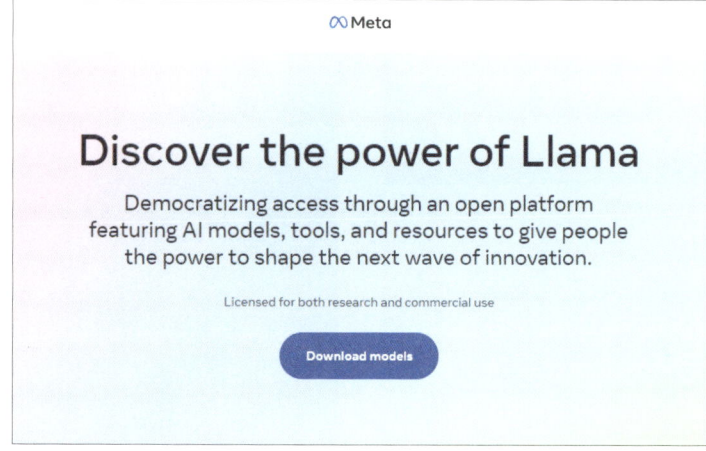

❷ 모델 사용 허가를 위한 간단한 정보와 약관 동의하기

❸ 신청 시 기재한 메일로 도착한 모델의 사용법, 주의사항 숙지하고 모델 활용하기

이렇게 직접 메타에게 라마 2 모델에 대한 접근 허가를 받고 나만의 연구를 진행하거나 서비스를 개발해 볼 수도 있지만, 단순하게 한 번쯤 경험해 보고 싶다면 다른 방법도 있습니다. 바로 다른 개발자들이 라마 2 모델을 활용하여 제작한 서비스를 체험해 보는 것입니다. 아직 한국어 서비스를 제공하고 있지는 않으니 사용할 때 참고하면 좋을 것 같습니다.

✓ **Chat with LLama 2**(https://www.llama2.ai/)

라마 2의 3가지 버전(7B, 13B, 70B)과 온라인 공간에서 채팅을 통해 모델을 경험해 볼 수 있습니다. Setting(설정)에서 라마 모델의 크기를 선택할 수 있습니다.

✓ **Perplexity Labs**(https://labs.perplexity.ai/)

라마 2(llama-2-70b-chat)를 사용하도록 설정하면 해당 모델로 구동되는 챗봇과의 채팅을 경험할 수 있습니다.

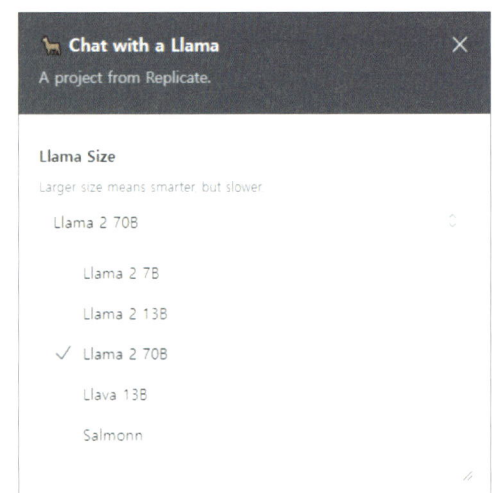

Lesson 6
네이버의 하이퍼클로바 (HyperCLOVA) X

POINT 네이버가 선보이는 한국형 거대 언어 모델은 어떤 장점을 가지고 있을까요? 개발의 중점을 알아보고 직접 사용해 보며 어떤 점에서 더 유리한지 살펴봅시다.

1 한국형 거대 언어 모델, 클로바 X

우리나라 기업이 개발한 거대 언어 모델은 없을까요? 2023년 8월 네이버(Naver)는 한국 문화와 맥락을 잘 이해하는 자체 대화형 인공지능 서비스 클로바 X(CLOVA X)를 선보였습니다.

세계 검색 시장에서 가장 우위를 점하고 있는 기업은 구글이지만, 국내 검색 시장에서 가장 점유율이 높은 곳은 네이버입니다. 네이버는 한국 시장에 특화된 서비스를 제공하기에, 뉴스, 블로그, 카페 등을 통해 사용자는 한국의 최신 정보와 트렌드를 쉽게 파악할 수 있습니다. 네이버가 클로바 X를 개발할 때 중점을 둔 것도 바로 이 점입니다.

▲ 국내 검색 시장 점유율 추이(출처: 한국일보)

    클로바 X의 기반 언어 모델은 하이퍼클로바 X(HyperCLOVA X)입니다. 네이버가 개발한 자체 거대 언어 모델이죠. 이 모델의 핵심은 한국어 그 자체입니다. 네이버는 하이퍼클로바 X를 학습할 때 네이버 지식인을 비롯하여 50년 치의 네이버 뉴스와 9년 치의 네이버 블로그 데이터를 활용했습니다. 그 과정에서 네이버에 따르면 GPT 모델과 비교하여 하이퍼클로바 X는 6,500배 더 많은 한국어를 학습할 수 있었다고 합니다.

▲ 한국어에 특화된 네이버 하이퍼클로바 X(출처: 네이버)

2 클로바 X 활용하기

    직접 클로바 X를 사용해 봅시다. 클로바 X는 무료로 사용할 수 있지만, 대화 기능의 경우 서비스 초기 안정성을 위해 현재는 3시간에 30개의 대화로 제한되고 있습니다.

- 클로바 X 접속하기

　검색창에 '클로바 X'를 검색하거나 사이트 주소(https://clova-x.naver.com/)로 접속하면 클로바 X의 메인 화면을 확인할 수 있습니다. 클로바 X는 네이버 계정이 있어야 사용할 수 있으니, 기존에 가지고 있는 네이버 계정으로 로그인을 하거나 회원 가입을 해야 합니다. 이후 서비스 이용 약관만 동의하면 바로 이용할 수 있습니다.

- 기본 구성 살펴보기

　클로바 X의 기본 구성 역시 인공지능 챗봇의 기본 구조와 동일합니다. 클로바 X에게 요청을 전달할 때 사용하는 공간인 ① 프롬프트 영역, 대화 목록을 확인할 수 있는 ② 히스토리 영역으로 크게 구성되어 있습니다. ③ 설정 영역의 경우 기본 화면에는 보이지 않지만 우측 상단의 계정 아이콘( )을 클릭하면 설정 메뉴를 확인할 수 있습니다.

Lesson 6　네이버의 하이퍼클로바(HyperCLOVA) X　**215**

- **스킬 사용하기**

클로바 X에서는 '스킬'이라는 기능을 활성화할 수 있습니다. 프롬프트 영역에서 스킬 바를 클릭하게 되면 버튼이 파란색으로 바뀌며 바로 활성화됩니다.

스킬이란, 클로바 X가 응답을 생성할 때 연동하고 싶은 네이버 서비스를 말합니다. 현재는 네이버 쇼핑, 여행, 쏘카(자동차 대여 서비스), 원티드(구인 공고 확인 서비스), 컬리(식재료 쇼핑), 트리플(여행 계획 및 일정 서비스)에서 데이터를 연동할 수 있습니다.

스킬 비활성화

3월 제주도 여행 일정 추천해줘

3월 제주도 여행 일정을 추천해드리겠습니다.

1일차
- 제주국제공항 도착
- 렌트카 대여
- 성산일출봉 이동
- 성산일출봉 관람
- 우도 이동
- 우도 관람
- 숙소 이동

2일차
- 한라산 등반
- 중문관광단지 이동
- 중문관광단지 관람
- 숙소 이동

3일차
- 제주 시내 이동
- 제주 시내 관광
- 둥문 시장 방문
- 숙소 이동

4일차
- 제주국제공항 이동
- 렌트카 반납
- 제주국제공항 출발

위 일정은 제주도의 대표적인 관광지와 자연 관광을 즐길 수 있는 일정입니다.

스킬 활성화

3월 제주도 여행 일정 추천해줘

 트리플

제주도 여행을 준비 중이시군요? 추천하는 여행 기간은 3일이며, 유명 관광지를 포함한 일정을 안내해 드리겠습니다.

1일차 주요 관광지

제주국제공항	함덕 해수욕장	서우봉
면세점이 있어 더욱 사랑받는, 제주 여행의 시작과 끝을 함께하..	에머랄드빛 바다와 백사장을 갖춘 '한국의 몰디브'	에머랄드빛 바다와 유채꽃이 어우러진 예쁜 풍경을 지닌 섬
장소 정보 더 보기	장소 정보 더 보기	장소 정보 더 보기

이후 일정이 궁금하다면 아래 자세히 보기를 눌러 확인해 보세요.
[제주] 일정 자세히 보기

  저장

Lesson 7
멀티모달과 언어

POINT 이제 자연어 처리는 텍스트를 처리하여 텍스트를 생성하는 것을 넘어서 다른 감각의 결과물을 생성하고 있습니다. 멀티모달의 시대, 자세히 알아볼까요?

1 텍스트를 넘어서 다음 감각으로, 멀티모달

인간은 여러 가지 감각을 갖고 있습니다. 대표적으로 시각, 청각, 후각, 미각, 촉각을 통해 세상을 인지하고 정보를 수집하죠. '사과'라는 대상을 만나게 되면 모양, 색깔을 시각으로 인식하고, 베어 물며 나는 소리와 맛을 느끼고, 씹으면서 퍼지는 향을 기억하게 됩니다. 이렇게 감각들을 바탕으로 수집한 사과에 대한 정보를 '사과(Apple)'라는 언어를 통해 개념을 정립하고 다른 사람과 소통하죠.

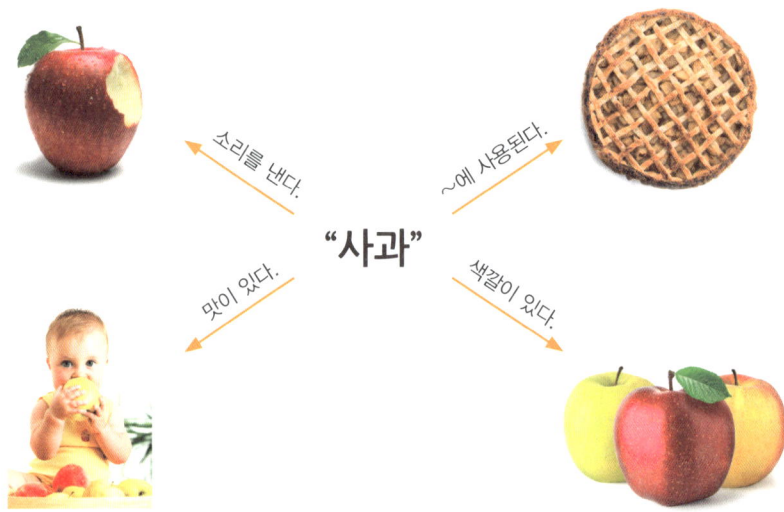

▲ 인간이 사과를 이해하는 다양한 방식(출처: 인텔 랩스)

그렇다면 인간처럼 생각하는 기계라는 인공지능은 어떻게 세상을 인식하고 배울까요? 지금까지의 인공지능 모델은 주로 한 종류의 데이터에 집중했습니다. 바로 자연어입니다.

인간은 세상에 대한 느낌, 얻게 된 정보, 발견한 지식을 자연어를 활용한 글(텍스트)로 가장 많이 기록해 두었습니다. 그렇기에 인공지능은 사람의 언어를 이해하는 자연어 처리를 바탕으로 학습하고 성장해 왔습니다.

그러나 자연어로만 세상과 세상 속 지식을 이해하는 것은 불가능합니다. 처음에 제시하였듯 인간이 쌓아온 정보와 지식은 다양한 감각 인식의 조합을 통해 이루어져 있기 때문입니다. 인공지능이 사람들이 살아가는 세상을 사람처럼 인식할 수 있도록 한 발자국 더 나아가는 방식, 멀티모달은 이렇게 등장했습니다.

멀티모달(Multi Modal)이란, 인공지능이 텍스트, 이미지, 영상, 오디오 등 다양한 데이터 유형을 함께 고려하여 기계와 서로 통신할 수 있는 기술입니다. 마치 사람이 소통할 때 다양한 유형의 자료와 감각을 이용하는 것처럼 말이죠. 따라서 멀티모달 인공지능에게 '크로스백 추천해 줘.'라는 말과 함께 원하는 디자인의 사진을 함께 제시할 수 있습니다. 혹은 작곡한 곡의 멜로디를 제시하며 '곡의 분위기에 어울리게 작사를 해줘.'라는 텍스트를 덧붙일 수도 있을 겁니다.

▲ 멀티모달 러닝(출처: madcapsoftware (https://www.madcapsoftware.com/ blog/what-is-multimodal-learning/))

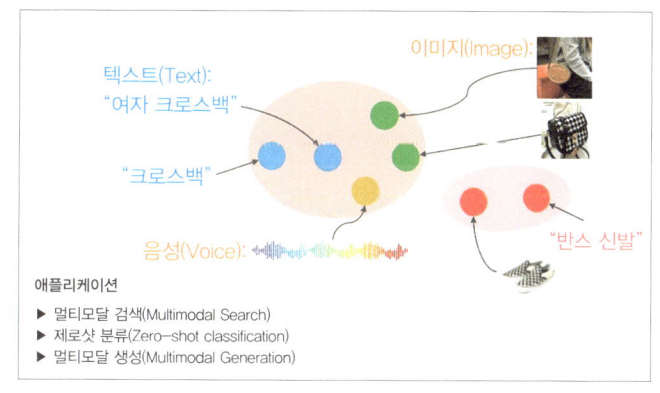

▲ 출처: 네이버(https://channeltech.naver.com/contentDetail/25)

그렇다면 멀티모달은 어떻게 작동할까요? 멀티모달은 예상할 수 있겠지만 하나의 유형의 데이터를 사용할 때보다 복잡합니다. 멀티모달에서 학습이 복잡한 이유는 세 가지입니다.

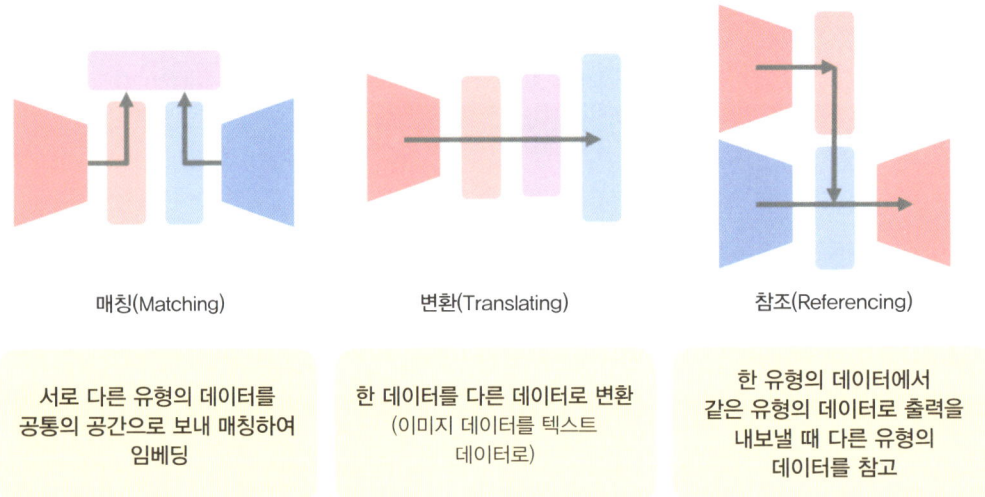

따라서 이런 문제점을 극복하고 여러 센서에서 오는 다양한 데이터를 멀티모달 학습(Multi-Modal Learning)하는 방법은 다음과 같은 방법이 사용됩니다.

멀티모달의 등장으로 앞으로 어떤 것들이 가능해질지 상상해 봅시다. 지금은 인공지능 챗봇을 통해 인터넷 쇼핑 플랫폼과 대화를 하게 되면 대부분 한정된 정보에 대해서만 대화를 주고받을 수 있습니다. 결국 고객센터에 전화를 걸어 오래 대기하고 사람과 대화를 하여 해결하곤 하죠. 그러나 멀티모달 인공지능이 본격적으로 도입되면 조금 더 간편하게 인공지능과 대화하고 문의 사항을 처리할 수 있습니다. '운송장 번호가 0000-1111-2222-3333인 택배가 파손되어 배송된 사진'을 인터넷 쇼핑 플랫폼 인공지능 챗봇에 전송합니다. 그러면 인공지능은 사진 속 텍스트를 분석하여 해당 택배를 주문한 고객과 그 정보를 검색하고, 반품 혹은 교환 절차를 파악한 뒤 담당자와 고객을 빠르게 연결하여 반품, 교환 접수와 처리를 바로 진행하도록 해줄 수 있습니다.

또한, 전문 분야에서도 활용이 가능할 겁니다. 일본에서는 기존 종양 진단 인공지능이 초음파 이미지만을 바탕으로 판단하는 것을 넘어서 멀티모달 모델을 도입하여 초음파 이미지와 함께 환자의 배경 정보(나이, 성별), 염증 수치 등의 텍스트 데이터를 학습시켜 종양의 양성과 악성을 판별하는 정확도를 향상한 연구 사례가 발표되었습니다. 이와 같이 의료, 법, 금융 등 전문 분야의 업무를 경감하거나 보조하는 역할로 멀티모달 인공지능이 활용될 수 있을 겁니다.

창작의 분야에서도 멀티모달 인공지능이 활용될 수 있겠죠. 최근 한 햄버거 브랜드는 대표 메뉴의 이미지와 색상을 인공지능이 분석하여 이를 음원(오디오)으로 결과물을 생성하도록 하였습니다. 그리고 이 음원을 광고 배경 음악으로 활용하며 주목을 받았습니다. 멀티모달이 기존보다 다양한 유형의 데이터를 분석·학습하고 이를 기반으로 결과물을 생성하는 만큼 더 다채롭고 재미있는 결과물들을 인간과 협업하여 만들어낼 수 있을 겁니다.

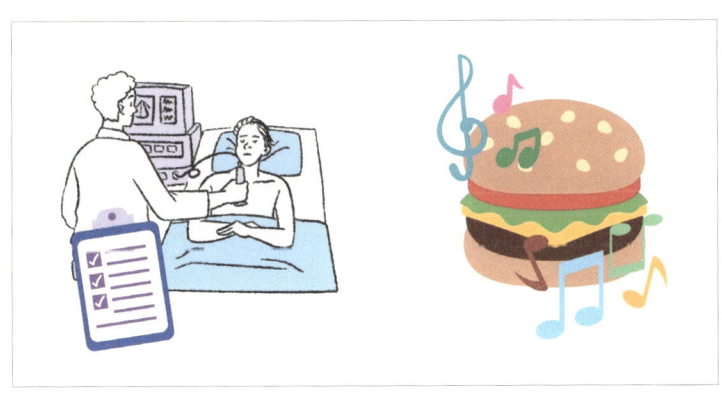

예시들을 보면 현재의 멀티모달은 주로 텍스트, 이미지, 오디오 데이터를 기반으로 하고 있습니다. 그러나 그 이상의 멀티모달이 될 가능성은 얼마든지 열려 있고 현재 진행 중입니다. 지난 2023년 5월 메타(Meta)는 텍스트, 이미지, 오디오뿐만 아니라 심도(3D), 열화상(적외선), 동작과 위치 계산(IMU)까지 총 6가지 정보를 묶어 종합적으로 학습할 수 있는 인공지능 모델 '이미지바인드(ImageBind)'를 공개했습니다.

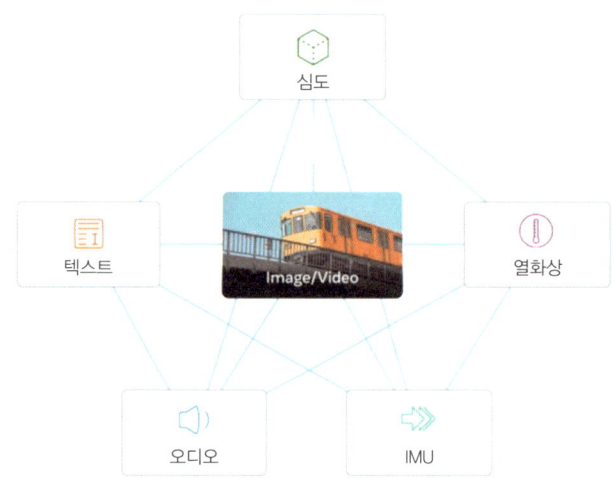

이미지바인드 모델은 다양한 유형의 데이터를 별개로 저장하는 것이 아니라 관련된 데이터들을 결합하여 하나의 임베딩에 보관합니다. 이를 통해 여러 유형의 데이터를 한번에 분석할 수 있습니다.

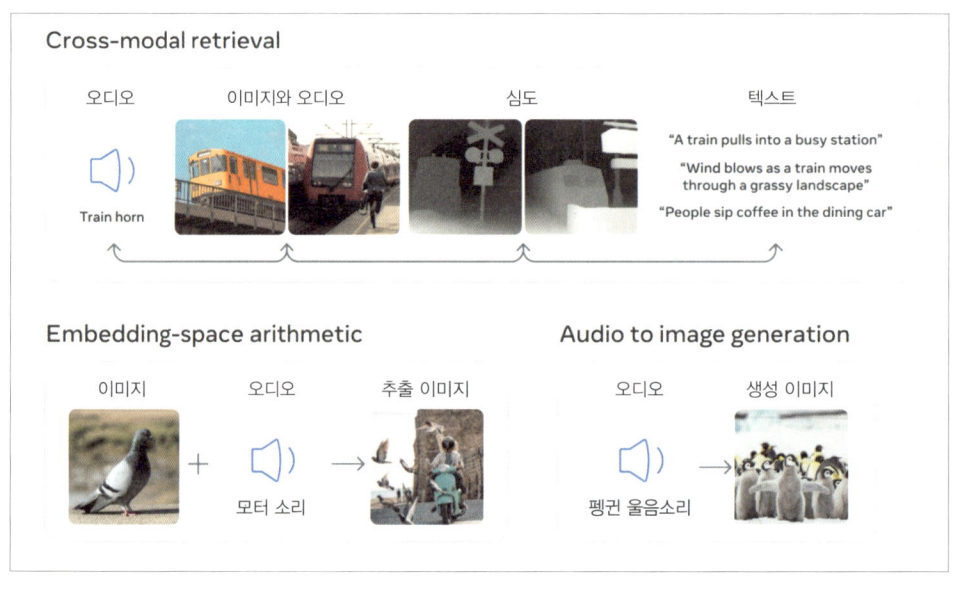

▲ 출처: 메타(Meta)

예시를 살펴보면 첫째로, 사람이 기차에 대해 다양한 감각으로 인식하듯이 기차가 어떤 소리를 내고, 어떻게 생겼고 3차원으로 분석했을 때 구조는 어떤지에 대한 정보를 수집하고 처리합니다. 그리고 이를 텍스트로 수집하고 표현할 수도 있죠. 두 번째로, 비둘기 이미지와 모터 소리를 결합하여 새로운 이미지를 검색할 수 있습니다. 마지막으로, 펭귄 소리로 펭귄 이미지를 생성할 수도 있습니다.

이렇게 인공지능이 자유롭게 다양한 형태의 정보를 전체적으로 학습할 수 있게 됨으로써 인간의 진짜 능력에 더 다가설 수 있겠죠. 앞으로 촉각, 후각, 뇌 fMRI(기능적 자기공명영상) 신호 등 더 많은 감각으로 멀티모달을 연결한 인공지능 모델이 발전할지도 모릅니다.

그러나 멀티모달 인공지능 역시 자연어 처리 인공지능 모델과 마찬가지로 윤리적 문제에서 자유롭지 않습니다.

학습 데이터의 품질과 편향 문제
이미 세상에 퍼져 있는 인종, 성별, 장애 등에 관한 잘못된 편견을 학습할 가능성과 이로 인한 문제 발생

악용 가능성
일부 사용자들이 공격적이거나 선정적인 결과물 생성할 가능성
(현재는 유해 데이터 필터링, 사람 이미지나 영상 생성 금지 등으로 제약)

멀티모달 인공지능은 이제 막 가능성을 보여준 참입니다. 자연어를 넘어 다양한 감각으로 넘어간 인공지능, 우리 인류에게 어떤 또 다른 새로움을 가져다줄 수 있을까요?

2 이미지 생성 멀티모달

✓ **Playground AI**(https://playground.com/create)

Playground AI는 프롬프트에 입력된 텍스트를 기반으로 생성형 인공지능이 이미지를 만드는 서비스입니다. 하루 최대 1,000개의 이미지를 생성할 수 있으며, 사용자는 기존 이미지를 다르게 변형하거나 다양한 프롬프트 입력을 통한 새로운 이미지 창조, 필터 사용 등의 기능을 활용할 수 있습니다.

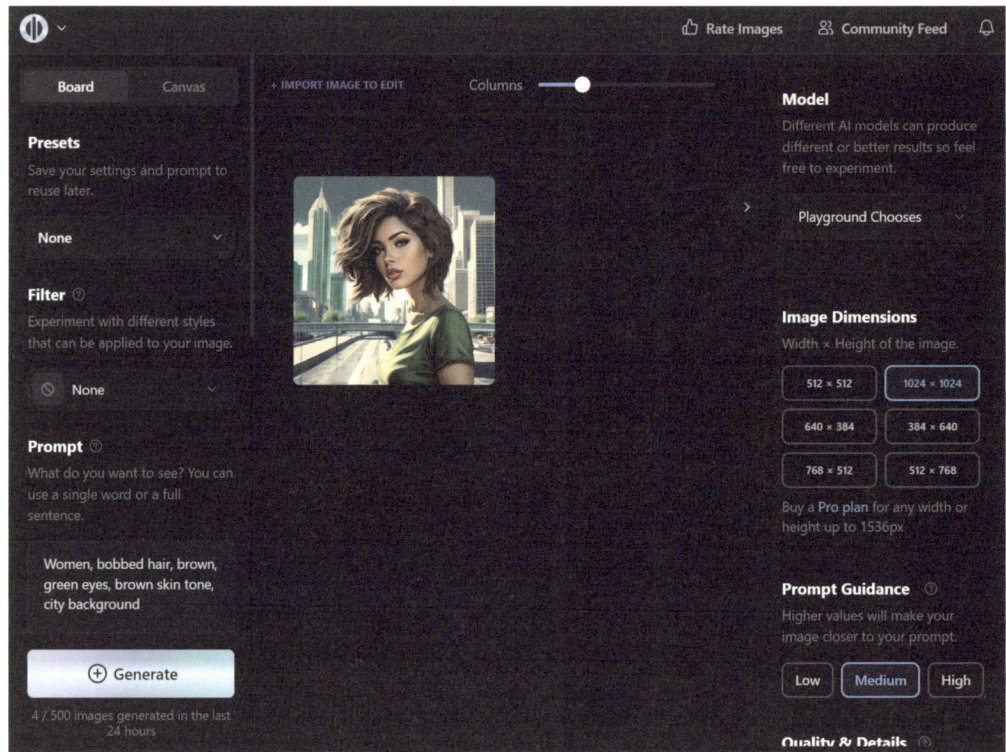

✓ DaLL·E 2(https://labs.openai.com/)

 DaLL·E 2는 프롬프트에 텍스트를 입력하거나 가지고 있는 이미지를 등록하면 새로운 이미지를 생성해 주는 서비스입니다. ChatGPT를 개발한 OpenAI에서 개발한 인공지능으로, 자체 홈페이지와 ChatGPT Plus에서 유료로 사용 가능하고 빙 이미지 크리에이터에서 무료로 이용할 수 있습니다. 영어 외 다수의 언어를 잘 이해하는 장점이 있어, 한글로 작성된 프롬프트도 잘 이해하고 이미지를 생성합니다.

오디오 생성 멀티모달

✓ (음악) Text to Song(https://www.voicemod.net/text-to-song)

 Voicemod에서 제공하는 Text to Song은 제공되는 리스트에서 노래 멜로디와 가수를 선택한 뒤, 내가 프롬프트에 가사를 텍스트로 입력하면 해당 멜로디에 맞추어 가수가 가사로 노래를 불러주는 음성과 영상을 생성해 주는 서비스입니다. 다만, 가사의 경우 프롬프트에 영어로 작성해야 올바르게 작동됩니다. SongR(https://app.songr.ai/)도 이와 비슷한 기능을 제공합니다.

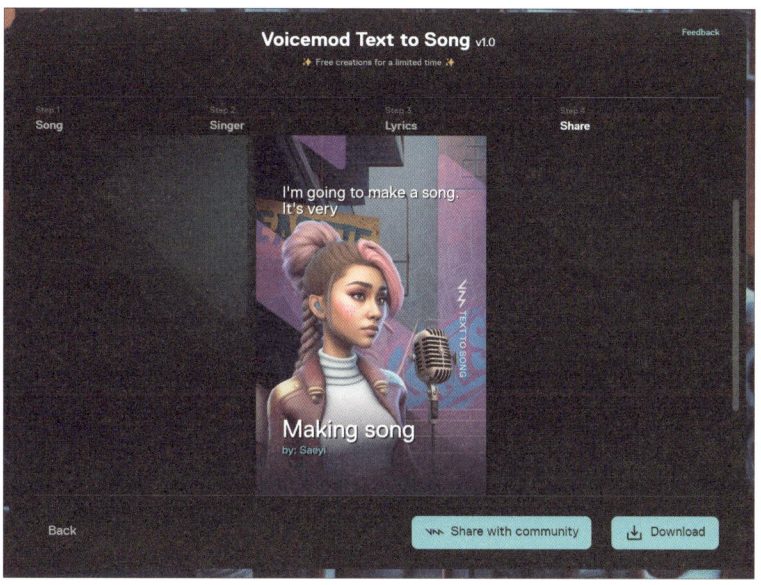

✓ **(목소리) Natural Reader**(https://www.naturalreaders.com/online/)

　Natural Reader는 입력한 텍스트를 생성형 인공지능이 사람의 목소리로 텍스트를 읽어 오디오 파일로 변환하여 재생해 주는 서비스입니다. 생성한 음성은 각종 파일 형태로 저장하거나 다운로드하여 활용할 수 있습니다.

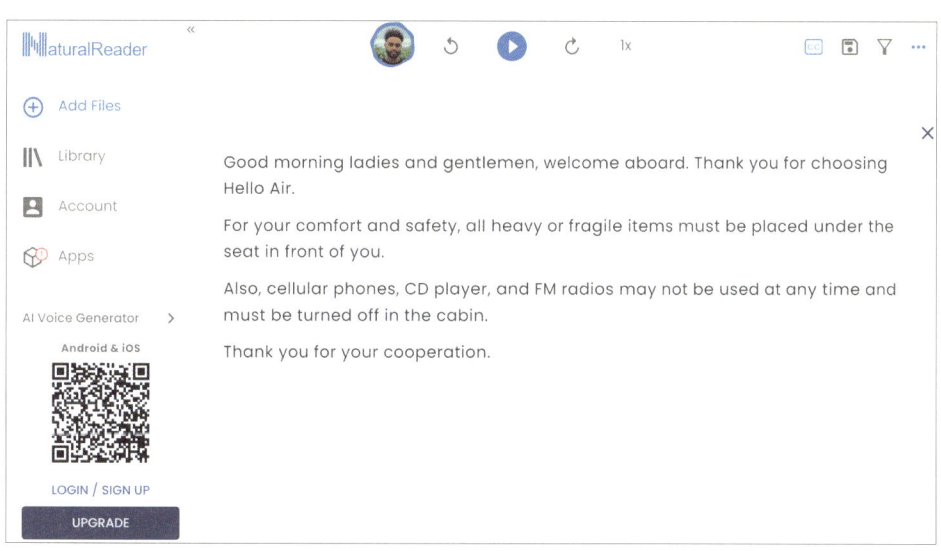

4 다양한 멀티모달 서비스

✓ **(영상) OpenAI의 Sora**(https://openai.com/sora)

소라(Sora)는 텍스트로 명령을 입력하면 고화질의 영상을 생성하는 서비스입니다. 2024년 2월 15일 세상에 공개된 소라가 사람들을 놀라게 한 이유는 정교하고 놀라운 성능 때문입니다. 기존까지 영상을 생성하는 인공지능은 20초 정도로 짧은 영상을 제작하고, 그 품질 또한 높지 않았습니다. 그러나 소라는 ChatGPT와 같이 프롬프트에 텍스트를 입력하면 최대 1분 길이의 고화질 영상을 신속하게 제작합니다.

다만, 아직 소라는 모든 사람들이 사용할 수 있도록 서비스를 오픈하지 않았습니다. 소수의 학자와 외부 연구자 그룹, 영상 제작자 일부에게만 기술을 공유하여 사용 피드백을 받으며 개선하는 작업을 진행 중이라고 합니다. 인공지능이 고품질의 영상을 제작할 수 있게 된 만큼 이를 악용하여 가짜, 혐오, 편견을 담은 콘텐츠를 제작할 위험성이 있기 때문입니다. 앞으로 공개될 소라 서비스를 통해서 간단한 프롬프트 입력만으로 빠르게 누구나 자신만의 창의성과 상상력을 시각적으로 풍부하게 표현할 수 있게 될 새 시대를 기대해 봐도 좋을 것 같습니다.

> **[프롬프트 입력]**
> 여러 마리의 거대한 매머드가 눈 덮인 들판을 밟으며 다가오고, 걸을 때 긴 털은 바람에 가볍게 날리고, 멀리서 눈 덮인 나무와 산, 한낮의 햇살과 뭉게구름, 저 멀리 높은 태양이 따뜻한 빛을 만들어 내고, 낮은 카메라 시야는 아름다운 사진과 심도로 커다란 매머드를 멋지게 포착합니다.

▲ Sora가 생성한 동영상의 캡처 이미지(출처: OpenAI)

✓ **(영상) InVideo AI**(https://invideo.io/)

InVideo AI는 생성형 인공지능을 활용하여 텍스트를 기반으로 동영상을 제작해 주는 서비스입니다. 영상의 길이, 주제, 창작 방향(분위기, 목소리 톤 등), 배경 음악 등의 세부 설정을 결정하면 자동으로 대본을 텍스트로 작성하고 이를 기반으로 영상을 제작합니다. 완성된 영상을 확인하고, 사용자가 직접 일부 대본을 고쳐 영상을 수정할 수도 있습니다.

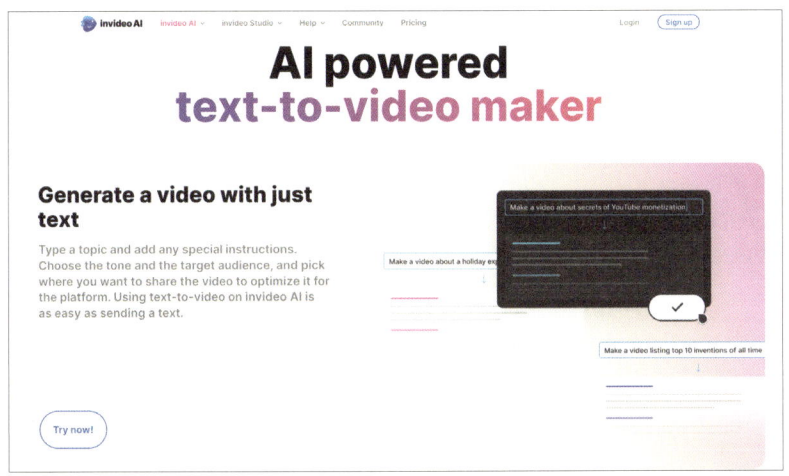

✓ **(가상 인간 영상) Synthesia AI**(https://www.synthesia.io/)

Synthesia AI는 텍스트를 입력하면 가상 인간 아바타가 내가 입력한 텍스트와 같이 입 모양을 움직이고, 선택한 목소리로 음성을 말하도록 영상을 생성하는 인공지능 서비스입니다. 120개 이상의 언어 및 134개의 인공지능 음성을 지원하고 있으며, 한국어의 경우 남성과 여성 각각 1개씩의 인공지능 음성을 제공합니다.

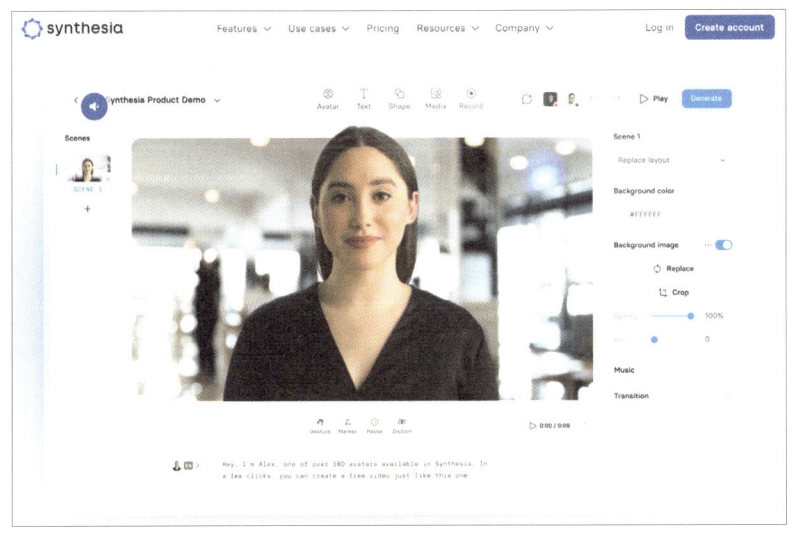

✓ (문서, PPT 작업) 감마(https://gamma.app/)

　감마(Gamma)는 생성형 인공지능이 발표 슬라이드, 문서, 웹페이지 등을 빠르게 만들어 주는 서비스입니다. 내가 원하는 작업 양식을 선택한 뒤, 주제를 텍스트로 입력하면 인공지능이 주제에 맞는 기본 목차를 추천해 줍니다. 사용자가 해당 목차를 확인하고 승인하거나 더 구체적으로 수정하면 해당 목차대로 문서를 생성합니다. 생성된 문서를 보고 프롬프트에 "이미지를 바꿔줘.", "중요 키워드를 크게 키워줘." 등의 요구 사항을 입력하면 추가적으로 인공지능이 결과물을 수정해 줍니다.

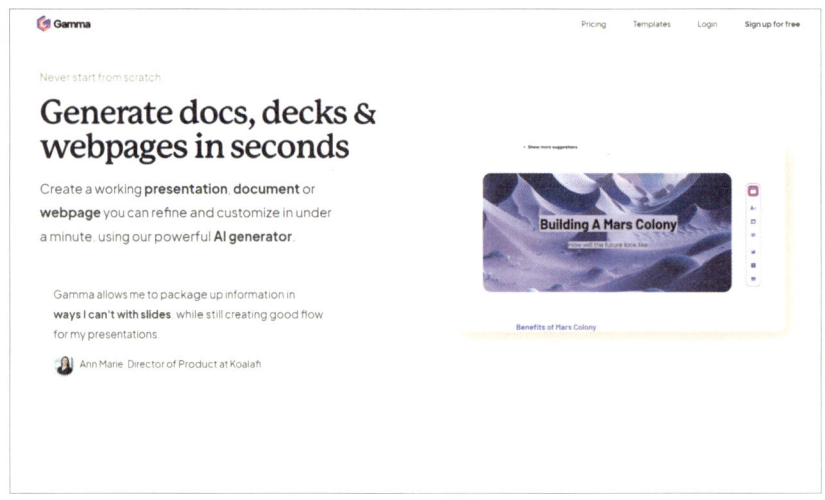

Lesson 8
LLM의 윤리적 이슈

POINT 자연어 처리가 우리의 일상에 자연스럽게 스며들고 있습니다. 우리 일상 속 다양한 작업을 도와주고 협력하며 점점 함께하고 있는 LLM과 관련된 윤리적 이슈를 살펴보고 대비해봅시다.

1 할루시네이션

우리가 가장 만나기 쉬운 인공지능 자연어 처리는 대화형 인공지능일 것입니다. 대화형 인공지능을 사용하다 보면 당황스러우면서도 재미있는 결과가 나타나기도 합니다.

 조선왕조실록에 기록된 세종대왕의 맥북프로 던짐 사건에 대해 알려줘

 조선왕조실록에 기록된 세종대왕의 맥북프로 던짐 사건은 2011년에 발생한 사건이 아니라, 1434년(세종 16년)에 발생한 사건입니다. 이 사건은 조선 왕조의 세종대왕이 직접 쓰신 '세종 실록'에 담긴 이야기로, 세종대왕이 혁신적인 기술을 도입하려는 의지의 기술적 제액에 대한 언급으로 유명합니다.

당시 세종대왕은 중국의 집현전(集賢殿)이라는 사전을 참고해 조선의 맞춤법을 개정하려는 계획을 가지고 있었습니다. 하지만 당시 한글 이외에 인쇄 기술이 없어 새로운 맞춤법을 알리기 어려웠습니다. 이에 세종대왕은 혁신적인 기술인 이동식 활자를 발명하여 새로운 맞춤법을 확산시키려고 했으나, 이동식 활자 제작에 어려움을 겪었습니다.

그때 세종대왕은 제작된 이동식 활자를 검토하기 위해 화면이 작은 기기를 사용하는 방법을 생각해 내게 됩니다. 이를 위해 대표적인 기기인 '맥북 프로'를 구입한 세종대왕은, 기기의 화면이 작아 작업하기 어려워 화가 나 맥북프로를 던지는 일이 있었다는 기록이 '세종실록'에 남아 있습니다.

세종대왕의 맥북프로 던짐 사건은 과학기술 역사상 중요한 이야기로 평가되며, 세종대왕의 기술 개발 의지와 혁신적인 시도에 대한 역사적인 증거로 여겨지고 있습니다.

* 해당 답변은 2022년 3월 생성된 답변으로 현재는 오류 수정 및 개선된 결과를 확인할 수 있습니다.

앞 화면은 '세종대왕 맥북프로 던짐 사건'으로 알려진, 대표적인 대화형 인공지능인 CharGPT가 사용자가 대화 중 만들어낸 결과입니다. 조선시대를 살았던 세종대왕(1397~1450)이 맥북프로를 사용했을 리 없지만, 인공지능은 아주 그럴싸하게 '세종대왕의 맥북프로 던짐 사건'을 설명해 주고 있습니다.

인공지능이 만든 이런 현상을 할루시네이션(Hallucination)이라고 합니다. 영어의 원래 단어 뜻은 환각입니다. 실제 존재하지 않아 감각으로 느낄 수 없는 사물이나 사건을 인식하는 것이죠. 이런 환각처럼 인공지능 모델이나 시스템이 실제로는 존재하지 않는 데이터를 생성하는 현상을 통칭해 할루시네이션이라고 부릅니다.

여러분은 할루시네이션을 경험한 적이 있나요? 다음 할루시네이션의 유형 중 어디에 해당했는지 확인해 봅시다.

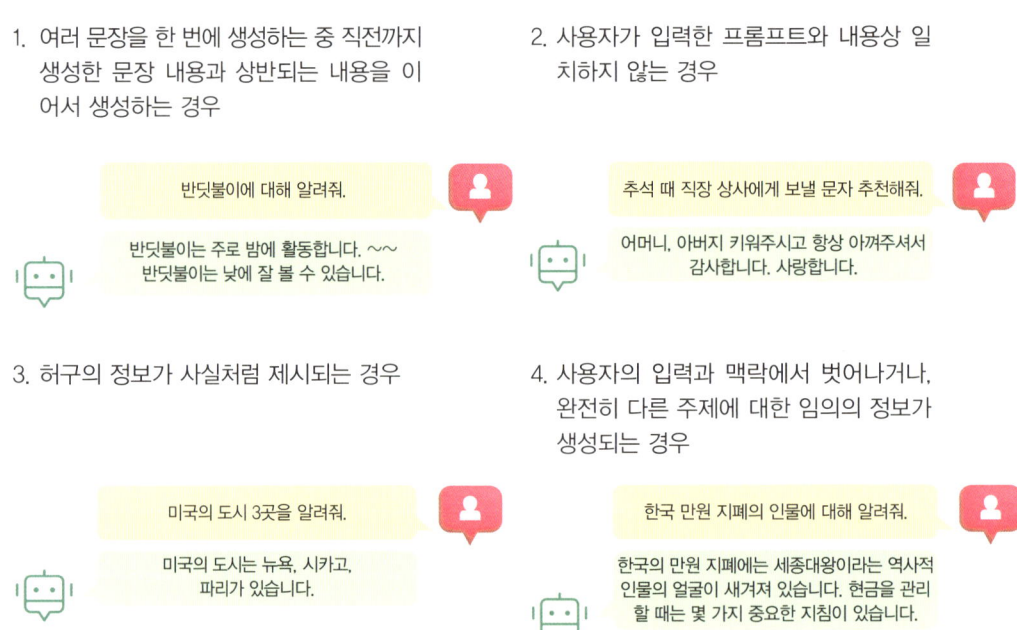

그렇다면 왜 이런 현상이 발생할까요? 가장 근본적인 원인은 최근 대화형 인공지능은 확률과 통계에 기반하여 결과를 생성하는 생성형 인공지능이기 때문입니다. 정답을 제시하는 것이 아니라 정답일 확률이 높은 답변을 생성하는 것이죠.

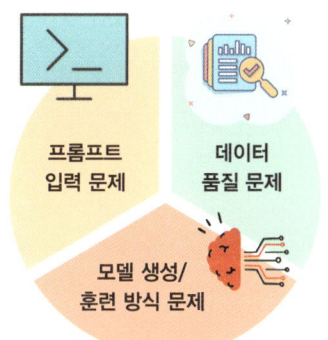

　인공지능 모델의 할루시네이션에 대해 바라보는 두 가지 시선이 있습니다. 인공지능 모델의 창의성과 상상력을 확인할 수 있다는 점에서는 긍정적입니다. 할루시네이션은 학습된 데이터를 바탕으로 만들어낸 새로운 콘텐츠의 일환이며, 그 과정에서 발생하는 약간의 실수일 뿐이죠. 그러나 가짜 데이터이자 거짓말이라는 측면에서는 부정적일 수밖에 없습니다. 신뢰할 수 있는 정보를 생성하는 것이 중요한 분야에서는 이런 할루시네이션은 너무 큰 오류이자 관리·제어해야 할 대상이죠.

　인공지능 할루시네이션으로 발생할 수 있는 위험으로는 대표적으로 네 가지가 이야기됩니다. 이미 인공지능이 우리 삶에 자연스럽게 자리 잡은 이상, 이 위험성은 시작되었고 우리는 대책을 마련해야만 합니다.

잘못된 정보의 확산

인공지능 모델이 부정확하거나
오해의 소지가 있는 답변을
할루시네이션으로 전달 및 유포하여
잘못된 정보가 퍼질 수 있다.

모델 결과물 활용의 어려움

인공지능 모델의 결과물을 바탕으로
어떤 행동을 결정할 경우
부정적인 결과를 초래할 수 있다.

예를 들어 할루시네이션 결과를 내놓는다면?

신뢰 약화

인공지능 시스템에 대한 사람들의 신뢰를 약화시킨다.

신뢰할 수 없거나 정확하지 않은 출력으로
시스템에 대한 신뢰 저하를 넘어
시스템 사용을 완전 중단할 가능성이 있다.

의도적인 악용

시스템이 윤리적 또는 도덕적으로
의심스러운 콘텐츠를 생성하도록
유도할 수 있으며,
이는 사회적으로 유해한 결과를 낳는다.

대표적인 인공지능 연구 학계 및 산업계에서는 어떤 대책을 연구 중일까요? 다양한 방안들이 제안되고 실행되고 있습니다. 물론, 할루시네이션 현상을 완전히 제거하는 것은 어려운 일입니다. 그러나 모델을 훈련하고 생성된 결과를 평가하는 방법을 개선하여 최소화할 수는 있습니다.

고품질의 다양하고
균형 잡힌 훈련 데이터를 사용

인공지능이 어떻게 그 결과물을
만들어 냈는지 보여주는 방법 개발

사용자가 할루시네이션을 이해하고
구별할 수 있는 데 도움

사용자가
할루시네이션 발생을 보고하도록 권장

이 피드백을 사용하여
모델의 출력을 수정

모델이 생성하는 결과물을
검증하는 모델 계층에 적용

사용자에게 출력 전
이를 점검하고 수정하는 데 활용

할루시네이션 현상이 발생하는 것은 인간이 거짓말을 하거나 가짜 정보를 만들어내는 것과는 분명 다른 점이 있습니다. 바로 어떠한 의지도 담겨 있지 않다는 것이죠. 인공지능은 선의도 악의도 없이, 그저 정해진 절차에 따라 기계적으로 요청 사항을 자연어로 이해하여 데이터를 바탕으로 알맞은 답변을 자연어로 생성하였을 뿐입니다. 그러나 할루시네이션의 부정적 영향이 인공지능의 긍정적인 부분마저 삼켜버리지 않도록 충분히 고민하고, 방지 대책을 마련할 필요가 있습니다.

 조선왕조실록에 기록된 세종대왕의 맥북프로 던짐 사건에 대해 알려줘

 저희가 알고 있는 세종대왕의 맥북프로 던짐 사건에 대한 기록은 없습니다. 세종대왕은 조선시대 한국의 국왕으로 알려져 있으며, 한글 창제와 과학기술 발전에 큰 기여를 한 인물입니다.
그러나 세종대왕이 맥북프로를 사용했거나 맥북프로를 던진 사건에 대한 기록은 역사적으로 확인되지 않았습니다.

가끔씩 재미나는 이야기나 풍자적인 이야기가 전해지는 경우도 있을 수 있습니다. 하지만 이러한 이야기들은 역사적인 사실이 아니라 문화적인 창작물이나 소설 등에서 비롯된 것으로 보이며, 실제로는 세종대왕과 맥북프로 사이에는 어떠한 연관성도 없습니다.

따라서, '조선왕조실록에 기록된 세종대왕의 맥북프로 던짐 사건'에 대한 구체적인 정보를 찾기는 어려울 것으로 생각됩니다.

▲ 할루시네이션이 개선된(?) 대화형 인공지능

2 검색 시대의 종말?

2022년 11월 오픈AI(OpenAI)가 ChatGPT를 세상에 선보이며 기존에 우리가 알고 있던 인공지능 자연어 처리의 틀이 깨졌습니다. 1981년 개인용 컴퓨터(PC)의 보급, 1995년 인터넷 서비스 시작, 2009년 스마트폰의 대중화에 이은 세상을 바꾼 디지털 발명품의 상징으로 평가되기도 했습니다. 그렇기에 출시 두 달 만에 월 사용자 1억 명을 돌파하며, 인터넷 등장 이후 가장 빠르게 많은 사람들이 사용한 서비스로 기록되었죠.

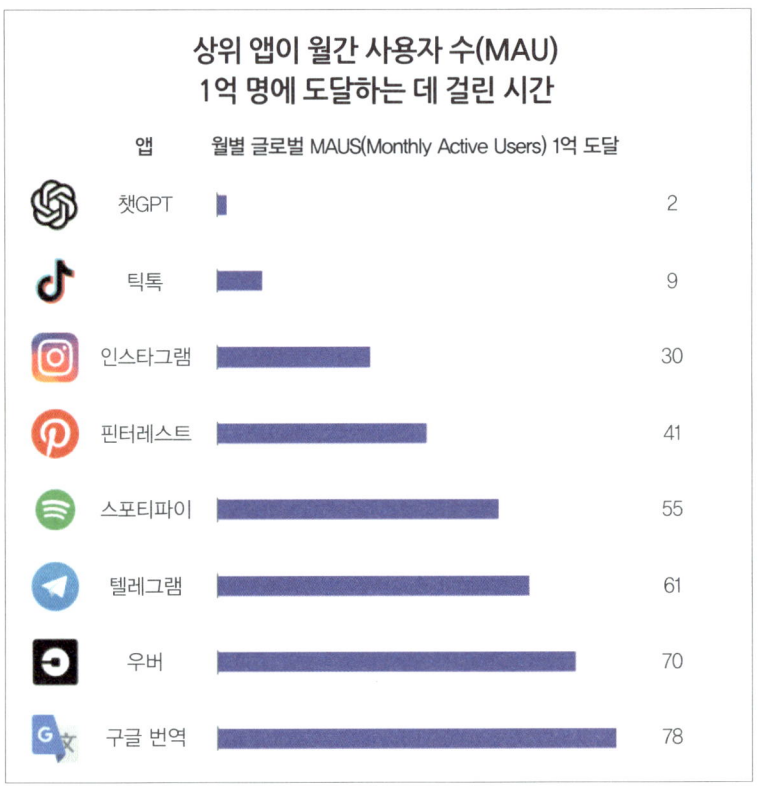

▲ 상위 앱이 월간 사용자 수 1억 명에 도달하는 데 걸린 시간(출처: UBS)

많은 사람들의 주목을 받았기에 ChatGPT 등장 이후 여러 기업들은 생성형 인공지능을 활용한 신규 서비스들을 개발하고 선보이는 데 집중하고 있습니다. ChatGPT가 신호탄이 되어 세상이 빠르게 바뀌고 있는 겁니다.

ChatGPT를 비롯한 생성형 인공지능의 장점은 무엇일까요? 다양한 장점이 있겠지만 이전 인터넷 서비스들과 달리 인간인 우리의 수고로움이 덜어졌다는 것이 가장 매력적입니다. 검색, 분석, 창작 등 다양한 작업에서 우리가 해야 할 일을 생성형 인공지능이 일부 대신해 줄 수 있죠.

그렇다면 빠른 발전과 변화로 더 많은 분야에서 인공지능과 함께하고 있는 이 시대, 우리의 삶은 얼마나 달라질까요? 그리고 그 변화가 긍정적이기만 할지는 고민해 볼 필요가 있을 겁니다.

다양한 세상의 변화 중 1995년 시작되어 이제는 우리 생활에 절대 떼려야 뗄 수 없는 인터넷 세상에 벌어질 변화에 대해 생각해 봅시다. 이미 생성형 인공지능은 인터넷의 다양한 서비스와 결합하여 사람들과 만나고 있습니다.

ChatGPT는 마이크로소프트의 빙(Bing) 검색과 결합하여 이용자가 검색한 키워드에 대한 자료 요약, 추천, 분석 등의 기능을 제공

생성형 인공지능으로 생성한 이미지, 영상, 음악 등을 활용하거나, 원하는 키워드를 기반으로 인공지능으로 콘텐츠 생성

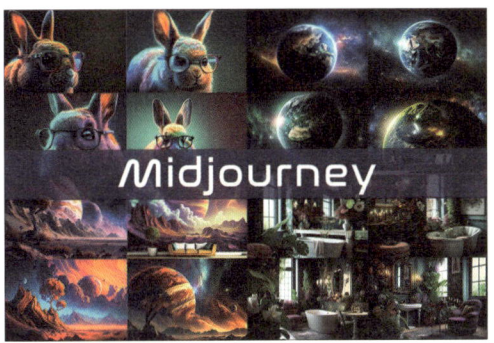

이런 인공지능의 편리함은 참 감탄스럽지만, 인공지능이 기존 검색 생태계 그리고 인터넷의 다양한 콘텐츠에 미칠 수 있는 영향에 대한 우려 섞인 목소리도 들리고 있습니다.

첫 번째 문제는 잘못된 정보에 대한 걱정입니다. 우리는 인공지능이 학습한 데이터의 문제 혹은 모델 생성·훈련 문제로 사실이 아니거나 말이 되지 않는 정보를 생성하는 할루시네이션 문제를 앞에서 살펴보았습니다. 또한, 사람들이 의도적으로 잘못된 정보를 인공지능으로 그럴싸하게 생성해 낼 수도 있겠죠. 앞으로 더 많은 사람들이 생성형 인공지능을 기반으로 작업물을 제작할 겁니다. 이로 인해 다양한 콘텐츠가 온라인에 업로드되어 활용할 수 있는 콘텐츠가 많아진다는 장점이 있겠지만, 그중에 인공지능이 제작한 것이 무엇인지 그리고 그것이 맞는 정보인지 한 번 더 판단해야 합니다.

▲ 가짜 뉴스(Fake News)는 사람들에게 잘못된 정보나 혼란을 야기할 수 있는 뉴스를 말한다.

뉴스 사이트 순위 업체인 뉴스가드(NewsGuard)는 2023년 5월 초에는 AI가 생성한 콘텐츠만 업로드하는 가짜 뉴스 사이트가 49개였으나 두 달 뒤인 6월 말에는 277개로 그 수가 급격하게 늘어났다고 분석했습니다. 또한, 전문가들은 인공지능 생성 기술이 사람들을 속이는 정치적 허위 정보나 해킹 목적의 메시지 제작을 위해 사용될 수도 있다고 걱정했습니다.

두 번째는 유해 콘텐츠의 생성 및 확산 문제입니다. 우리는 이제 생성형 인공지능을 기반으로 자연어 텍스트, 이미지, 영상 등 다양한 콘텐츠를 전문가가 아니더라도 빠른 시간 내에 생성할 수 있게 되었습니다. 그러나 이것의 의미는 누군가 나쁜 의도를 가지고 있다면, 쉽게 폭력, 괴롭힘, 테러, 혐오, 자해, 성적 콘텐츠 역시 쉽게 제작할 수 있다는 것입니다.

인공지능은 논문이나 기사뿐만 아니라 SNS와 인터넷 게시물 등 웹에서 볼 수 있는 모든 자료를 학습합니다. 이 과정에서 질 나쁜 어두운 콘텐츠 역시 고스란히 학습되었고, 가치를 판단할 수 없는 인공지능은 이를 기반으로 유해 콘텐츠를 새롭게 생성할 수 있게 됩니다.

▲ AI로 생성한 미국 국방부 근처 폭발 가짜 사진(출처: CNN))

유럽의 경우 2023년 8월 25일부터 페이스북, 인스타그램, 틱톡, 트위터 등의 SNS와 검색 엔진에 대해 디지털서비스법을 적용하며 혐오 발언, 테러 선언, 아동에 관한 성적 학대 등 유해 콘텐츠를 잡아내지 못하면 글로벌 매출의 최대 6%에 달하는 벌금을 부과할 것이라고 밝혔습니다. 물론 이 법 조항은 생성형 인공지능이 제작한 콘텐츠에도 적용됩니다. 또한, 인공지능이 생성한 콘텐츠의 경우 사용자가 알아볼 수 있도록 별도의 워터마크 등의 방법으로 표시해야 하며 이렇게 안전장치를 하지 않을 경우 마찬가지로 벌금을 부과할 것이라 하였습니다.

유럽과 같이 강경하게 대처하며 해결책을 찾고 있는 곳도 있지만 아직은 전반적으로 인공지능이 생성하는 유해 콘텐츠에 대한 그 대책이 매우 미흡한 상황입니다.

마지막으로, 검색 생태계의 붕괴에 대한 우려입니다. 우리가 검색을 하는 이유는 무엇인가요? 넓은 정보의 바다에서 우리가 원하는 정보가 있는 곳을 효율적으로 안내해 주기 때문입니다. 그런데 만약 인공지능이 내가 궁금한 것에 대한 '답'을 검색하고 알아서 자연어로 정리하여 제공한다면 그래도 사람들이 계속 검색을 할까요? 지금의 ChatGPT와 Bing 검색의 수준을 생각한다면, 앞으로 더 업그레이드된 버전은 아마 검색을 아예 하지 않는 사람이 검색을 시도하는 사람보다 압도적으로 많을 겁니다.

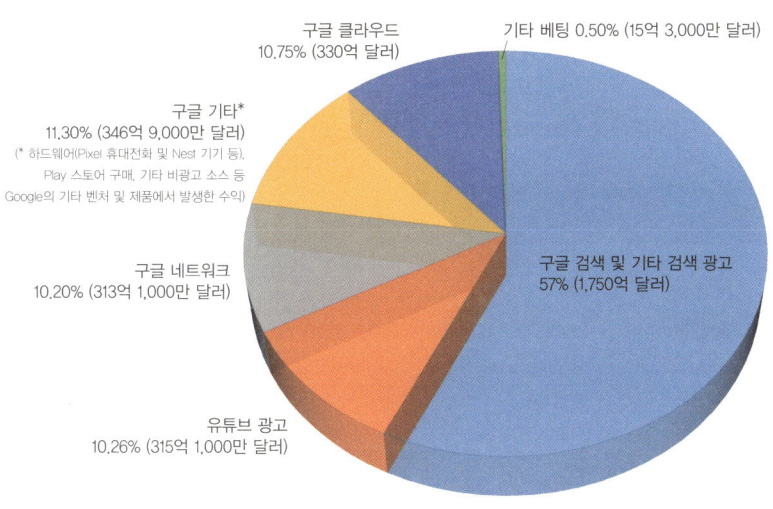

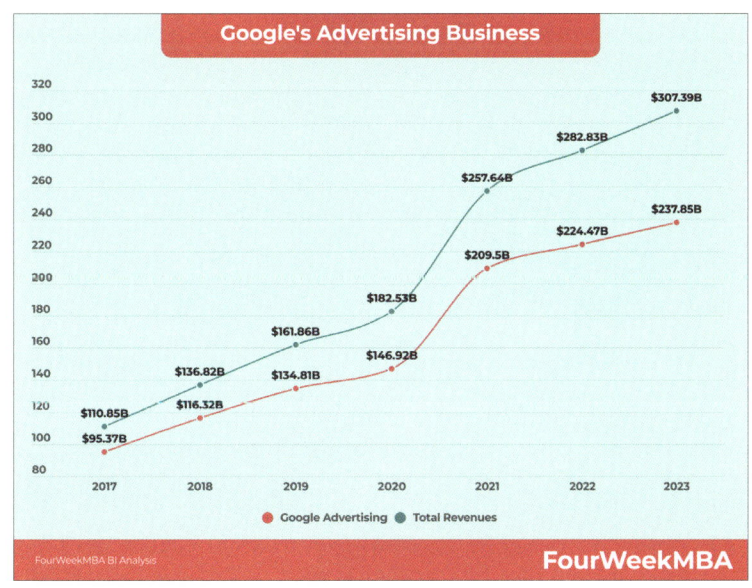

▲ 구글 수익 흐름(위쪽, 2023년도 기준)과 구글 매출과 비례하는 구글 광고 비즈니스(출처: ForWeekMBA)

더 편리해진 것뿐인데 이것이 왜 걱정일까요? 우리가 검색을 할 때는 스쳐지나가는 광고들을 봅니다. 실제 구글의 매출(2020년 기준)의 80%는 구글의 다양한 서비스의 광고 매출입니다. 개인 블로그나 카페에 사람들에게 유용한 정보를 지속적으로 업로드하는 사람들도 물론 간혹 자기만족을 위해 게시글을 올리는 경우도 있지만, 대부분 광고 수익을 통해 작은 만족감을 얻습니다. 그런데 대부분의 사람들이 인공지능을 통해 단 한 번의 질문으로 답을 얻게 된다면 검색 수는 줄어들고, 광고주는 적어지고, 광고 매출이 사라지고 양질의 게시글을 올리는 사람들도 없어지겠죠. 그런 게시글을 대신하는 데이터는 인공지능이 생성한 데이터일 가능성이 큽니다.

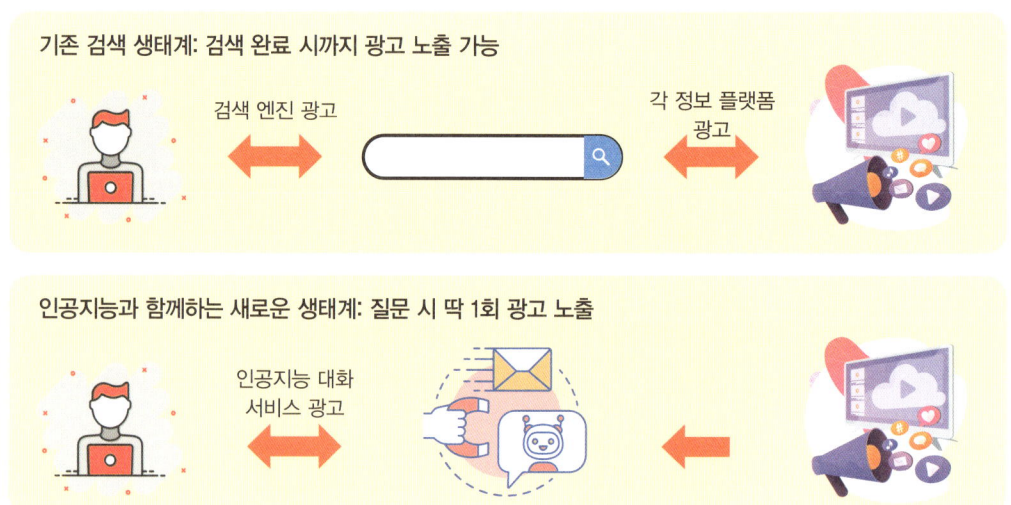

인공지능이 알아서 검색해 주고, 인공지능이 알아서 답을 자연어 처리로 정리해 주기에 더 편리해졌을 수 있지만, 이미 양질의 정보는 없는 황폐화된 정보의 바다에서 얻은 답일 수도 있는 것입니다.

우리에게 친숙한 검색 방식은 자연어 텍스트를 기반으로 하는 생성형 인공지능과의 대화형 검색을 통해 이미 빠르게 바뀌고 있습니다. 또한, 우리가 받아 보는 검색 결과 역시 그 외 다양한 이미지, 영상 등을 생성하는 인공지능의 결과물들이 섞이며 변화하고 있습니다. 앞으로 새로운 검색 시대를 살아가기 위해 지금의 검색 능력과는 또 다른 새로운 역량, 잘 물어보고 잘 선별하는 그런 능력이 필요한 시대가 다가오고 있습니다.

3 자연어 생성형 인공지능에 대한 윤리적 고찰

빠르게 발전한 인공지능 자연어 처리 분야로 우리는 새로운 시대를 맞이했습니다. 여러분은 어디에서 사람의 자연어를 이해하고 표현하는 인공지능을 만나 보았나요?

기계가 사람의 언어인 자연어를 똑똑하게 잘 알아듣고, 자연스럽게 잘 표현하면서 우리의 삶 곳곳에서 활용되고 있고, 편리함을 제공하고 있습니다. 그러나 그 편리함의 이면에 많은 걱정과 불안도 자리하고 있습니다.

- **일자리 문제**

가장 대표적인 걱정으로는 일자리 문제가 있습니다. 인공지능이 처음 인식된 이래로 꾸준히 제기된 불안입니다. 세계경제포럼(WEF, World Economic Forum)은 지난 5월 전 세계 803개 기업을 대상으로 한 설문 조사를 통해 '일자리의 미래(Future of Jobs 2023)' 연구 보고서를 발표했습니다. 그 결과 인공지능과 그 기술 혁신으로 2023년부터 2027년까지 5년 동안 8,300만 개의 일자리가 사라질 것으로 보았습니다. 또한, 앞으로 5년 동안 모든 직업의 거의 4분의 1이 인공지능과 데이터에 의해 변화할 수 있을 것이라고 합니다.

　이런 맥락에서 지난 2023년 7월 할리우드의 미국작가조합(WGA)과 미국배우·방송인노동조합(SAG-AFTRA)이 공동 파업을 선언했습니다. 할리우드 작가와 배우들이 함께 파업에 나선 것은 거의 60년 만이었고, 146일이라는 긴 기간 동안 이어졌습니다. 파업의 이유는 임금의 문제도 있지만, 앞으로의 직업 생활을 보장할 수 없을 것으로 예상할 만큼 제작 환경이 급격하게 변하고 있기 때문입니다. 여기서 문제가 된 것 중에 하나가 생성형 인공지능입니다.

　인공지능 기술은 작품 제작에 이미 활발하게 활용되고 있습니다. 이미지 합성 및 생성 인공지능의 경우 나이가 든 배우의 주름을 없애고 피부를 끌어올려 과거 회상 장면에서 젊어 보이게 만들 수 있습니다. 또한, 이전에 등장했던 인물이 현재 회차에서 딱 한 번 필요한 경우 기존 데이터를 기반으로 생성하여 활용할 수도 있습니다. 자연어 생성 인공지능을 활용해서 시나리오나 대본을 쓸 수도 있습니다. 2016년 영화감독 오스카 샤프(Oscar Sharp)와 인공지능 연구자 로스 굿윈(Ross Goodwin)이 공동 개발한 인공지능 시나리오 작가 '벤자민(Benjamin)'이 최초로 쓴 '〈시나리오 선스프링(Sunspring)〉'은 단편 영화로 제작되어 방송되기도 했습니다.

AI 디에이징으로 젊어진 배우 해리슨 포드

▲ 출처: Jarkan VFX 유튜브 채널

인공지능 벤자민이 쓴 시나리오로 만든 영화

▲ 출처: Thereforefilms

이런 인공지능 기술은 더 혁신적이고 다채로운 작품을 제작할 수 있게 한다는 장점이 있겠으나, 다른 한편으로는 작가와 배우들의 직업적 입지를 위태롭게 합니다. 미국의 드라마와 영화 제작사들은 작가들의 수많은 텍스트 저작물을 보상 지급 없이 무단으로 도용해 자연어 생성형 인공지능 데이터로 활용했습니다. 이후, 저렴하게 시나리오를 쓰기 위해 생성형 인공지능으로 시나리오의 초고를 작성한 뒤 작가들에게 대본의 수정을 요구하기도 했습니다.

▲ 할리우드 작가 파업 슬로건 (출처: 미국 작가협회 WGA 공식 홈페이지) ⓒ WGA

미국작가조합은 이에 대해서 크게 두 가지 사항을 파업의 요구 사항으로 걸었습니다. 첫째, 생성형 인공지능 데이터 구축에 텍스트 저작물을 활용할 때 원저작자의 허가를 받을 것. 둘째, 생성형 인공지능 프로그램 개발에 텍스트 저작물을 사용했거나 사용 예정인 경우 원저작자에게 정당한 대가를 지불할 것. 자신들의 직업적 권리를 지키기 위한 최소한의 요구 사항을 주장하며 인공지능과 함께할 미래를 대처해 나가고 있습니다.

▲ 가장 빠르게 성장하는 직업과 가장 급속히 쇠퇴하는 직업 (출처: World Economic Forum)

이렇게 표면적으로 생성형 인공지능으로 인한 직업적 갈등이 드러난 사례 외에도 변화를 맞이하고 있는 직업은 참 많습니다. 수많은 직업이 변화하고 사라지며 중대한 노동 시장의 혼란이 일어날 것은 분명해 보입니다. 그러나 인공지능 기술의 발전과 디지털화의 증가는 앞으로 새로운 일자리가 5년 동안 6,900만 개 생긴다고 하니, 직업 시장의 또다른 챕터로 받아들여야 할지도 모릅니다. 자연어를 비롯한 생성형 인공지능이 나의 직업에 미칠 영향을 미리 예측하여 필요한 대비를 하고, 향후 수요가 많을 것으로 예상되는 일자리를 준비하는 자세가 필요한 시대입니다.

- **데이터 보안과 윤리**

인공지능이 제대로 학습하고 기능하기 위해서는 너무나도 많은 데이터가 필요합니다. 자연어 생성형 인공지능이라 하면 그 학습 데이터는 논문, 뉴스 기사뿐만 아니라 개인의 SNS, 블로그 글까지 포함하곤 하죠. 그 많은 데이터들은 잘 수집되고 정제되어 안전하게 보관된 후 삭제되긴 하는 건지, 대체 어떻게 활용되고 있는 건지 알 수 없기에 불안감도 더 커지고 있습니다.

▲ 데이터 수집 후에는 데이터 필터링 등 전처리 과정이 필요하다.

첫 번째 걱정은 데이터 수집 과정입니다. 자연어 생성 인공지능만 해도 이제 사람과 대화하는 것처럼 자연스러운 대화를 제공하기 위해 지식뿐만 아니라 창작, 전문 분야, 심지어 유머와 트렌드까지 학습해야 합니다. 이 과정에서 더 많은 데이터를 더 빠르게 학습하고 훈련해야 하죠. 그렇다 보니 그 과정 중에 개인 식별 정보 등 민감 정보들이 제대로 된 정제 없이 섞여 들어갈 가능성이 높아집니다.

실제로 2021년 초 한 인공지능 챗봇의 학습 과정에서 활용된 데이터에 개인들의 대화 데이터들이 수집되어 활용된 것이 논란이 되었습니다. 개인들의 대화 데이터에는 실명, 휴대전화

번호, 계좌번호 등의 개인정보가 포함되어 있었고 인간관계와 소속 등을 추론할 수 있는 정보들이 들어 있었습니다. 그리고 이런 개인정보가 정제 과정에서 제대로 비식별화되지 않아 챗봇 사용 도중 특정 은행의 예금주로 누군가의 실명으로 보이는 이름을 말하거나, 아파트 동호수까지 포함된 주소를 대답하는 사례가 발생했습니다.

▲ 개인정보 약관 동의 시 용도와 사용 기간만이라도 반드시 확인할 필요가 있다.

두 번째는 동의에 대한 문제입니다. 우리는 자신의 개인정보를 제공할 때 선택권을 부여받습니다. '개인정보 제공 동의'라는 약관을 통해서 주로 이 상황을 접합니다. 그러나 여러분은 그 약관을 정독하시나요? 대부분의 서비스가 서비스 이용 약관 외에도 개인정보 이용 약관을 약관을 동의하지 않으면 이용할 수 없도록 운영하고 있기에, 서비스 이용을 위해 굳이 읽지 않고 동의하는 경우가 많을 겁니다. 그러나 이런 무조건적 동의는 나중에 문제가 될 수 있습니다.

약관에는 어떤 개인정보를 어떻게 사용하고 그 기간이 얼마나 되는지를 적어 놓습니다. 또한, 그 서비스 사용 외에 부가적으로 개인정보를 제3자에게 제공할 수 있다는 항목이 포함되어 있기도 합니다. 즉, 내가 생각한 정보보다 더 많은 개인정보가 수집될 수 있고 전혀 예상하지 못한 곳에 내 정보가 사용되는 데 동의했을지도 모릅니다.

2022년 법무부가 출입국 심사에 사용하는 인공지능을 개발하는 과정에서 약 1억 7,000만 건의 내·외국인 얼굴 사진을 개인정보 동의 과정 없이 사용하여 논란이 일었습니다. 법무부가 이 얼굴 사진을 수집하고 인공지능 개발에 활용한 것은 출입국관리법의 목적인 '안전한 국경관리'를 달성하기 위해 사용하였기에 위법이 아니라는 판단이 나왔으나, 이 데이터를 인공지능 개발 업체와 개인정보 처리 위탁 계약을 맺는 과정에서 위탁 사실과 수탁자를 공개하지 않았기에 과태료 100만 원이 부과되기도 했습니다.

세 번째, 블랙박스라는 두려움입니다. 인공지능이 훈련하는 데 많은 데이터가 사용되고 처리되는 것은 알고 있지만, 대체 어떤 데이터가 얼마나 사용되고 어떻게 처리되어서 이후 어떤 결과에 얼마나 반영되는지를 알 길이 없습니다. 이에 더불어 그 처리와 수행 과정을 확인할 수 없기에 이후 동의하지 않은 개인정보 혹은 잘못 정제된 데이터가 포함되었다고 하더라도 수정이 완벽히 되었는지, 데이터가 완전히 제거되었는지도 확인할 수 없습니다.

따라서 인공지능 모델을 생성하는 단계에서부터 인공지능 서비스를 제공하는 단계까지 개인정보를 보호하기 위한 데이터 수칙이 필요합니다. 가장 기본적으로 각 개인의 정보 활용에 대한 동의를 구하는 절차부터, 활용 범위 및 기간을 구체화해야 하며 활용 서비스의 종류에 따라 개인이 식별되거나 개인정보가 노출되지 않도록 철저히 해야 할 것입니다.

▲ 인공지능 개인정보 자율점검표(출처: 개인정보보호위원회)

- **저작권 분쟁**

인공지능은 창의적이면서도 창의적이지 않습니다. 바로, 기존 데이터를 기반으로 재생산한다는 점에서 창의적이지 않죠. 그러다 보니 작가나 아티스트 등 저작권자와의 저작권 분쟁은 피할 수 없습니다.

지난 2월 출판사 스노우폭스북스에서 〈삶의 목적을 찾는 45가지 방법〉이 출간되었습니다. 이 책이 다른 책과 다른 점은 인공지능이 저술한 최초의 책이자, 인간과 인공지능이 협하여 출판한 책이기 때문입니다.

이 책이 처음 사람에 의해 기획되고 난 뒤 사람이 대화형 인공지능(ChatGPT)에게 목차를 제공하고 자료조사와 집필을 하는 데 7시간, 그 답변을 번역 인공지능(AI Papago)이 번역하는 데 2시간, 사람이 검토하며 편집하고 교정·교열을 보는 데 8시간, 이미지 생성형 인공지능(Shutterstock, AI)이 표지를 디자인하는 데 3시간 그리고 인쇄하여 책을 제작하는 데 약 6일이 걸려 총 7일 만에 책이 세상에 등장하였습니다.

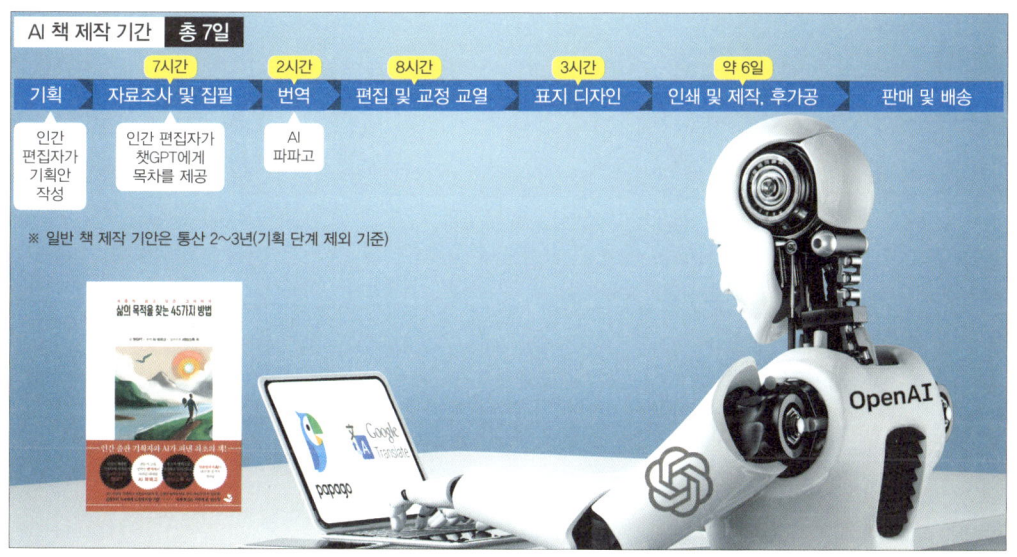

▲ 7시간 만에 책 한권 쓴 챗GPT…출판계 판 뒤집는다(출처: https://www.hankyung.com/article/2023021753621)

그러나 이렇게 인공지능의 결과물을 상업적으로 활용하게 되면, 그 저작물로 발생한 수익에 대한 권리가 누구에게 있는지에 대한 풀어야 할 숙제도 발생합니다. 이 책의 저작권은 누구에게 있으며, 수익은 어떻게 분배해야 하는 것일까요? 표면에서부터 안으로 들어가면, 가장 두드러지는 것은 이 책을 기획한 사람과 출판사가 있습니다. 그리고 글을 작성한 대화형 인공지능 혹은 그 인공지능 개발 업체도 그 권리가 있어 보이죠. 한 번 더 생각해 보면 인공지능이 텍스트를 생성하는 데 학습하고 참고한 저작물의 저자나 플랫폼에게도 그 보상이 돌아가야 할 것 같습니다.

이와 같이 인공지능을 기반으로 생성한 저작물에 대한 표절, 저작권, 수익 분배 등에 대한 논란은 여기저기에서 끊이지 않기에 관련한 법과 제도가 전 세계에 걸쳐 빠르게 자리 잡을 필요가 있습니다.

관련한 법과 제도를 간단히 살펴보면 우리나라 저작권법 제2조 제1호에서는 저작물이란 "인간의 사상 또는 감정을 표현한 창작물을 말한다."고 밝히고 있습니다. 이에 따르면 인간이 아닌 인공지능이 생성한 결과물의 저작권은 인정되기 어려워 보입니다. 그러나 2020년 12월에 발의된 '저작권법 일부개정법률안'에서는 인공지능 저작물이라는 개념을 명시하려는 움직임이 있었습니다. "저작자는 인공지능 자체가 아니라 인공지능 서비스를 이용해 저작물을 창작한 자 또는 인공지능 저작물의 제작에 창작적 기여를 한 인공지능 제작자·서비스 제공자 등을 말한다."라는 내용이며, 인공지능 생성물에 대한 저작권 인정의 여지를 열어 놓은 것이죠.

그러나 인공지능 관련 저작권을 모두 인정하는 것만이 정답은 아닐 겁니다. 인공지능은 데이터를 기반으로 학습하기에 모든 데이터와 자료가 저작권으로 묶일 경우, 성능이 좋은 인공지능 모델 생성 자체가 어려워지기 때문입니다. 미국 저작권청(USCO)도 이런 고민을 담아 생성형 인공지능 저작권 문제에 대해 일반 사람들의 의견을 구하기도 했습니다. 그리고 우리 사회도 이 질문에 대한 답을 찾고 있는 과정 중에 있기에, 주요한 쟁점에 대해서 우리도 고민해 볼 필요가 있습니다.

첫째. AI 모델을 훈련할 때 저작물을 사용할 경우에 저작권 침해에 해당할까?

둘째. AI가 만든 콘텐츠의 저작권 인정 범위는?
　　　특히 사람이 AI 모델 운영에 어느 정도 개입했을 때 저작물로 인정할 수 있을까?

셋째. AI가 생성한 콘텐츠가 저작권을 침해했을 때는 어떻게 책임을 물어야 할까?

넷째. AI가 저작권을 침해하지는 않지만, 예술가의 목소리나 스타일을 모방할 경우
　　　인격권 침해나 불공정 경쟁 관련법을 적용할 수 있을까?

지금까지 기계가 어떻게 인간의 언어인 자연어를 이해하고 우리와 소통할 수 있는지 그 기초부터 현재의 기술까지 살펴보았습니다. 많은 우려를 안고 있지만 그럼에도 불구하고 인공지능이 미래 사회의 핵심 도구이자 기회인 것은 분명합니다. 인공지능이 우리의 삶을 얼마나 바꾸어 놓을지 쉽게 예측하기는 어렵지만, 우리는 앞서 살펴본 한계점들을 보완하고 인공지능으로 인한 리스크를 최소화하기 위해 인공지능에 대해 잘 알고, 과거와 현재 그리고 미래를 분석한 데이터를 기반으로 인공지능이 우리 삶에 어떤 영향을 미칠지 연구하고 대비해야 합니다.

Lesson 9
자연어 처리와 함께하는 미래

POINT 자연어 처리와 함께하는 미래, 기대가 되나요 혹은 걱정이 앞서나요? 앞으로 인공지능으로 변화할 우리의 미래를 상상해 봅시다.

강인공지능과 초인공지능

인공지능은 우리의 일상과 점점 더 밀접하게 얽히고, 점점 더 많은 곳에서 찾아볼 수 있게 되었습니다. 그리고 자연어처리 분야의 발달로 이제 기계는 너무나도 자연스럽게 인간이 생성한 자연어를 해석하고 이해한 뒤, 인간의 언어로 답하고, 번역을 해주며 조언을 해주기도 합니다. 인공지능은 결국 우리가 기계와 상호작용하는 방법에 있어 이전과는 다른 혁신을 가져왔고, 우리의 매일에 함께하고 있습니다.

그렇다면 인공지능의 발전은 어디까지 가능할까요? 인공지능의 지능 수준에 따라 약인공지능, 강인공지능, 초인공지능으로 나눌 수 있습니다. 각각의 특징을 살펴볼까요?

초인공지능(Superintelligent AI)
- 하나의 특정 분야에서 사람과 같은 수준으로 하나의 작업을 수행하는 인공지능
  예) 이메일 스팸 필터링, 음성 인식 인공지능, 얼굴 인식 인공지능 등

강인공지능(Strong AI)
- 다양한 분야에서 대체적으로 인간과 동등한 수준의 지능으로 작업을 수행하는 인공지능
- 인간처럼 추론, 학습, 문제 해결 등을 수행할 수 있는 수준

약인공지능(Weak AI)
- 모든 분야에서 인간을 뛰어넘는 수준의 지능으로 작업을 수행하는 인공지능
- 인간의 모든 지적 능력을 초월하여 놀랄 만한 수준의 학습, 문제 해결, 창의성 등을 갖게 되는 수준

점점 지능의 고도화
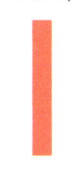

현재의 인공지능 수준은 약인공지능 범주에 속합니다. 이미 다양한 분야에서 인공지능이 활용되고 좋은 성능을 발휘하고 있지만 인간의 일반적이고 종합적인 학습 능력과 추론 능력을 넘어섰다고 보지는 않기 때문입니다. 강인공지능이나 초인공지능이 아직 개발되지는 않았지만, 미래에 이루어질 수 있는 가능성에 대해서는 활발한 연구와 논의가 이루어지고 있습니다.

2 인간 지능(언어) 초월 시대: 특이점

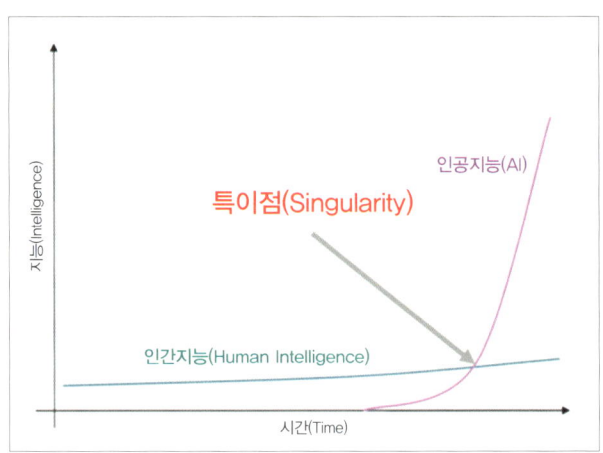

특이점이란 무엇일까요? 이 그래프에서의 특이점은 기술적 특이점(Technological singularity, TS)으로 미래학자이자 공학자인 레이 커즈와일(Ray Kurzweil)의 저서 『특이점이 온다』에서 언급된 표현입니다. 바로 인공지능의 발전이 가속화되어 모든 인류의 지성을 합친 것보다 더 뛰어난 초인공지능이 출현하는 시점을 말하죠.

레이 커즈와일은 초인공지능은 인간보다 더 높은 지능을 가지고 있으며, 점점 더 빠른 속도로 자신의 능력을 재귀적으로 향상할 수 있기에, 초인공지능의 행동과 의사 결정에 대해서 인간이 이해할 수 없게 된다고 말했습니다. 즉, 평범한 우리 인간은 기술적 특이점 출현 이후 무슨 일이 일어날지 이해도, 예측도 하기 어렵다는 것입니다.

그럼에도 기술적 특이점에 대한 여러 예측들이 존재합니다. 긍정적으로 바라보는 입장에서는 발달된 인공지능 수준을 인간에게 유익하게 활용하고 협력하고자 합니다. 우선, 레이 커즈와일은 기계가 인간의 지능을 가지게 될 수도 있지만, 또한 반대로 인간의 뇌 부분 중 생각을 담당하는 신피질(neocortex)에 지능 정보가 내장된 마이크로 칩을 심어 슈퍼컴퓨터, 클라우드와 연결함으로써 인간의 뇌 용량을 확장할 수 있는 시대가 올 수 있다고 예측했습니다. 미국 인공지능 국가안보위원회(NSCAI)의 위원장 에릭 슈미트(Eric Schmidt)의 경우 앞으로 인공지능의 발달로 현대 인류가 당면한 기후변화, 빈곤, 전쟁 그리고 암과 같은 불치병도 해결해 줄 수 있을 것이라고 예측하기도 했습니다.

 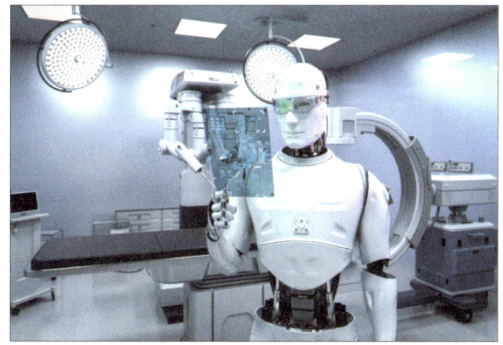

물론 부정적으로 바라보는 입장도 존재합니다. 특이점 연구소(Singularity Institute)의 경우 기본적으로 가까운 미래의 초지능은 비인간적이고 비생물적이며, 어쩌면 우리 종에게 적대적일지도 모른다고 예측했습니다. 영국의 물리학자 스티븐 호킹(Stephen William Hawking) 역시 인공지능이나 초지능이 머지않은 미래에 인류에게 재앙이 될 수 있다고 강하게 경고했습니다.

레이 커즈와일

기술 진화는 계속되고 있다.

생물의 한계를 초월하여, 2045년에는 인류는 드디어 특이점에 도달한다.
미래는 기술적 유토피아이다.

손정의

싱귤래리티는 틀림없이 온다.

싱귤래리티는 지구적 과제를 해결하면서 인류의 행복에 기여한다. 우리의 초지성은 다스 베이더가 아니라 제다이(Jedi)가 되어야 한다.

싱귤래리티 (특이점)

케빈 켈리

소프트 싱귤래리티가 온다.

특이점은 우리가 만든 것이 우리를 더 나은 인류로 만드는 새로운 체제이고 시작이다.
기술이 원하는 것은 프로토피아(Protopia)이다.

유발 하라리

호모 사피엔스의 종말이 될 것이다.

인류는 우주적 규모의 만물인터넷의 칩이자, 데이터 흐름의 잔물결이고 데이터 카우(data-cows)가 된다. 인간 권위는 알고리즘이 대체한다.

이미지 출처: 레이 커즈와일 - 나무위키, 손정의 - 손정의 페이스북, 케빈 켈리 - kk.org, 유발 하라리 - ynharari.com

▲ 전문가들은 기술적 특이점과 인류의 관계를 다양하게 예측하고 있다. 〈이미지 = 하원규 박사〉(출처: hellodd.com)

인공지능을 포함한 데이터 기반 디지털 기술은 빠른 속도로 발전하고 있습니다. 학자마다 특이점이 언제 도래할 것인지, 특이점 이후에 어떤 일이 일어날 것인지에 대해서 다양한 전망을 내놓고 있지만 결국 우리는 그 시점을 맞이할 거라는 겁니다.

> 불은 우리를 따뜻하게 해주지만 집을 태워 버리기도 한다.
> 기술은 언제나 양날의 검이었다.
>
> 레이 커즈와일(Ray Kurzweil)

지금까지 기계가 어떻게 인간의 언어인 자연어를 이해하고 우리와 소통할 수 있는지 그 기초부터 현재의 기술까지 살펴보았습니다. 많은 우려를 안고 있지만 그럼에도 불구하고 인공지능이 미래 사회의 핵심 도구이자 기회인 것은 분명합니다. 인공지능이 우리의 삶을 얼마나 바꾸어 놓을지 쉽게 예측하기는 어렵지만, 앞서 살펴본 한계점들을 보완하고 인공지능으로 인한 리스크를 최소화하기 위해 인공지능에 대해 잘 알고, 과거와 현재 그리고 미래를 분석한 데이터를 기반으로 인공지능이 우리 삶에 어떤 영향을 미칠지 연구하면서 함께할 미래를 준비해야 합니다.

찾아보기

숫자

1D 합성곱(1D Convolutions)	100
2D 합성곱(2D Convolutions)	100

A-Z

AI 디에이징	240
BART(Bidirectional Auto-Regressive Transformer)	164
BERT(Bidirectional Encoder Representation from Transformers)	95, 125, 126, 159, 160, 161, 163, 164, 165
biLM(bidirectional Language Model)	94
CBOW 모델	92
DaLL · E 2	169, 224
DNN-HMM(심층 신경망 하이브리드 모델, Hybrid Deep Neural Network-Hidden Markov Model)	142
ELMo(Embeddings from Language Models)	113
EOS(End-Of-Sentence)	113
GMM-HMM(은닉 마르코프-가우시안 혼합 모델, Hidden Markov Model with Gaussian Mixture Models)	140
GPT(Generative Pre-trained Transformer)	163. 165
GPT-2	160
GPT-3	160, 164, 168, 174
GPT-3.5	164, 174, 175
GPT-4	145, 168, 171, 174, 175, 176, 181
HMM(은닉 마르코프 모델, Hidden Markov Model)	142
In-Context Learning	168
InVideo AI	227
K-Means 클러스터링(K-Means Clustering)	120, 122
Masked Multi-Head Attention	163
MLM(Masked Language Model)	95
Natural Reader	225
NSP(Next Sentence Prediction)	95
Playground AI	223
Self-Attention Mechanism	158
skip-gram 모델	92, 93
SongR	224
SOS(State-Of-Sentence)	113
SQL(Structured Query Language)	129
SSA(Sensibleness and Specificity Average)	189
Synthesia AI	227
Text to Song	224
TextRank	125, 126, 131, 134
TextRank 알고리즘	126, 134
Word2Vec	92
XOR 게이트	79, 80

ㄱ

감마(Gamma)	228
감정 분류	118
감축 연산	58, 59, 61
강인공지능(Strong AI)	247, 248
거대 언어 모델(Large Language Model, LLM)	154
검색 모델(Retrieval-based Model)	138, 139
검색 시스템(Search System)	143, 156, 157, 158
검색 엔진(Search Engine)	182, 183
게이트 순환 유닛(GRU, Gated Recurrent Unit)	111
결정 경계	70, 78
경사하강법	87, 88, 107
관계언	33, 35
구 구조 구문 분석	54
구 구조 문법(Phrase Structure Grammar)	54, 55, 56, 57
구 구조(Phrase Structure)	37, 38
구글 수익 흐름	237
구문 문법	55
구문 분석	49, 54, 55
구조적 중의성(Structural Ambiguities)	62, 63, 67
규칙 기반 구 구조 분석	56
그래디언트(Gradient)	87
그래프 기반 구문 분석(Graph-based Parsing)	60
그래프 기반 접근법	134
기계 번역(Machine Translation, MT)	53, 111, 148
기계학습 기반 감정 분석	118
기계학습 기반 접근법	136
기계학습(Machine Learning)	27, 28, 29, 70, 73, 81, 118
기술적 특이점(Technological singularity, TS)	248, 249
기울기 소실 문제(Vanishing gradient problem)	107, 109, 111

ㄴ

나이브 베이지언 알고리즘	117

ㄷ

다국어 번역을 위한 인공 신경망	153
다중 문서 요약	132
다중 분류(Multiclass Classification)	116
다층 퍼셉트론(Multi-Layer Perceptron)	30, 80
단어 임베딩(Word Embedding)	90, 91, 92, 101, 102
단어 중의성 해소 기법(Word Sense Disambiguation, WSD)	67, 68
단일 문서 요약	132
단층 퍼셉트론(Single-Layer Perceptron)	78, 79, 80
대화형 에이전트	137
데이비드 H. 허블(David H. Hubel)	96
독립언	36
디코더(Decoder)	156, 158

ㄹ

라마(LLaMA, Large Language Model Meta AI)	207, 209, 211
라마(LLaMA, Large Language Model Meta AI) 2	210, 211, 212

찾아보기

람다(LaMDA) 189, 191
랜덤 포레스트(Random Forest) 121
레스크(Lesk) 알고리즘 69
레이 커즈와일(Ray Kurzweil) 240, 260

ㅁ

마이크로소프트 엣지(Microsoft Edge) 182
망각 게이트(forget gate) 110
멀티모달(Multi Modal) 171, 219
멀티헤드 셀프어텐션(Multi-head Self-Attention) 159
멀티헤드 어텐션(Multi-head Attention) 159, 162
목적 지향 대화 에이전트(Task-oriented dialog agent) 137
문장 단위 임베딩 94
미나(Meena) 189, 194

ㅂ

바드(Bard) AI 186, 187, 188
베이즈의 확률 공식 115
분포 가설 90
불규칙성 18
불용어(Stopword) 44
블렌더봇(BlenderBot) 3.0 144
비정형 데이터 39
비지도학습(unsupervised learning) 82, 83, 120
빙(Bing) 179
빙(Bing) AI 187, 189

ㅅ

사전학습(Pre-trained) 모델 159, 162, 163
사전학습(Pre-training) 191, 192
생물체의 신경(Neuron) 76
생성 모델(Generative Model) 138
서포트 벡터 머신(SVM, Support Vector Machinoe) 70, 120
셀 상태(cell state) 110, 111
손실 함수(loss function) 86, 87, 88
수식언 34, 36
순방향 신경망(Feedforward Neural Network) 104
순환 신경망(RNN, Recurrent Neural Networks) 158
스킬 216
스트라이드(Stride) 98, 99
스티븐 호킹(Stephen William Hawking) 249
스팸 메일 분류 113, 117
시퀀스-투-시퀀스(Seq2seq) 111, 112, 131
신경망 기반 감정 분석 119
심층 신경망(DNN, Deep Neural Network) 30, 77, 81, 83, 141, 142
심층학습 기반 구 구조 분석 58
심층학습 모델 52, 86, 81, 82, 83, 84, 86
심층학습 자연어 처리 26
심층학습(딥러닝, Deep Learning) 25, 26, 29, 47, 52, 76, 81, 82

ㅇ

앨런 튜링(Alan Mathison Turing) 16, 18
약인공지능(Weak AI) 248, 249
얕은 신경망(Non-deep Feedforward Neural Network) 30, 77
어간 추출(Stemming) 45
어절(Word Segment) 33
어텐션(Attention) 158, 159
어휘 기반 감정 분석 118
어휘 분석 49, 53
어휘적 중의성 66, 67
언어 모델(Language Model) 143
에릭 슈미트(Eric Schmidt) 249
역방향 계산(Backward Pass) 86
역전파(Back Propagation) 88
오차 역전파(BPTT, Back Propagation Through Time) 알고리즘 106
완전 연결층(fully connected Networks) 100
용언 32, 34, 36, 37
우다오(WuDao, 悟道) 2.0 146
원샷(One-shot) 러닝 169
원-핫 인코딩(One-Hot Encoding) 90
월간 활성 사용자(MAU) 211
위치 인코딩(Positional Encoding) 159
유연성 19, 20
은닉 상태(Hidden state) 106, 111
은닉층(hidden layer) 30, 80, 106
음성 인식 기술 140, 141
음성 인식 시스템 137, 140
음성-텍스트 변환(Speech-To-Text) 140
음절(Syllable) 31
음향 모델(Acoustic Model) 142
의미 분석 49, 55, 63, 64, 65
의미론 31, 39
의미역(Semantic Role) 71
의사결정 트리(Decision Tree) 121, 135
의존 구문 분석 59
의존 구문에서의 감축 연산 61
의존 구조(Depen-dency Structure) 37
의존 문법(Dependency Grammar) 85
의존성(Long term dependencies) 109
이동-감축 구문 분석 58
이미지바인드(ImageBind) 222
이진 분류(Binary Classification) 116
인간 피드백을 통한 강화학습(Reinforcement Learning from Human Feedback, RLHF) 210
인공 신경(Artificial Neuron) 76
인공 신경망 기반 기계 번역(NMT) 150

인공 신경망 알고리즘(ANN, Artificial Neural Network)	29
인공 신경망(ANN, Artificial Neural Network)	76
인공지능 '벤자민(Benjamin)'	240
인공지능(Artificial Intelligence)	27, 81
인코더(Encoder)	158
임베딩(Embedding)	89
입력 게이트(input gate)	110
입력 임베딩 매트릭스(Input Embedding Matrix)	159

ㅈ

자동 음성 인식(ASR, Automatic Speech Recognition)	140
자동 평가법	136
자동적 계층적 표상 학습	82
자동회귀(Auto-Regressive)	164
자동회귀(Autoregressive) 디코더	165
자연어	14
자연어 생성 인공지능	240, 242
자연어 생성(Natural Language Generation)	15
자연어 이해(Natural Language Understanding)	15
자연어 처리(Natural Language Processing)	15
자유 주제 대화 시스템(Open domain dialog agent)	137
자질 정보(Feature map)	98, 99
장단기 메모리(LSTM, Long Short-Term Memory Network)	109
전이 기반 구문 분석(Transition-based Parsing)	58, 60
전처리 과정	42, 44, 45, 46
정규화(Nomalization)	44
정방향 계산(Forward Pass)	86
정제(Cleaning)	44
정형화	28, 41
제로샷(Zero-shot) 러닝	169
제미나이(Gemini)	107, 109
주제 기반 접근법	134
중의성(Ambiguity)	19, 50
지도학습(Supervised Learning)	84

ㅊ

체언	24, 34, 35, 38, 54
초인공지능(Superintelligent AI)	247, 248
최대 풀링(Max. Pooling)	99, 102
최소 풀링(Min Pooling)	99
추상적 요약(Abstrractive summarization)	130
추출(Extraction)	123
추출적 요약(Extractive summarization)	130, 131
출력 게이트(output gate)	110

ㅋ

컨볼루션 연산	97, 98, 99
컨볼루션 층(Convolution layer)	97
컨볼루션 필터	101
코퍼스(Chorpus, 말뭉치)	42
콘텍스트 벡터(context vector)	112
클로바 X(CLOVA X)	213

ㅌ

텍스트 분류(Text Classification)	116
텍스트 요약(Summarization)	130
텍스트 전처리	41, 42
텍스트 정보 시스템(Text Information System)	125
토스텐 비젤(Torsten Wiesel)	96
토큰(Token)	42
토큰화(Tokenization)	42
통계 기반 구 구조 분석	57, 58
통계 기반 접근법	52
튜링 테스트	16, 17
트랜스포머(Transformer)	158
트랜스포머의 인코더	160, 161
특이점 연구소(Singularity Institute)	249
특징 추출(Feature Extraction)	82

ㅍ

파라미터(parameter)	86
파인튜닝(Fine-Tuning)	160, 161, 162, 191
팜(PaLM, Pathways Language Model)	194
팜(PaLM, Pathways Language Model) 2	196, 197
패딩(Padding)	98
퍼셉트론(Perceptron)	77
평균 풀링(Average Pooling)	99
표상	83
표제어 추출(Lemmatization)	45
풀링 연산	99
풀링 층(Pooling layer)	102
품사	34, 35
품사 태깅(포스 태깅, Part-of-Speech tagging)	49, 51, 53
퓨샷(Few-shot) 러닝	169
프롬프트	171, 173
필터(Filter)	98

ㅎ

하이퍼클로바(HyperCLOVA) X	213
할루시네이션(Hallucination)	230
합성곱 신경망(CNN, Convolutional Neural Networks)	96
형태소 분석(Morphological Analysis)	50
형태소(Morpheme)	32
화용 분석	64, 65
화용론	31, 39
확장성	19, 20

한눈에 보이는 생성형 AI와 자연어 처리 그림책

2024. 3. 13. 1판 1쇄 인쇄
2024. 3. 20. 1판 1쇄 발행

지은이 | 한선관, 임새이
펴낸이 | 이종춘
펴낸곳 | BM (주)도서출판 성안당
주소 | 04032 서울시 마포구 양화로 127 첨단빌딩 3층(출판기획 R&D 센터)
      | 10881 경기도 파주시 문발로 112 파주 출판 문화도시(제작 및 물류)
전화 | 02) 3142-0036
     | 031) 950-6300
팩스 | 031) 955-0510
등록 | 1973. 2. 1. 제406-2005-000046호
출판사 홈페이지 | www.cyber.co.kr
ISBN | 978-89-315-5868-5 (93000)
정가 | 23,000원

이 책을 만든 사람들
책임 | 최옥현
기획 · 편집 | 조혜란
교정 · 교열 | 장윤정
일러스트 | 메이크디자인, 양복선
본문 · 표지 디자인 | 메이크디자인, 박원석
홍보 | 김계향, 유미나, 정단비, 김주승
국제부 | 이선민, 조혜란
마케팅 | 구본철, 차정욱, 오영일, 나진호, 강호묵
마케팅 지원 | 장상범
제작 | 김유석

이 책의 어느 부분도 저작권자나 BM (주)도서출판 성안당 발행인의 승인 문서 없이 일부 또는 전부를 사진 복사나 디스크 복사 및 기타 정보 재생 시스템을 비롯하여 현재 알려지거나 향후 발명될 어떤 전기적, 기계적 또는 다른 수단을 통해 복사하거나 재생하거나 이용할 수 없음.

■ 도서 A/S 안내

성안당에서 발행하는 모든 도서는 저자와 출판사, 그리고 독자가 함께 만들어 나갑니다.
좋은 책을 펴내기 위해 많은 노력을 기울이고 있습니다. 혹시라도 내용상의 오류나 오탈자 등이 발견되면 **"좋은 책은 나라의 보배"**로서 우리 모두가 함께 만들어 간다는 마음으로 연락주시기 바랍니다. 수정 보완하여 더 나은 책이 되도록 최선을 다하겠습니다.
성안당은 늘 독자 여러분들의 소중한 의견을 기다리고 있습니다. 좋은 의견을 보내주시는 분께는 성안당 쇼핑몰의 포인트(3,000포인트)를 적립해 드립니다.
잘못 만들어진 책이나 부록 등이 파손된 경우에는 교환해 드립니다.

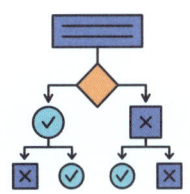

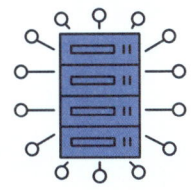

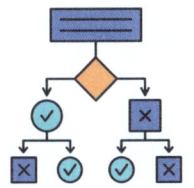

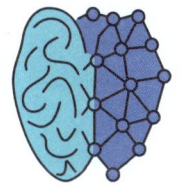
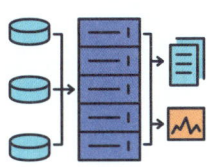

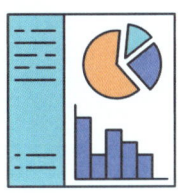

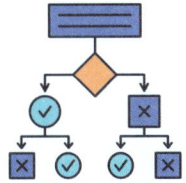
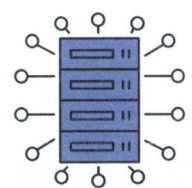

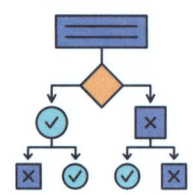

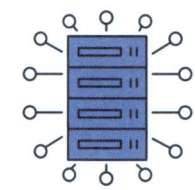

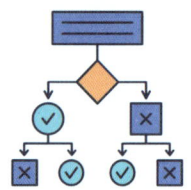

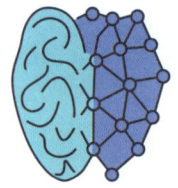
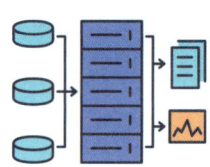

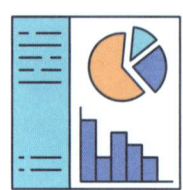

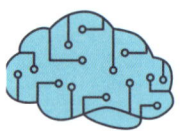

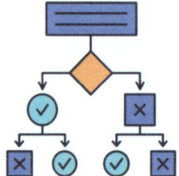
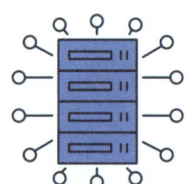